中级汉语口语

话 说 中 国

上 册

Speaking Chinese

About China

I

编 者

中国

北京大学	杜 荣　张起旺　赵燕皎
北京语言学院	杨石泉
北京外国语学院	姜林森

美国

Wellesley College　（威斯理学院）

Helen T. Lin　　　（戴祝愈）
Ruby Y.C. Lam　　（刘元珠）
William W. Liu　　（刘维汉）
Theresa C.H. Yao　（邰树蕙）
Micheal Crook　　（柯马凯）

SINOLINGUA BEIJING

First Edition   1985

(First Published by Foreign Languages Press, Beijing, 1985)

Revised Edition 1989

Second Printing 1990

Third Printing   1995

ISBN 7-80052-098-6

Copyright 1989 by Sinolingua

Published by Sinolingua

24 Baiwanzhuang Road, Beijing 100037, China

Printed by Beijing Foreign Languages Printing House

Distributed by China Internationl

Book Trading Corporation

35 Chegongzhuang Xilu, P.O. Box 399

Beijing 100044, China

Printed in the People's Republic of China

前　言

　　1983年7月，中美两国汉语教师在北京举行了"中美汉语教学讨论会"。双方经过认真讨论，同意就十三个教学与科研项目进行合作。《话说中国》就是其中的项目之一。

　　《话说中国》主要是为美国大学第二年汉语课编写的一部中级口语教材。课文题材包括中国地理、历史、政治、经济、社会、教育以及哲学思想等。教材按照内容分为七个单元，共二十课，分上下两册印行。读者通过学习，既可以提高汉语水平，也可以增进对中国文化的了解。

　　《话说中国》作为中美合编的教材，力求观点比较客观正确，内容比较丰富有趣，语言比较浅显活泼。这部教材不但适合美国大学生使用，对于其他具有一定汉语基础的人也是适用的。

　　针对美国学生的具体情况，在体例上我们作了如下的安排：（1）课文有简体汉字、繁体汉字和汉语拼音三种形式。（2）考虑到中美划分汉语词类的习惯有所不同，注生词词性时，在力求统一的基础上分别列出两套注法，学生可以互相参阅。（3）无论是生词部分的例句还是句型练习中的例句，都有英语翻译，便于学生对比汉英两种语言，从而加深对汉语的理解。

　　学好一门外语，练习和实践是重要的一环。因此，根据我们的教学经验，选择学生一般感到不太容易掌握的常用句型，作为练习重点。除列举大量例句外，并尽力提供多样的练习，使学生通过练习学会这些常用句型的用法。（句型后所附的简短语法解释是供教师参考的,未加英语翻译。)每课还有内容相当丰富的翻译练习,帮助学生反复运用所学过的词语和句型。各课翻译练习的汉语答案都附在每单元后,这些答案也可用作汉译英的练习材料,对自学者尤其方便。此外,每单元后另有一篇副课文,分别介绍美国的地理、历史、政治、经济等,也是学生可能感兴趣的复习材料。

本书由中国方面担任主课文、句型练习和语法解释的编写工作,美国方面担任生词、翻译练习和副课文的编写工作。全书的每一部分都是经过双方协商确定的。

《话说中国》作为中美合作编写的第一部教材与读者见面,我们感到十分欣慰。由于编写时间仓促,这部教材肯定会有不少缺点和错误,欢迎读者批评指正。

本书承蒙北京大学王力教授题写书名,在此谨致谢忱。美国芝加哥大学(University of Chicago)赵智超(George Chih Ch'ao Chao)教授和奥柏林学院(Oberlin College)徐凌志韫(Vivian Hsu)教授为副课文的编写提供了有关美国情况的资料,在此一并表示感谢。

编 者

1984年7月

Preface

In July 1983 Chinese and American teachers of the Chinese language attended the Sino-U.S. Conference on Chinese Language Teaching held in Beijing. It was agreed at the conference that thirteen joint teaching and research projects be undertaken. *About China* is one of them.

About China is designed as an intermediate-level textbook of spoken Chinese for use in U.S. colleges in the second year. The subject matter includes Chinese geography, history, politics, economy, society, education, philosophy and other aspects of China. The texts, numbering twenty in all, are arranged in seven units according to the different topics, and will be published in two volumes. They will serve not only to raise readers' proficiency in Chinese but also to increase their knowledge of Chinese culture.

As a product of China-U.S. cooperation, *About China* strives for objectivity of outlook, wealth and variety of content and vividness and simplicity of language. It is hoped that the textbook will prove suitable for American college students as well as other learners with some basic knowledge of Chinese.

With requirements of American students in mind, we have made the following provisions: 1) The text is printed in simplified characters, nonsimplified characters and *pinyin*. 2) While specifying the parts of speech, we have also paid attention to the differences between Chinese and U.S. grammatical terminology, so two systems are offered and effort has been made to unify them as much as possible. 3) To facilitate comparison of the two languages, English translations are provided for all examples in the vocabulary and sentence-pattern sections.

Practice and exercises play an important part in the study of any foreign language, so we have selected as the core of our exercises some common sentence patterns that, in our experience, students seem to find hard to master. Besides a multitude of examples we have devised exercises of various kinds with a view to helping students master these patterns. (The brief grammar notes appended to the patterns are for the teacher's reference and are therefore not translated into English.) Each lesson also contains translation exercises calculated to give students practice in using new vocabulary and patterns. The Chinese answers to the exercises are given at the end of each unit. The answers can also be used for Chinese-English translation exercises — a feature that will prove especially useful to students studying Chinese on their own. Supplementary texts following each unit deal with U.S. geography, history, politics, economy, etc., and should prove of interest to students as review materials.

In the actual writing, the texts, pattern exercises and grammar notes were written by the Chinese team; while the vocabulary, translation exercises and supplementary texts were written by the American team. The final version of all parts was arrived at after consultation by both sides.

About China is the first joint enterprise of its kind undertaken by American and Chinese scholars. To make the experiment a success we welcome criticism and suggestions from all who use the textbook.

We wish to express our thanks to Professor Wang Li of Beijing University for writing the Chinese title of our book, also to Professor Chih Ch'ao Chao of the University of Chicago and Professor Vivian Hsu of Oberlin College for providing materials on the United States to aid us in the writing of the supplementary texts.

The Authors
July 1984

目 录

第一课	美丽的三大流域	1
第二课	辽阔的国土	33
第三课	愉快的旅游	67

附录

    副课文　美国的地理环境 …………… 101
    第一课听力问题 ………………………… 107
    第二课听力问题 ………………………… 108
    第三课听力问题 ………………………… 109

    第一课翻译练习答案 …………………… 110
    第二课翻译练习答案 …………………… 113
    第三课翻译练习答案 …………………… 116

第四课	从炎黄子孙谈起	120
第五课	"汉人"和"唐人"的由来	157
第六课	话说宋元明清	196
第七课	纪念碑前话百年	235

附录

    副课文　美国的历史 …………………… 271
    第四课听力问题 ………………………… 278
    第五课听力问题 ………………………… 280
    第六课听力问题 ………………………… 282
    第七课听力问题 ………………………… 283

	第四课翻译练习答案 ……………………………………	285
	第五课翻译练习答案 ……………………………………	288
	第六课翻译练习答案 ……………………………………	291
	第七课翻译练习答案 ……………………………………	295
	中国历代纪元表 …………………………………………	299
第八课	你了解中国的政治制度吗？ ……………………………	300
第九课	谈谈中国的政府组织 ……………………………………	341
第十课	在李教授家里作客 ………………………………………	378
	附录	
	副课文　美国的政治 ……………………………………	420
	第八课听力问题 …………………………………………	426
	第九课听力问题 …………………………………………	427
	第十课听力问题 …………………………………………	429
	第八课翻译练习答案 ……………………………………	430
	第九课翻译练习答案 ……………………………………	433
	第十课翻译练习答案 ……………………………………	437
	中华人民共和国行政区划图表 …………………………	441
词汇总表	…………………………………………………………	445
句型练习索引	……………………………………………………	485

CONTENTS

Lesson One	The Beautiful Basins of the Three Great Rivers	1
Lesson Two	A Vast Country	33
Lesson Three	An Enjoyable Tour	67

APPENDICES
  Subordinate text: The Geographical Condition of the United States 101

Lesson One	Questions for Aural Exercises	107
Lesson Two	Questions for Aural Exercises	108
Lesson Three	Questions for Aural Exercises	109
Lesson One	Answers to the Translation Exercises	110
Lesson Two	Answers to the Translation Exercises	113
Lesson Three	Answers to the Translation Exercises	116

Lesson Four	The Descendents of Yan and Huang	120
Lesson Five	The "Hans" and the "Tangs"	157
Lesson Six	About the Song, Yuan, Ming and Qing Dynasties	196
Lesson Seven	The Monument that Recounts the Past Hundred Years	235

APPENDICES
  Subordinate Text: History of the United States 271

Lesson Four	Questions for Aural Exercises	278
Lesson Five	Questions for Aural Exercises	280
Lesson Six	Questions for Aural Exercises	282
Lesson Seven	Questions for Aural Exercises	283

Lesson Four	Answers to the Translation Exercises	285
Lesson Five	Answers to the Translation Exercises	288
Lesson Six	Answers to the Translation Exercises	291
Lesson Seven	Answers to the Translation Exercises	295

A Chinese Chronology 299

Lesson Eight Do You Understand the Political System of China? 300

Lesson Nine On the Organization of the Chinese Government 341

Lesson Ten A Visit to Professor Li's Home 378

APPENDICES

Subordinate Text: Politics in the United States 420

Lesson Eight	Questions for Aural Exercises	426
Lesson Nine	Questions for Aural Exercises	427
Lesson Ten	Questions for Aural Exercises	429

Lesson Eight	Answers to the Translation Exercises	430
Lesson Nine	Answers to the Translation Exercises	433
Lesson Ten	Answers to the Translation Exercises	437

Map of the Administrative Areas of the People's Republic of China 441

Glossary 445

Index of Sentence Patterns 485

第一课 美丽的三大流域

老师：同学们就要到中国去了。今天，我给大家介绍一下中国的地理环境。我想，你们一定很感兴趣。

中国在亚洲的东南部，是亚洲的一个大国。中国不只是地方大，人口多，而且历史悠久，物产丰富，可讲的内容很多。从哪儿讲起呢？

约翰：老师，听说黄河是中国文化的摇篮，给我们讲讲黄河吧。

老师：好，就从黄河讲起。

请看地图：黄河在中国北部，由西往东，流过九个省，在山东流进大海，全长五千四百多公里。黄河是中国文化的摇篮，很久以前，中国人的祖先就在黄河流域生活、劳动，创造了中国的古代文化。黄河流域农业发达，是中国古代政治、经济、文化的中心。现在黄河两岸还有很多名胜古迹。

琳达：老师，为什么叫黄河呢？难道是黄色的吗？

汤姆：听说，黄河常常发生水灾。

老师：是的。黄河从黄土高原流过，带下来大量泥沙，河水变成了黄色，黄河的名字就是这么来的。因为河里的泥沙太多，所以常常发生水灾。但是，经过治理，现在黄河已经可以发电，可以灌溉了。

彼得：黄河是中国的第一大河吗？

老师：不是，中国的第一大河是长江。长江全长六千三百公里，是世界上第三长河。长江上游的四川盆地，土地肥沃，物产丰富，风景也不错。长江中、下游有很多支流，还有不少大大小小的湖，是有名的"鱼米之乡"。

玛丽：有本杂志上说，"上有天堂，下有苏杭"，这是什么意思？

老师：苏州、杭州这两个城市在长江下游，那儿不只是物产丰富，而且风景特别美。这么好的地方，只有天堂才能和它相比啊！

琳达：太有意思了！

约翰：这么说，长江流域是中国最好的地方了。

老师：中国的好地方很多。东北大平原是一个重要的农业区，桂林山水就象画儿一样好看……这些以后再谈。请看地图：除了黄河、长江以外，在中国的南边还有一条大河，也是由西往东流，这就是珠江。珠江流域大部分是山地，下游比较平，雨水很充足，也是中国重要的农业区。广州是珠江流域政治、经济和文化的中心。中国的东南边靠着大海，海上交通对东南部的发展起了重要作用。

在这一课里，我们讲了中国的三大流域：黄河流域、长江流域和珠江流域。最后，请你们想一个问题：为什么黄河、长江、珠江都是由西往东流呢？你们好好研究一下中国地图，这个问题是不难回答的。

第一課 美麗的三大流域

老師：同學們就要到中國去了。今天，我給大家介紹一下中國的地理環境。我想，你們一定很感興趣。

中國在亞洲的東南部，是亞洲的一個大國。中國不只是地方大，人口多，而且歷史悠久，物產豐富，可講的內容很多。從哪兒講起呢？

約翰：老師，聽說黃河是中國文化的搖籃，給我們講講黃河吧！

老師：好，就從黃河講起。

請看地圖：黃河在中國北部，由西往東，流過九個省，在山東流進大海，全長五千四百多公里。黃河是中國文化的搖籃，很久以前，中國人的祖先就在黃河流域生活、勞動，創造了中國的古代文化。黃河流域農業發達，是中國古代政治、經濟、文化的中心。現在黃河兩岸還有很多名勝古蹟。

琳達：老師，為甚麼叫黃河呢？難道是黃色的嗎？

湯姆：聽說，黃河常常發生水災。

老師：是的。黃河從黃土高原流過，帶下來大量泥沙，河水變成了黃色，黃河的名字就是這麼來的。因為河裏泥沙太多，所以常常發生水災。但是，經過治理，現在黃河已經可以發電，可以灌溉了。

彼得：黃河是中國的第一大河嗎？

老師：不是。中國的第一大河是長江。長江全長六千三百公里，是世界上第三長河。長江上游的四川盆地，土地肥沃，物產豐富，風景也不錯。長江中、下游有很多支流，還有不少大大小小的湖，是有名的"魚米之鄉"。

瑪麗：有本雜誌上說，"上有天堂，下有蘇杭"，這是甚麼意思？

老師：蘇州、杭州這兩個城市在長江下游，那兒不只是物產豐富，而且風景特別美。這麼好的地方，只有天堂才能和它相比啊！

琳達：太有意思了！

約翰：這麼說，長江流域是中國最好的地方了。

老師：中國的好地方很多。東北大平原是一個重要的農業區，桂林山水就像畫兒一樣好看……這些以後再談。請看地圖：除了黃河、長江以外，在中國的南邊還有一條大河，也是由西往東流，這就是珠江。珠江流域大部份是山地，下游比較平，雨水很充足，也是中國重要的農業區。廣州是珠江流域政治、經濟和文化的中心。中國的東南邊靠着大海，海上交通對東南部的發展起了重要作用。

在這一課裏，我們講了中國的三大流域：黃河流域、長江流域和珠江流域。最後，請你們想一個問題，為甚麼黃河、長江、珠江都是由西往東流呢？你們好好研究一下中國地圖，這個問題是不難回答的。

Dìyīkè   Měilì de sāndàliúyù

Lǎoshī: Tóngxuémen jiù yào dào Zhōngguó qù le. Jīntiān, wó gěi dàjiā jièshào yíxiàr Zhōngguó de dìlǐ huánjìng. Wó xiǎng, nǐmen yídìng hén gǎnxìngqù. Zhōngguó zài Yàzhōu de dōngnánbù, shì Yàzhōu de yí gè dàguó. Zhōngguó bùzhǐ shì dìfang dà, rénkǒu duō, érqiě lìshǐ yōujiǔ, wùchǎn fēngfù, kéjiǎngde nèiróng hén duō. Cóng nǎr jiángqǐ ne?

Yuēhàn: Lǎoshī, tīngshuō Huánghé shì Zhōngguó wénhuà de yáolán, géi wǒmen jiángjiǎng Huánghé ba.

Lǎoshī: Hǎo, jiù cóng Huánghé jiángqǐ. Qǐng kàn dìtú: Huánghé zài Zhōngguó běibù, yóu xī wàng dōng, liúguò jiǔ gè shěng, zài Shāndōng liújìn dàhǎi, quáncháng wǔqiān sìbǎi duō gōnglǐ. Huánghé shì Zhōngguó wénhuà de yáolán, hénjiǔ yǐqián, Zhōngguó rén de zǔxiān jiù zài Huánghé liúyù shēnghuó, láodòng, chuàngzàole Zhōngguó de gǔdài wénhuà. Huánghé liúyù nóngyè fādá, shì Zhōngguó gǔdài zhèngzhì, jīngjì, wénhuà de zhōngxīn. Xiànzài Huánghé liǎng'àn hái yǒu hěn duō míngshènggǔjī.

Líndá: Lǎoshī, wèishénme jiào Huánghé ne? Nándào shì huángsè de ma?

Tāngmǔ: Tīngshuō, Huánghé chángcháng fāshēng shuǐzāi.

Lǎoshī: Shìde. Huánghé cóng huángtǔ gāoyuán liúguo, dàixialai dàliàng níshā, héshuǐ biànchéngle huángsè, Huánghé de míngzi jiù shì zhème lái de. Yīnwei héli de níshā tài duō, suóyǐ chángcháng fāshēng shuǐzāi. Dànshì, jīngguò zhìlǐ, xiànzài Huánghé yǐjīng kéyǐ fādiàn, kéyǐ guàngài le.

Bǐdé: Huánghé shì Zhōngguó de dìyī dà hé ma?

Lǎoshī: Búshì. Zhōngguó de dìyī dà hé shì Chángjiāng. Chángjiāng quáncháng liùqiān sānbǎi gōnglǐ, shì shìjièshang dìsān cháng hé. Chángjiāng shàngyóu de Sìchuān Péndì, tǔdì féiwò, wùchǎn fēngfù, fēngjǐng yě búcuò. Chángjiāng zhōng-xiàyóu yǒu hěn duō zhīliú, hái yǒu bùshǎo dàdàxiáoxiǎo de hú, shì yǒumíng de "yúmǐzhīxiāng".

Mǎlì: Yǒu běn zázhìshang shuō, "Shàng yǒu tiāntáng, xià yǒu Sū-Háng", zhè shì shénme yìsi?

Lǎoshī: Sūzhōu, Hángzhōu zhèi liǎng gè chéngshì zài Chángjiāng xiàyóu, nàr bùzhǐ shì wùchǎn fēngfù, érqiě fēngjǐng tèbié měi. Zhème hǎode dìfang, zhíyǒu tiāntáng cái néng hé tā xiāngbǐ a!

Líndá: Tài yǒuyìsi le!

Yuēhàn: Zhème shuō, Chángjiāng liúyù shì Zhōngguó zuì hǎo de dìfang le.

Lǎoshī: Zhōngguó de hǎo dìfang hěn duō. Dōngběi dà píngyuán shì yí gè zhòngyào de nóngyèqū, Guìlín shānshuǐ jiù xiàng huàr yíyàng hǎokàn......Zhèxiē yǐhòu zài tán. Qǐng kàn dìtú: chúle Huánghé, Chángjiāng yǐwài, zài Zhōngguó de nánbian hái yǒu yì tiáo dà hé, yě shì yóu xī wàng dōng liú, zhè jiù shì Zhūjiāng. Zhūjiāng liúyù dàbùfen shì shāndì, xiàyóu bǐjiào píng, yúshuǐ hěn chōngzú, yě shì Zhōngguó zhòngyàode nóngyèqū. Guǎngzhōu shì Zhūjiāng liúyù zhèngzhì, jīngjì hé wénhuà de zhōngxīn. Zhōngguó de dōngnánbian kàozhe dàhǎi, hǎishàng jiāotōng duì dōngnánbù de fāzhǎn qǐle zhòngyào zuòyòng. Zài zhèi yí kèli, wǒmen jiǎngle Zhōngguó de sāndà liúyù: Huánghé liúyù, Chángjiāng liúyù hé Zhūjiāng liúyù.

Zuìhòu, qǐng nǐmen xiǎng yí gè wèntí: Wèishénme Huánghé, Chángjiāng, Zhūjiāng dōu shì yóu xī wàng dōng liú ne? Nǐmen hǎohāor yánjiū yíxiàr Zhōngguó dìtú, zhèi gè wèntí shì bù nán huídá de.

生　　词

1. 地理　　　　dìlǐ　　　　（名）(N)　geography
2. 环境　　　　huánjìng　　（名）(N)　environment
   这儿的学习环境比别的学校好。
   This is a better place to study than other schools.
3. 感兴趣　　　gǎn xìngqù　（动宾)(VO)　be interested in
   兴趣　　　　xìngqù　　　（名）(N)　interest
   （1）我对这件事不感兴趣。
   I am not interested in this.
   （2）她对音乐有兴趣。
   She is interested in music.
4. （东南）部　(dōngnán)bù　（名）(BF)　(southeast) part
   美国西部有好几个大的国家公园。
   There are quite a few big national parks in the western part of the United States.
5. 不只…而且…　bùzhǐ…érqiě…　　　not only…but also
6. 人口　　　　rénkǒu　　　（名）(N)　population
   这个城市的人口只有二十万。
   The population in this city is only 200,000.

7.	历史	lìshǐ	（名）(N)	history
8.	悠久	yōujiǔ	（形）(SV)	long ; age-old
9.	物产	wùchǎn	（名）(N)	products
10.	丰富	fēngfù	（形）(SV)	abundant; rich

这本书的内容很丰富。
This book is rich in content.

11.	可（讲）的	kě(jiǎng)de		worth mentioning
12.	内容	nèiróng	（名）(N)	content
13.	从…(讲)起	cóng…(jiǎng)qǐ		to begin with
14.	文化	wénhuà	（名）(N)	culture
15.	摇篮	yáolán	（名）(N)	cradle
16.	由…往…	yóu…wàng…		from…to…
17.	流	liú	（动）(FV)	to flow
18.	省	shěng	（名）(N)	province
19.	海	hǎi	（名）(N)	sea
20.	全	quán	（形）(A)	entire
21.	长	cháng	（形）(SV)	long; length
22.	祖先	zǔxiān	（名）(N)	ancestor
23.	流域	liúyù	（名）(N)	river valley
24.	创造	chuàngzào	（动）(FV)	to create; creation
25.	古代	gǔdài	（名）(N)	ancient times
26.	农业	nóngyè	（名）(N)	agriculture
27.	发达	fādá	（形）(SV)	developed; flourishing

（1）工业发达　The industry is well-developed.
（2）文化发达　The culture is well-developed.
（3）经济发达　The economy is well-developed.

（4）发达的工业　well-developed industry
（5）经济发达的国家
a country with well-developed economy

28. 政治　　　　zhèngzhì　　　（名）(N)　politics
29. 经济　　　　jīngjì　　　　　（名）(N)　economy; financial condition

他的经济情况不太好。
His financial situation is not very good.

30. 中心　　　　zhōngxīn　　　（名）(N)　center

波士顿是美国的一个文化中心。
Boston is a cultural center of the United States.

31. 岸　　　　　àn　　　　　　（名）(N)　bank; coast
32. 名胜古迹　　míngshènggǔjī　　　　　scenic spot and historical site
33. 难道…吗　　nándào...ma　　　　　　Is it possible...?
34. 发生　　　　fāshēng　　　（动）(FV)　to occur

（1）那里年年发生水灾。
It floods there every year.
（2）这个故事发生在1911年。
This story took place in 1911.

35. 水灾　　　　shuǐzāi　　　（名）(N)　flood
36. 大量　　　　dàliàng　　　（形）(AT)　large amount of

大量的中国学生到美国来学习。
A large number of Chinese students have come to study in the United States.

37. 泥沙　　　　níshā　　　　（名）(N)　mud and sand
38. 变成　　　　biànchéng　　（动）(FV)　to turn into

(1) 几年不见,他变成了个老头。
Since we last met a few years ago, he has become an old man.

(2) 从什么时候起,纽约变成世界上最大的城市?
When did New York become the largest city in the world?

39. 经过　　jīngguò　(动、名) (FV/N) through; as a result of / process

(1) 从北京坐火车去上海要经过南京。
From Beijing to Shanghai, the train goes through Nanjing.

(2) 大家经过讨论,决定明天去长城。
After discussion, we decided to go to the Great Wall tomorrow.

(3) 请你谈谈那件事情的经过。
Would you please talk about what has happened?

40. 治理　　zhìlǐ　(名、动) (N/FV) control / to bring under control

治理黄河、治理国家、治理山区
to bring the Yellow River under control, to rule the country, to develop the mountainous areas

41. 发电　　fādiàn　(动宾) (VO) to generate electricity

42. 灌溉　　guàngài　(动) (FV) to irrigate

43. 上(中、下)游 shàng (zhōng, xià) yóu (名) (PW) upper (middle, lower) reaches of a river

15

44.	盆地	péndì	(名) (N)	basin
45.	肥沃	féiwò	(形) (SV)	fertile
46.	风景	fēngjǐng	(名) (N)	scenery
47.	支流	zhīliú	(名) (N)	a tributary (of a river)
48.	大大小小	dàdàxiǎoxiǎo	(形) (AT)	large and small; of all sizes

大大小小的事都等着他来做。
He has to take care of all kinds of things.

49.	湖	hú	(名) (N)	lake
50.	有名	yǒumíng	(形) (SV)	famous
51.	鱼米之乡	yúmǐzhīxiāng		land of fish and rice
52.	天堂	tiāntáng	(名) (N)	paradise
53.	象…一样	xiàng…yīyàng		to be like
54.	只有…才…	zhǐyǒu…cái…		only; only if …
55.	和…相比	hé…xiāngbǐ		to compare with
56.	平原	píngyuán	(名) (N)	plain
57.	农业区	nóngyèqū	(名) (N)	agricultural area
	区	qū	(名) (BF)	area
58.	除了…以外	chúle…yǐwài		in addition to
59.	大部分	dàbùfen	(名) (N)	greater part; most (of)

大部分学生都作完了练习。
Most of the students have finished their homework.

| 60. | 山地 | shāndì | (名) (N) | mountainous region; hilly area |

61. 平　　　　píng　　　　（形）(SV)　　flat; level
62. 雨水　　　yǔshuǐ　　　（名）(N)　　 rain; rainfall
63. 充足　　　chōngzú　　 （形）(SV)　　abundant; ample
64. 靠　　　　kào　　　　 （动）(FV)　　near; by/to lean on

　　（1）我们家靠着黄河。
　　　　We live by the Yellow River.

　　（2）孩子靠在妈妈身上。
　　　　The child leans on her mother.

65. 交通　　　jiāotōng　　 （名）(N)　　 transportation
66. 起⋯作用　qǐ⋯zuòyòng　　　　　　　to have effect on
　　你怎么说都起不了作用。
　　No matter what you say, it won't work.

67. 最后　　　zuìhòu　　　（副、形）　 lastly; last; in the
　　　　　　　　　　　　 (MA/SV)　　 end

　　（1）最后大家都走了。
　　　　In the end everybody left.

　　（2）最后一个进来的人请关门。
　　　　The one who comes in last should close the door.

68. 研究　　　yánjiū　　　（动、名）　　to research; to
　　　　　　　　　　　　 (FV/N)　　　consider

　　（1）你的意见很好，可是我们得再研究一下。
　　　　Your idea is very good, but we must give it further consideration.

　　（2）他现在研究什么？
　　　　What kind of research is he doing?

17

专　　名

1. 亚洲　　　　Yàzhōu　　　　　　　Asia
2. 黄河　　　　Huánghé　　　　　　the Yellow River
3. 山东　　　　Shāndōng　　　　　 Shandong Province
4. 黄土高原　　Huángtǔ Gāoyuán　　the Loess Plateau
5. 长江　　　　Chángjiāng　　　　　the Yangtze River
6. 四川　　　　Sìchuān　　　　　　Sichuan Province
7. 苏(州)、杭(州) Sū (zhōu),　　　　　Suzhou, Hangzhou
　　　　　　　Háng (zhōu)
8. 东北　　　　Dōngběi　　　　　　the Northeast of China
9. 桂林　　　　Guìlín　　　　　　　Guilin
10. 珠江　　　 Zhūjiāng　　　　　　the Pearl River
11. 广州　　　 Guǎngzhōu　　　　　Guangzhou

句型练习

一、不只…而且…　　not only... but also

例句：

1. 北京不只是中国的政治中心，而且是文化中心。
Beijing is not only China's political center, it is also its cultural center.
2. 现在，黄河不只可以灌溉，而且可以发电。
Now the Yellow River can be used not only for irrigation, but also for generating electricity.

3. 他不只是我的朋友,而且是我的老师。
   He is not only my friend, but also my teacher.
4. 我来中国不只是学习汉语,而且要了解中国。
   I have come to China not only to study the language, but also to try to understand China itself.

解释:

(All the Chinese explanations of grammar in this textbook are for the teachers' reference and are not translated into English.)

"不只"、"而且"都是连词,"不只…而且…"表示除了前边说的以外,还有进一层的意思。

练习:

1. 完成句子:
   (1) 她_____一个演员,_____作家。
   (2) 我们学校_____,而且很美。
   (3) 妹妹不只喜欢跳舞,_____。
   (4) 四川盆地不只_____,而且_____。

2. 改写句子:
   (1) 中国地方大,人口也多。
   (2) 长江下游风景好看,物产也很丰富。
   (3) 她是我的妈妈,也是我的第一个老师。

二、可(讲)的(可+FV+的)　worth FV+ing

例句:

1. 可说的　worth saying　　可去的　worth going to
   可看的　worth seeing　　可写的　worth writing about
   可听的　worth listening　可画的　worth painting
   可练的　worth practicing　可买的　worth buying

19

可吃的　worth eating　　可玩的　　worth playing

2. 那个城市很古老，可看的地方很多。

That is an ancient city with many places worth seeing.

3. 美国可去的地方不少。

There are many places worth going to in the United States.

4. 商店里东西不少，可买的不多。

There are many goods in the store, but few worth buying.

解释：

"可＋动＋的"的结构可以放在名词前边作定语，也可以单独使用。单用时，作用相当于一个名词。如"可买的不多"意思是"可买的东西不多"。

练习：

1. 填空：

（1）北京是个有名的文化古城，_____很多。

（2）商店里东西很多，不过_____不多。

（3）长江中、下游风景特别美，_____很多。

（4）展览会上_____不少。

2. 用"可讲的"、"可看的"、"可去的"、"可吃的"造句。

三、从…(讲)起（从…＋FV＋起）begin FV＋ing from...

例句：

1. 请同学们从第八页看起。

Please begin reading from page 8.

2. 就从去中国说起吧。

Let's begin by talking about going to China.

3. 这是二十年前的事了，从哪儿说起呢？

20

天安门广场

中华人民共和国

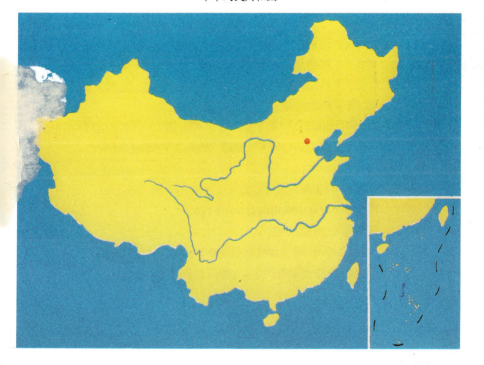

黄河

长江三峡

珠江三角洲

内蒙草原

珠穆朗玛峰

熊猫

长城

故宫

杭州西湖

桂林山水

秦始皇陵兵马俑

敦煌壁画

清明上河图

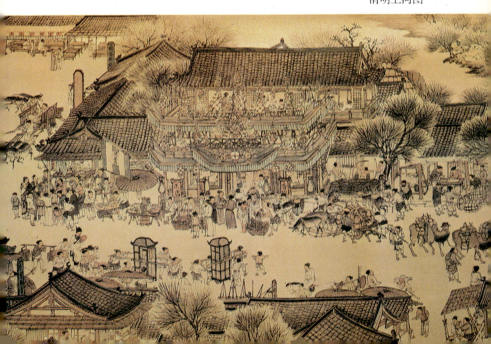

人民英雄纪念碑部分浮雕

虎门销烟

五四运动

人民解放军渡长江

This happened twenty years ago, so where shall I begin talking about it?

4.你想努力学习,那就从今天做起。

If you want to study diligently, you should begin doing so today.

解释:

"从…+动+起"是说从哪儿(什么地方、什么时间、什么人或事)开始做的意思。"从哪儿说起呢?"是说头绪很多,不知道从哪儿开始说。

练习:

用"从…FV起"改写句子:

(1)我很想给你介绍一下美国的情况,可是不知道怎么开始说。
(2)走进展览馆,老师让我们从东边开始看。
(3)这件事要从十年以前开始讲。
(4)这么多内容,我该从哪儿开始复习呢?

四、由…往… from... to...

例句:

1.中国的河流大部分都是由西往东流。

Most rivers in China flow from west to east.

2.那辆汽车由南往北开。

That car was driven from south to north.

3.骑自行车由山下往山上走特别困难。

To ride a bicycle up the mountain is particularly difficult.

4.水由桌子上往下流。

The water was running down the table.

解释：

"由…往…"也可以说"从…往…"，与"从…到…"不一样。"从…到…"是说从哪儿开始，到哪儿结束，可以指地方，也可以指时间。如"从北京到上海有两千多公里"，"从早到晚他都在忙"。"由…往…"是说从哪儿开始，向什么方向移动。如"由上往下流"，这种格式，只说地方，不说时间。

练习：

用"从…到…"或者"由…往…"填空：

（1）坐飞机_____只要两个小时。
（2）我们_____走。
（3）这条河_____流。
（4）他_____都很忙。

五、难道…（吗）？　　Is it possible that…?

例句：

1. 这件事大家都知道，难道你不知道（吗）？
   Everybody knows about it, is it possible that you don't?

2. 你已经去过三次中国，难道没有去过长城（吗）？
   You have been to China three times, is it possible that you have never been to the Great Wall?

3. "大"字，难道你也不会念？
   Can't you even read the character "大"?

4. 以前，黄河发生的水灾难道还少吗？
   Can it be possible that the Yellow River only flooded a few times in the past?

解释：

"难道"是副词，"难道…（吗）？"可以加强反问的语气。"难道"后边往往有否定词，形成"难道…不（没、没有）

…吗?"的格式。

练习:

1. 用"难道…吗?"改写句子:
    (1) 男人能做到的事,女人也能做到。
    (2) 他是我们小时候的朋友,你一定认识。
    (3) 这么简单的问题,你应该懂。
    (4) 她是大学生,应该学过外语。
2. 用"难道"完成句子:
    (1) 我们是老同学,_____。
    (2) 这个电影很有名,_____。
3. 用"难道…吗?"造句。

六、就是这么来的 This is how it happened.

例句:

1. 小王,你为什么叫"京生"?
   我生在北京,我的名字就是这么来的。
   Xiao Wang, why are you called "Jingsheng"?
   I was born in Beijing; that's why.

2. "上有天堂,下有苏杭"的说法就是这么来的。
   This is how the saying "Only heaven can compare with Suzhou and Hangzhou" came into being.

解释:

"就是这么来的"是总括性的话,常常放在一段叙述之后,说明某个名称、说法、事件的由来。

练习:

用"就是这么来的"回答问题:
  (1) 黄河的名字是怎么来的?
  (2) "上有天堂,下有苏杭"的说法是怎么来的?

（3）你的中文名字是怎么来的？

七、只有…才…　　only if...

例句：

1.只有努力，才能学好汉语。
One can learn Chinese well only if one works hard at it.

2.只有学好汉语，才能了解中国。
Only when one learns Chinese well can one understand China.

3.只有每天吃药，病才能好。
One can get well only if one takes medicine every day.

4.只有这样作才行。
You can only do it this way.

解释：

"只有"是连词，表示唯一的条件，非此不可。后面多用副词"才"呼应。

练习：

完成句子：

（1）只有你去请，_____。
（2）只有每天复习，_____。
（3）_____，才能学习好。
（4）_____最了解孩子的习惯。
（5）那个展览馆只有星期三_____。

八、和…相比 to compare ... with

例句：

1.美国和中国相比，土地面积差不多。
The territory of the United States and the territory of

China are approximately the same size.

2.这条河小多了,不能和长江相比。

This river is much smaller; it can't compare with the Yangtze River.

3.和北京相比,广州的天气暖和多了。

Compared with Beijing, Guangzhou has much warmer weather.

4.他学习非常好,我不能和他相比。

He does very well in his studies; I can't compare with him.

解释:

"和…相比"是指两个事物的比较,后面是比较的结果。"能和…相比"是说两个事物差不多;"不能和…相比"是说两个事物差别很大。

练习:

1.用"和…相比"改写句子:

(1)学习上,我比他差多了。

(2)中国的人口分布,西部和东部很不一样。

(3)中国的历史比美国长。

(4)只有苏州杭州才跟天堂差不多。

2.用"和…相比"造句。

九、象(跟、和)…一样(那样、这样) to be like

例句:

1.她真好,象妈妈一样。

She is nice, just like a mother.

2.我们学校就象公园一样。

Our campus is like a park.

3.这里的山水跟画儿一样美。

The scenery here is like a painting.

4.我不象他那样努力。

I don't work as hard as he does.

解释：

"象…一样"表示两个事物有共同点，"不象…那样"表示两个事物没有共同点。如果要特别指出那个共同点，就在"一样"后边说明。如例3、例4。

练习：

用"象（和、跟）…一样"完成句子：

（1）姑娘象_____。

（2）爸爸的身体_____好。

（3）我每天学习，就象每天_____。

（4）美国的密西西比河和中国的长江_____，都是世界上有名的长河。

十、除了…（以外） except for ...; besides

例句：

1.除了小一点以外，这间房子很不错。

This room is quite nice except that it is a bit small.

2.除了下雨，他每天都练习长跑。

Except when it rains, he practices long distance running every day.

3.除了琳达以外，同学们都去过中国。

All the students except Linda have been to China.

4.除了中国以外，他还去过很多国家。

He has been to many other countries besides China.

解释：

"除了…（以外）"表示不计算在内。如果在"除了…以外"，后边有"还"或"也"，则表示除了已经知道的外，还有别的。

练习：

1. 用"除了…以外"完成句子：

　　（1）＿＿＿＿＿＿，全班同学都来了。

　　（2）中国有三条大河，除了黄河以外，＿＿＿＿＿。

　　（3）＿＿＿＿＿＿，他哪儿也没去过。

2. 用"除了…以外"改写句子：

　　（1）他每天上课，只有星期天才出去玩。

　　（2）你懂汉语，你们家还有懂汉语的吗？

　　（3）中国不只是长江下游好，中国的好地方很多。

十一、对…起…作用 to have effect on

例句：

1. 黄河对中国文化的发展起过重要作用。
The Yellow River had important effect on Chinese culture.

2. 老师的话对他不起作用。
What the teacher says does not have any effect on him.

3. 这种药对我的病不起作用。
This medicine is not effective in treating my disease.

4. 复习对他的学习起了很大作用。
Reviewing the old lessons proved beneficial to his study.

解释：

一般有三种格式：1）A对B起作用。2）A对B起…作用。

3）A对B不起作用。

练习：

1. 用"起…作用"完成句子：

（1）交通的发达_____。

（2）现在，黄河对_____起着_____作用。

（3）_____对我_____不起作用。

2. 用"对…起…作用"造句。

听力练习

（听录音，听力问题附本单元后）

回答问题

1. 为什么有人说黄河是中国文化的摇篮？

2. 黄河以前为什么常常发生水灾？

3. 黄河这个名字是怎么来的？

4. 长江重要吗？为什么？

5. 鱼米之乡是什么地方？为什么叫鱼米之乡？

6. 请你说一说长江上游的情况。

7. 请你讲一讲中国的三大流域。

8. 中国物产最丰富的地方在哪儿？

9. "上有天堂,下有苏杭"这句话的意思是什么?
10. 你们国家有能和天堂相比的地方吗?请你介绍一下。
11. 请你介绍一下你们国家的地理环境。
12. 世界最长的河在哪儿?这条河可以发电吗?
13. 美国有几个大湖?它们都在什么地方?
14. 海上交通的发展对一个国家的经济起什么作用?
15. 美国的大平原农业发达吗?为什么?

翻译练习

(英译汉,答案附本单元后)

1. geographical environment
2. to speak about the geography of China
3. to be interested in history
4. the products from central Asia
5. Products are relatively abundant.
6. a magazine that is rich in content
7. a long history
8. a civilization of long standing
9. Read from Lesson One.

10. to begin with the culture of the Yellow River valley
11. The Yangtze River also flows from west to east.
12. the population of the whole nation
13. The school has five thousand students in all.
14. to study ancient Chinese history
15. Agriculture is more developed than industry.
16. to develop agriculture in the Sichuan Basin
17. The cities along the river have highly developed industry.
18. to turn into a political center
19. to visit scenic spots and historical sites
20. Something important occurred.
21. after studying hard
22. The middle reaches go through three provinces.
23. to bring the Yellow River under control
24. The Yangtze River can generate electricity.
25. to irrigate agricultural areas
26. large plain with fertile land
27. most of the tributaries of the river
28. cities of all sizes
29. The mountainous region has an ample amount of rainfall.
30.

30. just like paradise
31. near the land of fish and rice
32. Marine transportation is well developed.
33. to the development of transportation
34. had great effect on the development of economy
35. Not only is the land fertile, the scenery is also beautiful.
36. There are so many scenic spots and historical sites worth seeing in China.
37. Do you mean to say that the Yellow River can still flood after it has been brought under control?
38. This was how the ancestors of the Americans lived.
39. Did ancient Chinese culture develop from the North to the South?
40. That is how it got the name of "cultural cradle".
41. Only when marine transportation is developed, can industry flourish.
42. Most of the rivers flow from west to east.
43. The ample amount of rainfall had great effect on the development of agriculture.
44. The scenery of Suzhou and Hangzhou is rare indeed.

45. In addition to being a political center, Beijing is also a cultural center.
46. There are many topics in Chinese culture that are not only worth studying, but also very interesting.
47. Lastly, I will read them over again beginning from the first sentence.
48. Do you mean that the Loess Plateau cannot be irrigated?
49. Because the water in the Yellow River contains a large amount of mud and sand, the color of the water has turned yellow.
50. China has quite a few agricultural areas like the one in the Northeast.

第二课 辽阔的国土

老师：请你们先回答我上次提出的问题：黄河、长江、珠江为什么都是由西往东流？

约翰：因为西边高，东边低。

老师：对，"人往高处走，水往低处流"嘛！中国地形的特点就是西高东低。西边不是高原，就是山地；东边多半是平原。

请大家看地图：这一大块地方是青藏高原，世界最高峰——珠穆朗玛峰就在这高原的南边。谁要是登上这座高峰，谁就是世界上站得最高的人了。

琳达：我想试试。

约翰：那真是"人往高处走"了。小心摔下来！

老师：你们看：这儿是新疆，这儿是内蒙，这一

　　　　　带大部分也是高原和山地。
汤姆：高原上的人怎么生活呢？
老师：那里耕地不多，人们主要靠放牧生活。
琳达：听说新疆和内蒙的草原很美呢！
老师：是啊，"天苍苍，野茫茫，风吹草低见牛羊"，这首民歌说的就是草原的自然景色。
彼得：太美了！有机会我一定去那儿看看。难道一年四季都那么好看吗？
玛丽：你也不想想，那儿是中国的北方，冬天比这儿冷多了。老师，我说的对不对？
老师：是这样。中国北方，气候干旱少雨，冬天冷，夏天热；南方气候温和，雨水充足，更适合发展农业。由于气候不同，南、北方的农作物也不一样：南方主要是水稻，北方主要是小麦。
汤姆：中国的矿产多不多？
老师：中国的矿产资源很丰富。北方是中国的能源基地，煤和石油都相当多，对工业的发展起着重要作用。因为受气候、地形和物产的影响，中国人口的分布很不平均。你们想想看，中国什么地方人口最多？

同学们：东部。

老师：为什么呢？

约翰：因为那儿气候温和，土地肥沃。

琳达：而且物产丰富，当然人口就多了。

老师：回答得很好。中国的大城市，象北京、天津、南京、上海、广州等都在东部。

琳达：老师，听说台湾的人口也不少。你能给我们讲讲台湾吗？

老师：当然可以。中国东南沿海有许多大大小小的海岛，其中最有名的就是台湾。台湾离中国大陆只有一百多公里，面积有三万五千七百八十平方公里。台湾虽然不大，但是物产十分丰富，风景也很美，自古以来就是中国的一个宝岛。

玛丽：中国人口那么多，有多少民族呢？

老师：中国是一个多民族的国家，有五十多个民族，分布在全国各地。汉族人口最多，大约占全国人口的百分之九十四，主要集中在东部和南部。其他民族人数比较少，叫少数民族，主要分布在西南、西北、东北等地区。中国的民族虽然多，却很团结。在这一课里，除了中国的地形、气候、物产以外，我们还谈了人口和民族的分布情况，内容都非常简单。详细的情况还要靠同学们自己去看，去了解。

第二課 遼闊的國土

老師：請你們先回答我上次提出的問題：黃河、長江、珠江為甚麼都是由西往東流？

約翰：因為西邊高，東邊低。

老師：對，"人往高處走，水往低處流"嘛！中國地形的特點就是西高東低。西邊不是高原，就是山地；東邊多半是平原。

請大家看地圖：這一大塊地方是青藏高原，世界最高峯——珠穆朗瑪峯就在這高原的南邊。誰要是登上這座高峯，誰就是世界上站得最高的人了。

琳達：我想試試。

約翰：那真是"人往高處走"了。小心摔下來！

老師：你們看：這兒是新疆，這兒是內蒙，這一

　　　　帶大部分也是高原和山地。

湯姆：高原上的人怎麼生活呢？

老師：那裏耕地不多，人們主要靠放牧生活。

琳達：聽說新疆和內蒙的草原很美呢！

老師：是啊，"天蒼蒼，野茫茫，風吹草低見牛羊"，這首民歌說的就是草原的自然景色。

彼得：太美了！有機會我一定去那兒看看。難道一年四季都那麼好看嗎？

瑪麗：你也不想想，那兒是中國的北方，冬天比這兒冷多了。老師，我說的對不對？

老師：是這樣。中國北方，氣候乾旱少雨，冬天冷，夏天熱；南方氣候溫和，雨水充足，更適合發展農業。由於氣候不同，南、北方的農作物也不一樣：南方主要是水稻，北方主要是小麥。

湯姆：中國的礦產多不多？

老師：中國的礦產資源很豐富。北方是中國的能

　　　　源基地，煤和石油都相當多，對工業的發
　　　　展起着重要作用。因為受氣候、地形和物
　　　　產的影響，中國人口的分佈很不平均。你
　　　　們想想看，中國甚麼地方人口最多？
同學們：東部。
老師：為甚麼呢？
約翰：因為那兒氣候溫和，土地肥沃。
琳達：而且物產豐富，當然人口就多了。
老師：回答得很好。中國的大城市，像北京、天
　　　津、南京、上海、廣州等都在東部。
琳達：老師，聽說臺灣的人口也不少。你能給我
　　　們講講臺灣嗎？
老師：當然可以。中國東南沿海有許多大大小小
　　　的海島，其中最有名的就是臺灣。臺灣離
　　　中國大陸只有一百多公里，面積有三萬五
　　　千七百八十平方公里。臺灣雖然不大，但
　　　是物產十分豐富，風景也很美，自古以來

就是中國的一個寶島。

瑪麗：中國人口那麼多，有多少民族呢？

老師：中國是一個多民族的國家，有五十多個民族，分佈在全國各地。漢族人口最多，大約佔全國人口的百分之九十四，主要集中在東部和南部。其他民族人數比較少，叫少數民族，主要分佈在西南、西北、東北等地區。中國的民族雖然多，却很團結。在這一課裏，除了中國的地形、氣候、物產以外，我們還談了人口和民族的分佈情況，內容都非常簡單。詳細的情況還要靠同學們自己去看，去瞭解。

Dìèrkè   Liáokuò de guótǔ

Lǎoshī: Qǐng nǐmen xiān huídá wǒ shàngcì tíchū de wèntí: Huánghé, Chángjiāng, Zhūjiāng wèishénme dōu shì yóu xī wàng dōng liú?

Yuēhàn: Yīnwei xībian gāo, dōngbian dī.

Lǎoshī: Duì, "rén wàng gāochù zǒu, shuǐ wàng dīchù liú" ma! Zhōngguó dìxíng de tèdiǎn jiù shì xī gāo dōng dī. Xībian búshì gāoyuán, jiù shì shāndì; Dōngbian duōbàn shì píngyuán.

Qǐng dàjiā kàn dìtú: Zhèi yí dàkuài dìfang shì Qīng-Zàng gāoyuán, shìjiè zuì gāo fēng — Zhūmù-lángmǎfēng jiù zài zhè gāoyuán de nánbian. Shuí yàoshi dēngshang zhèi zuò gāofēng, shuí jiù shì shìjièshang zhàn de zuì gāo de rén le.

Líndá: Wó xiǎng shìshi.

Yuēhàn: Nà zhēn shì "rén wàng gāochù zǒu" le. Xiǎoxīn shuāixialai!

Lǎoshī: Nǐmen kàn: zhèr shì Xīnjiāng, zhèr shì Nèiměng,

zhèi yídài dàbùfen yě shì gāoyuán hé shāndì.

Tāngmǔ: Gāoyuánshang de rén zěnme shēnghuó ne?

Lǎoshī: Nàli gēngdì bù duō, rénmen zhǔyào kào fàngmù shēnghuó.

Líndá: Tīngshuō Xīnjiāng hé Nèiměng de cǎoyuán hěn měi ne!

Lǎoshī: Shì a, "Tiān cāngcāng, yě mángmáng, fēng chuī cǎo dī jiàn niú yáng", zhèi shǒu míngē shuōde jiù shì cǎoyuán de zìrán jǐngsè.

Bǐdé: Tài měi le! yǒu jīhuì wǒ yídìng qù nàr kànkan. Nándào yìniánsìjì dōu nàme hǎokàn ma?

Mǎlì: Ní yě bù xiángxiang, nàr shì Zhōngguó de běifāng, dōngtiān bǐ zhèr lěngduōle. Lǎoshī, wǒ shuōde duì bú duì?

Lǎoshī: Shì zhèyàng. Zhōngguó běifāng, qìhòu gānhàn shǎo yǔ, dōngtiān lěng, xiàtiān rè; nánfāng qìhòu wēnhé, yúshuǐ chōngzú, gèng shìhé fāzhǎn nóngyè. Yóuyú qìhòu bù tóng, nán, běifāng de nóngzuòwù yě bù yíyàng: nánfāng zhǔyào shì shuǐdào, běifāng zhǔyào shì xiǎomài.

Tāngmǔ: Zhōngguó de kuàngchǎn duō bù duō?

Lǎoshī: Zhōngguó de kuàngchǎn zīyuáng hěn fēngfù. Běifāng shì Zhōngguó de néngyuán jīdì, méi hé shíyóu dōu xiāngdāng duō, duì gōngyè de fāzhǎn qǐzhe zhòngyào zuòyòng. Yīnwei shòu qìhòu, dìxíng hé wùchǎn de yǐngxiǎng, Zhōngguó rénkǒu de fēnbù hěn bù píngjūn. Nǐmen xiángxiangkàn, Zhōngguó shénme dìfang rénkǒu zuì duō?

Tóngxuémen: Dōngbù.

Lǎoshī: Wèishénme ne?

Yuēhàn: Yīnwei nàr qìhòu wēnhé, tǔdì féiwò.

Líndá: Érqiě wùchǎn fēngfù, dāngrán rénkǒu jiù duōle.

Lǎoshī: Huídáde hén hǎo. Zhōngguó de dà chéngshì, xiàng Běijīng, Tiānjīn, Nánjīng, Shànghǎi, Guǎngzhōu děng dōu zài dōngbù.

Líndá: Lǎoshī, tīngshuō Táiwān de rénkóu yě bùshǎo. Nǐ néng géi wǒmen jiángjiang Táiwān ma?

Lǎoshī: Dāngrán kéyi. Zhōngguó dōngnán yánhǎi yóu xǔduō dàdàxiáoxiǎo de háidǎo, qízhōng zuì yǒumíngde jiù shì Táiwān. Táiwān lí Zhōngguó dàlù zhǐ yòu yìbǎi duō gōnglǐ, miànjī yǒu sānwàn wǔqiān qībǎi bāshí píngfāng gōnglǐ. Táiwān suīrán bú dà, dànshì wùchǎn shífēn fēngfù, fēngjǐng yé hén měi, zìgúyǐlái jiù shì Zhōngguó de yí gè bǎodǎo.

Mǎlì: Zhōngguó rénkǒu nàme duō, yǒu duōshao mínzú ne?

Lǎoshī: Zhōngguó shì yí gè duō mínzú de guójiā, yóu wǔshí duō gè mínzú, fēnbùzài quánguó gè dì. Hànzú rénkǒu zuì duō, dàyuē zhàn quánguó rénkǒu de bǎifēn zhī jiǔshí sì, zhǔyào jízhōngzài dōngbù hé nánbù. Qítā mínzú rénshù bǐjiào shǎo, jiào shǎoshùmínzú, zhǔyào fēnbùzài xīnán, xīběi, dōngběi děng dìqū. Zhōngguó de mínzú suīrán duō, què hěn tuánjié. Zài zhèi yí kè li, chúle Zhōngguó de dìxíng, qìhòu, wùchán yǐwài, wǒmen hái tánle rénkǒu hé mínzú de fēnbù qíngkuàng, Nèiróng dōu fēicháng jiǎndān. Xiángxìde qíngkuàng hái yào kào tóngxuémen zìjǐ qù kàn, qù liáojiě.

生　词

1. 辽阔	liáokuò	(形) (SV)	vast
2. 人往高处走	rén wàng gāo-chù zǒu		The nature of people is to move up in life, just as the nature of water is to flow downward.
水往低处流	shuǐ wàng dī-chù liú		

3. 嘛　　　　ma　　　　　　（助）(P)　used with a tone of assurance

我已经还给他了嘛！
I have already returned it to him.

4. 地形　　　dìxíng　　　　（名）(N)　topography *oberflächen gestalt*
5. 特点　　　tèdiǎn　　　　（名）(N)　characteristics
6. 高原　　　gāoyuán　　　（名）(N)　plateau *Hochebene*
7. 峰　　　　fēng　　　　　（名）(N)　peak
　　高峰　　gāofēng　　　（名）(N)　high peak
　　山峰　　shānfēng　　　（名）(N)　mountain peak
8. 登　　　　dēng　　　　　（动）(FV)　to climb (up)

（1）登山运动
　　mountain climbing

（2）登上万里长城
　　to climb the Great Wall

9. 试试　　　shìshi　　　　（动）(FV)　to try
10. 小心　　　xiǎoxīn　　　（形、动）(SV)　careful / to watch out

（1）写字的时候得小心，别写错。
　　When you write, please be careful and don't make mistakes.

（2）小心火车！
　　Watch out for the train!

（3）他办事特别小心。
　　He is extremely prudent in his work.

11. 摔　　　　shuāi　　　　（动）(FV)　to fall (down)

（1）孩子摔倒了。

45

The child fell down.

（2）慢慢上，别摔下来。
Go up slowly, or you might fall down.

12.	一带	yīdài	（名）	(N)	area; region
13.	耕地	gēngdì	（名）	(N)	arable land
14.	主要	zhǔyào	（副、形）	(A)	mainly
15.	靠…生活	kào…shēnghuó			to depend on … for a living
16.	放牧	fàngmù	（动）	(FV)	to herd
17.	草原	cǎoyuán	（名）	(N)	grassland

18. 天苍苍，野茫茫，
    风吹草低见牛羊。

Tiān cāngcāng,   "Blue, blue, the sky,
yě mángmáng,   Vast, vast, the field,
fēng chuī cǎo dī   The grasses are blown,
jiàn niú yáng.   The cattle are shown."

19.	首	shǒu	（量）	(M)	measure word for poems
20.	民歌	míngē	（名）	(N)	folksong
21.	自然	zìrán	（名）	(N)	nature
22.	景色	jǐngsè	（名）	(N)	scenery
23.	机会	jīhuì	（名）	(N)	opportunity; chance

（1）这个机会很好。
This is a very good opportunity.

（2）我有机会和你见面，感到很高兴。
I am very glad to have this opportunity to meet you.

24. 干旱　　　　gānhàn　　　　（形）(SV)　dry *dürre*
25. 气候　　　　qìhòu　　　　（名）(N)　climate
26. 温和　　　　wēnhé　　　　（形）(SV)　mild (weather, temperament)

（1）南方的气候比北方温和。
　　The climate is milder in the south than in the north.
（2）那个护士很温和，病人都喜欢她。
　　That nurse has a mild temperament and all the patients like her.

27. 适合　　　　shìhé　　　　（动）(SV)　suitable
这个地方适合发展农业。
This area is suitable for developing agriculture.

28. 由于　　　　yóuyú　　　　（介）(CV)　due to; because *aufgrund von*
由于不小心，他从树上摔下来了。
He fell out of the tree because he was careless.

29. 农作物　　　nóngzuòwù　　（名）(N)　agricultural produce; crops
30. 水稻　　　　shuǐdào　　　（名）(N)　paddy-rice
31. 小麦　　　　xiǎomài　　　（名）(N)　wheat
32. 矿产　　　　kuàngchǎn　　（名）(N)　minerals
33. 资源　　　　zīyuán　　　　（名）(N)　natural resources

人是很重要的资源。
People are important resources.

34. 能源　　　　néngyuán　　　（名）(N)　energy resources
能源问题对每个国家都很重要。
The energy problem is important to every country.

35. 基地　　　　jīdì　　　　　（名）(N)　base *Grundlage*

英国的工业基地在哪儿？
Where are Britain's industrial bases?

36. 煤　　　　　méi　　　　　　（名）(N)　　coal
37. 石油　　　　shíyóu　　　　　（名）(N)　　petroleum
38. 受…影响　　shòu… yīngxiǎng　　　　　　to be influenced by
　　影响　　　　yīngxiǎng　　　（名、动）　influence; to have
　　　　　　　　　　　　　　　　 (N/FV)　　an effect on

（1）农作物受气候的影响。
　　　Crops are affected by the weather.
（2）吸烟影响了他的健康。
　　　His health has been affected by smoking.

39. 分布　　　　fēnbù　　　　　　（动）(FV)　to be distributed
40. 平均　　　　píngjūn　　　　（形、动）　average; even
　　　　　　　　　　　　　　　　 (SV/FV)

（1）她们的平均年龄只有二十岁。
　　　Their average age is only twenty.
（2）每班平均有十个学生。
　　　Each class averages ten students.
（3）每个国家能源基地的分布都不平均。
　　　The distribution of energy bases is uneven in all countries.

41. 当然　　　　dāngrán　　　　（副）(MA) of course

（1）你去吗？　Are you going?
　　　当然去。　Of course.
（2）中国南方土地肥沃、雨水充足，人口当然比北方多了。
　　　South China has fertile soil and plenty of rain, so of course its population is larger than that of north China.

42.	象	xiàng	(动、介)	to be like / such as (FV/CV)
43.	沿海	yánhǎi	(名) (N/AT)	coast / coastal
44.	海岛	hǎidǎo	(名) (N)	island
45.	其中	qízhōng	(名) (N)	in which; among which (as an adjunct, with an antecedent previously stated)

(1) 我们班二十个学生，其中有一半是从美国东部来的。
We have twenty students in our class, half of whom come from the eastern part of the United States.

(2) 中国风景美的地方很多，其中苏杭两个城市最美。
In China, there are many places with beautiful scenery and among them, Suzhou and Hangzhou are the most beautiful.

46.	大陆	dàlù	(名) (N)	continent; mainland
47.	面积	miànjī	(名) (N)	area
48.	平方公里	píngfānggōnglǐ		square kilometer
	公里	gōnglǐ	(量) (M)	kilometer
49.	十分	shífēn	(副) (A)	extremely
50.	自古以来	zìgǔyǐlái		since ancient times
51.	宝岛	bǎodǎo	(名) (N)	treasure island
52.	民族	mínzú	(名) (N)	nationality
53.	大约	dàyuē	(副) (A)	approximately; generally

(1) 现在大约是八点钟。

It's about 8 o'clock now.

(2) 从北京到广州大约有两千公里。
It is about 2,000 kilometers from Beijing to Guangzhou.

54. 占　　　　zhàn　　　　（动）(FV)　constitute *betragen*

55. 百分之…　　bǎifēnzhī…　　　　percentage

(1) 十分之…、千分之…
tenth of…; thousandth of…

(2) 城市人口占全国人口的百分之六十。
Urban population constitutes 60 percent of the entire population.

(3) 中国人百分之九十以上是汉族。
Over 90 percent of the Chinese population are of Han nationality.

56. 集中　　　jízhōng　　　（动）(FV)　to concentrate

中国的大城市集中在东部和南部。
Most of the big cities in China are located in the East and the South.

57. 其他　　　qítā　　　　（代）(PN)　other

谁还有其他的问题？
Who has other questions?

58. 人数　　　rénshù　　　（名）(N)　number of people
59. 少数　　　shǎoshù　　　（名）(N)　minority
60. 等　　　　děng　　　　（代）(BF)　and others; etc.
　　等等　　　děngděng　　（代）(BF)　and others; etc.

(1) 象北京、天津等中国北方的城市，冬天都下雪。
Cities of northern China such as Beijing, Tianjin, etc. all have snow in winter.

(2) 这种花有红、白、黄、蓝等四种颜色。
This kind of flower comes in red, white, yellow and blue.

61. 地区　　　dìqū　　　（名）(N)　area; region
62. 却　　　　què　　　（副）(A)　yet; but *jedoch*

那个地区虽然农业不发达，矿产却很丰富。
The agriculture of that region is not developed, but it is rich in minerals.

63. 团结　　　tuánjié　　（动、形） to unite; be united
　　　　　　　　　　　（FV/SV） *sich solidarisieren, Vereinigung*

(1) 全世界人民团结起来。
Peoples of the world, unite!

(2) 那班学生人数虽然少，却很团结。
Although there are only a few students in that class, they are all united.

64. 简单　　　jiǎndān　　（形）(SV)　simple
65. 详细　　　xiángxì　　（形）(SV)　detailed
66. 自己　　　zìjǐ　　　　（代）(PN)　self; oneself

自己的问题得自己解决。
One must solve one's own problems.

专　　名

1. 青藏高原　　Qīngzàng Gāoyuán the Qinhai-Tibet Plateau
2. 珠穆朗玛峰　Zhūmùlǎngmǎ Fēng Mount Qomolangma (Mount Everest)

3.	新疆	Xīnjiāng	Xinjiang
4.	内蒙	Nèiměng	Inner Mongolia
5.	天津	Tiānjīn	Tianjin
6.	南京	Nánjīng	Nanjing
7.	台湾	Táiwān	Taiwan
8.	汉族	Hànzú	the Han nationality

句型练习

一、嘛　used with a tone of assurance

例句：

1. 不用谢，这是应该的嘛！

Don't mention it; this is what I should do.

2. 有问题问老师嘛！

Go and ask the teacher if you have any questions.

3. 台湾自古以来就是中国的嘛！

Taiwan has belonged to China since ancient times.

4. A：他怎么没有来？

　　Why didn't he come?

　B：他有病嘛！

　　He was sick.

解释：

"嘛"是语气助词，放在句子后面，表示肯定的语气，有"本来就是这样，本来就应该这样"的意思。

练习：

1. 区别"吗"和"嘛"，想想每组里的两个句子有什么不同。
(1)这是应该的吗？ 这是应该的嘛！
(2)他有病吗？ 他有病嘛！
(3)她早来了吗？ 她早来了嘛！

2.用"嘛"回答问题：
(1)你怎么认识她的？
(2)你为什么那么喜欢中文书？
(3)为什么中国人口集中在东部？
(4)草原上的人为什么靠放牧生活？

二、不是…就是… either . . . or . . .

例句：

1.这几天天气很不好，不是刮风就是下雨。
The weather has been very bad recently; if it isn't raining, it's blowing.

2.这本书不是你的就是我的，不会是别人的。
This book is either yours or mine; it cannot belong to anybody else.

3.学生们从早到晚都在学习，不是上课就是作练习。
Students study from morning till night; if they aren't attending class they are doing homework.

4.A：你猜，今天谁给我们上课？
Guess who is going to give us a lecture today.
B：不是王老师就是李老师。
It is either Teacher Wang or Teacher Li.

解释：

"不是…就是…"意思是非A即B,不会是别的。A与B必须是同类词语。

练习：

1. 用"不是…就是…"改写句子：
   （1）要不你去，要不我去，别人是不去的。
   （2）住在这个地方的人只有汉族和回族。
   （3）那里只有高原和山地。
   （4）他每天总是看书，写文章。

2. 用"不是…就是…"回答问题：
   （1）这枝铅笔是谁的？
   （2）那儿的天气怎么样？
   （3）中国西部的地形有什么特点？
   （4）星期天你做什么？

3. 用"不是…就是…"造句。

三、谁…谁…　　whoever...

例句：

1. 谁先到谁买票。

Whoever gets there first will buy the tickets.

2. 谁想好了谁回答我的问题。

Whoever is ready will answer my question.

3. 大家都想去，谁去谁高兴，谁不去谁不高兴。

Everybody wants to go; whoever does will be happy, those who don't won't.

4. 这件事谁干的谁知道。

Whoever did it must know it.

解释：

"谁"原来是疑问代词，在"谁…谁…"的格式里，"谁"表示任指。前后两个"谁"指的是同一个（或一些）人。

练习：

1. 用"谁…谁…"改写句子:
   (1)先来的那个人开窗子。
   (2)会的人先回答。
   (3)学习好的去中国。
   (4)喜欢去的人都可以去。
2. 用"谁…谁…"完成句子:
   (1)谁登上珠穆朗玛峰_____。
   (2)谁会唱歌_____。
   (3)_____谁打扫屋子。
   (4)_____谁回答。
   (5)明天晚上有音乐会,谁愿意去_____。
   (6)这枝笔真好,谁看见_____。

四、试试(看)　　　to try

例句:

1.请你试试这件衣服。
Please try on the clothes.
2.请你说说中国的地理环境。
Please talk about the geographical environment of China.
3.晚上,我听听广播、看看画报、写写汉字,念念课文,过得很有意思。
I listened to the radio, read some pictorials, practiced writing Chinese characters, and studied the texts; I have had a wonderful evening.
4.A:你能登上这座山吗?
　　Can you climb this mountain?
　B:我想试试(看)。

I would like to try.

5.你们想想(看),为什么中国的大城市集中在东南部?
Just think it over, why are the big cities in China all located in the southeastern part of the country?

解释:

汉语动词可以重迭,表示动作时间短暂、随便,或有尝试的意思。动词重迭后若加上"看"字(多见于单音动词),则只有尝试的意思。"看"后需要停顿。这种用法常用于口语。

练习:

1.组织词组(短语):

听听_____ 写写_____ 试试_____

说说_____ 念念_____ 讲讲_____

打打_____ 想想_____ 等等_____

2.用动词重迭或者动词重迭加"看"完成句子:

(1)约翰:大夫,我有点发烧。 大夫:_____。

(2)每天____汉字____课文,进步一定很快。

(3)你能回答这个问题吗? 让我_____。

(4)难道你不记得他叫什么名字了吗? 你再____。

五、靠…(生活) to rely on…(for a living)

例句:

1.中国的东南靠着大海。

The southeastern part of China is by the coast.

2.孩子靠在妈妈身上。

The child is leaning on her mother.

3.那儿的人靠种地生活。

The people there live on farming.

4.他们一家靠父亲生活。

The whole family lives on the father's income.

5.学习主要靠自己努力，不能只靠别人帮助。
Learning mainly relies upon one's own effort, not just on help from somebody else.

解释：

"靠"是动词，有三个意思：一是作"接近"讲，如例1；二是倚靠的意思，如例2；三是依靠的意思，如例3、4、5。

练习：

1.用"靠（着）"完成句子：
  （1）美国东部＿＿＿＿＿＿＿＿＿。
  （2）他的身体＿＿＿＿＿＿＿＿＿。
  （3）＿＿＿＿＿＿＿＿＿，她才找到工作。
  （4）我们的宿舍＿＿＿＿＿＿＿。

2.按"靠"的三个不同意思造句。

3.回答问题：
  （1）学习主要靠什么？
  （2）美国西部山区的人主要靠什么生活？

六、由于　　owing to, as a result of

例句：

1.由于地形不同，东部和西部的气候很不一样。
Owing to the difference in topography, the weather in the east and west is not the same.

2.由于身体不好，他没来上课。
He did not go to school because of sickness.

3.由于大家都知道的原因，两国的关系不太好。
Because of the reason that is publicly known, the relationship between the two countries is deteriorating.

4.东部人口集中,是由于那里气候好、物产丰富。
As a result of good weather and abundance in production, the eastern part is densely populated.

解释:

"由于"表示原因,它常常放在主语前面,但也可以出现在"是"的后面。

练习:

1. 改写句子——用"由于"把两个句子连起来:
   (1) 昨天下雨。我们没去公园。
   (2) 中国地形的特点是西高东低。黄河、长江都是由西往东流。
   (3) 我对音乐不感兴趣。我没参加昨天的音乐会。
2. 用"由于"完成句子:
   (1) 人们说苏杭跟天堂一样,是＿＿＿＿＿＿＿。
   (2) ＿＿＿＿＿＿＿,每次考试都考得不错。
   (3) ＿＿＿＿＿＿＿,草原上的人靠放牧生活。

七、象　such as

例句:

1. 中国的好地方很多,象苏州、杭州、桂林、青岛等都是游览的好地方。

There are many good places for sightseeing in China, such as Suzhou, Hangzhou, Guilin, and Qingdao.

2. 汉字也有非常简单的,象"人、口、手、山、水"等。

Chinese characters can also be simple, such as the words for person, mouth, hand, mountain, water and so on.

3. 他会很多种外语,象汉语、日语、法语等都说得很好。

He speaks fluently in many foreign languages, such as Chinese, Japanese and French.

解释：

"象…（一样）"有"相象"的意思（第一课）。不加"一样"有时还有"例如"的意思（本课）。

练习：

1. 用"象"完成句子：
    （1）我去过很多国家，_____。
    （2）中国电影我看过不少，_____我都看过。
    （3）我有很多中国朋友，_____。
    （4）中国的大河都是由西往东流，_____。
    （5）中国的大城市_____我都去过。

2. 用"象…一样"或者"象…"改写句子：
    （1）孩子的脸红得跟苹果差不多。
    （2）世界上有几条相当长的河，例如长江、密西西比河、尼罗河、亚马逊河都是世界有名的长河。
    （3）桂林山水和画儿差不多。
    （4）只有苏杭才能和天堂相比。
    （5）带"氵"的汉字都跟水有关系，例如"河、江、湖、海"等。

八、虽然…但是（可是）／却…　　although.../yet...

例句：

1. 草原地方虽然大，但是可耕种的土地不多。
Given that the grassland is vast, the arable land is limited.

2. 父亲虽然去过很多次中国，但是一句汉语也不会说。

My father has been to China many times, but he cannot speak Chinese at all.

3.我虽然喜欢音乐，可是不会唱歌。
Although I like music, I cannot sing.

4.虽然是夏天，山上却很冷。
Although it is summer, it is cold on the mountains.

5.这孩子虽然年龄不大，懂的事情却不少。
Given that he is a child, he knows a lot of things.

解释：

"虽然A但是（可是）/却B"表示让步，承认A是事实，但B并不因此而不成立。"虽然"用在前一个小句，可在主语前，也可在主语后。后一小句中常有"但是、可是、却"等与之相呼应。"却"不能用在主语前。

练习：

1.完成句子：

（1）他虽然只学了半年汉语，＿＿＿＿＿＿＿。

（2）虽然他不想去，＿＿＿＿＿＿＿。

（3）汉字＿＿＿＿＿＿＿，却很有意思。

（4）＿＿＿＿＿＿＿，可是没有去过桂林。

2.指出下列句子的错误，并改写：

（1）老师讲得虽然简单，但是我们不感兴趣。

（2）虽然下着大雨，却她们玩得很高兴。

（3）这孩子虽然小，懂得事情却很少。

（4）那个村子虽然很小，但是大家都不知道。

九 （自、从、自从）…以来 since

例句：

1.自古以来，台湾就是中国的一个省。

Taiwan has been part of China since ancient times.

2.从去年九月以来,我已经收到二十封家信。

Since September of last year, I have already received twenty letters from home.

3.自从学习汉语以来,他每天都听汉语广播。

Ever since he studied Chinese, he has listened to the Chinese broadcast every day.

4.新中国成立以来,发生了很大变化。

Ever since the founding of new China, great changes have taken place.

解释:

"自…以来"、"从…以来"、"自从…以来"、"…以来"表示从那个时候直到现在这段时间。

练习:

1.用"(自、从、自从)…以来"完成句子:

(1)自古以来,_____。

(2)从学习开始以来_____。

(3)自生病以来_____。

(4)_____,我每天锻炼身体。

(5)这个学校自成立以来_____。

2.用"自…以来"造句。

听力练习

（听录音，听力问题附本单元后）

回答问题

1. 中国地形有什么特点？它跟中国的三大流域有什么关系？
2. 世界第一高峰在哪儿？谁最先登上这座山峰？
3. 请你简单介绍一下新疆和内蒙的情况。
4. 中国北方和南方的气候有什么不同？对农业发展有什么影响？
5. 为什么中国东南部的人口比其他的地区多？
6. 中国有些什么矿产资源？主要分布在什么地方？
7. 中国的大城市为什么都集中在沿海一带？
8. 请你简单地介绍一下台湾的情况。
9. 请你详细地说一说中国人口分布的情况。
10. 请你谈谈中国为什么是一个多民族的国家。
11. 贵国地形有什么特点，请你简单介绍一下。
12. 美国是一个多民族的国家吗？主要有哪些民族？
13. 多民族国家的文化有什么特点？
14. 贵国的能源基地在哪儿？有什么主要的矿产资源？
15. 贵国的人口分布受什么影响？

翻译练习

（英译汉，答案附本单元后）

1. high in the west and low in the east
2. to flow from west to east
3. the characteristics of the terrain
4. to introduce the characteristics of Chinese culture
5. mostly plateaus
6. Most of them lived along the Yellow River.
7. to promote the sport of mountain climbing
8. to climb on top of the highest mountain peak
9. to try to climb that mountain
10. to try to ask questions in Chinese
11. Be careful not to write the characters wrong.
12. to be careless and fall off the chair
13. to rely on livestock raising for a living
14. mainly rely on exercise
15. the scenery of the grassland
16. a folksong that tells of the scenery of the grassland
17. the chance to go to teach English in China

18. to have no chance to visit
19. The sceneries of the four seasons are all different.
20. The weather in the summer is dry with little rainfall.
21. warm as spring
22. therefore not suitable for the students to use
23. The grassland is suitable for raising cattle.
24. The weather is very dry and not suitable for the development of agriculture.
25. because the agricultural products are different
26. for its richness in mineral deposits
27. to develop the energy basis
28. the petroleum fields in the west
29. to be influenced by the distribution of the population
30. to influence the development of industry
31. evenly distributed in every province
32. unevenly distributed
33. Folksongs are not only pretty, but also easy to learn.
34. Of course it is influenced by the weather.
35. agricultural products such as rice, wheat…
36. cities along the seacoast

37. islands of all sizes
38. Among those, Taiwan is the largest.
39. famous mountain peaks on the mainland
40. 90 percent of the people
41. The size of the United States is 9,500,000 square km.
42. The rainfall is very abundant.
43. a country with many nationalities
44. The Han nationality constitutes about 94%.
45. to constitute about 3/10
46. to concentrate along the seacoast regions
47. The number of people is larger than that in other cities.
48. the areas where the national minorities are distributed
49. Although there are only a few people, they are not united.
50. The content is simple and clear.
51. The main agricultural product of most countries is either rice or wheat.
52. Those who want to go to China to study must thoroughly understand China's situation.
53. Don't rely on others; one must first try to do it oneself.
54. Those who have not been to the United States rely mostly

on newspapers and magazines to understand that country.
55. Because energy resources are not abundant, industry is not well developed.
56. The coastal areas not only have dense populations and convenient transportation, but also have highly developed industries.
57. Although I am interested in ancient Chinese culture, I do not have any chance to study it.
58. Although areas such as Xinjiang, Inner Mongolia, etc. are very large, the populations there are not large.
59. There are more than a thousand students in that school; is it possible that there isn't even one Chinese?
60. Since ancient times, Taiwan has always been an important island off the China coast.

第三课 愉快的旅游

亲爱的老师：

　　您好！

　　今年暑假，我回家以后，就参加了一个旅行团到中国来了。我游览了许多地方，觉得特别有意思。您一定很想知道这方面的情况吧？

　　我们是六月二十四日到北京的。北京是中国的首都，也是一座有三千年历史的文化古城。北京作过元、明、清等朝代的国都，所以名胜古迹特别多。

　　第二天早上，我们就去长城了。登上长城一看，山峰一座连着一座，长城就建筑在这些高山上，非常雄伟壮观。听说长城有一万多里长，真了不起！

在北京，我们参观了天安门广场，还游览了故宫和颐和园。那里的宫殿，都很有中国古代建筑的特色。后来，我们又参观了北京大学和其他一些地方，就坐火车到西安去了。

西安跟北京一样，也是一座有名的文化古城。从公元前十一世纪开始，西安作过周、秦、汉、唐等朝代的国都，可参观的名胜古迹相当多，其中最有名的是秦始皇兵马俑博物馆。

在西安玩了三天，我们又坐火车到了重庆。重庆是长江上游的一座山城，不但风景优美，而且在经济上占有重要的地位。

重庆的交通比较方便。从重庆上船，顺流而下，第二天早上就进了长江三峡。三峡两岸的山峰很陡，江面又窄又曲折，水流得很急，船也走得很快。有几次，我们的船好象就要撞到山上了，可是一拐弯儿，又从山旁边开了过去。这时候，我想起您教过的两句唐诗："两岸猿声啼不住，轻舟已过万重山。"

　　船到武汉，我们住了一夜，第二天，就坐飞机到了上海。上海是中国最大的城市，也是东南沿海最大的港口，工商业非常发达。我们住的旅馆在市中心，那儿一天到晚都很热闹。

　　苏州离上海不远，从上海坐火车，只要一个多小时就到了。苏州是有名的"园林之城"，那里的园林小巧别致，各有特色。纽约市博物馆的"明轩"，就是按照苏州的一个园林建造的。

　　杭州是另外一种景色。西湖三面环山，风景秀丽。听说宋代一位诗人，把西湖比作一位漂亮的女子——西施，所以西湖也叫西子湖。自古以来，杭州就是有名的风景区，而且有许多民间传说和历史故事。在杭州，我买了两盒龙井茶，等回国以后，我们见面的时候，再一边品尝，一边细谈吧！

　　这次，我亲眼看到中国各方面的情况，进一

步了解了中国,提高了研究中国文化的兴趣。对您在这方面的教导,我表示衷心的感谢。

祝您健康!

您的学生

琳达

七月十二日 于杭州

第三課　愉快的旅游

親愛的老師：

　　您好！

　　今年暑假，我回家以後，就參加了一個旅行團到中國來了。我遊覽了許多地方，覺得特別有意思。您一定很想知道這方面的情況吧？

　　我們是六月二十四日到北京的。北京是中國的首都，也是一座有三千年歷史的文化古城。北京作過元、明、清等朝代的國都，所以名勝古迹特別多。

　　第二天早上，我們就去長城了。登上長城一看，山峰一座連着一座，長城就建築在這些高山上，非常雄偉壯觀。聽說長城有一萬多里長，真了不起！

在北京，我們參觀了天安門廣場，還遊覽了故宮和頤和園。那裏的宮殿，都很有中國古代建築的特色。後來，我們又參觀了北京大學和其他一些地方，就坐火車到西安去了。

西安跟北京一樣，也是一座有名的文化古城。從公元前十一世紀開始，西安作過周、秦、漢、唐等朝代的國都，可參觀的名勝古迹相當多，其中最有名的是秦始皇兵馬俑博物館。

在西安玩了三天，我們又坐火車到了重慶。重慶是長江上游的一座山城，不但風景優美，而且在經濟上占有重要的地位。

重慶的交通比較方便。從重慶上船，順流而下，第二天早上就進了長江三峽。三峽兩岸的山峰很陡，江面又窄又曲折，水流得很急，船也走得很快。有幾次，我們的船好象就要撞到山上了，可是一拐彎，又從山旁邊開了過去。這時候，我想起您教過的兩句唐詩："兩岸猿聲啼不住,輕舟已過萬重山。"

　　船到武漢,我們住了一夜,第二天,就坐飛機到了上海。上海是中國最大的城市,也是東南沿海最大的港口,工商業非常發達。我們住的旅館在市中心,那兒一天到晚都很熱鬧。

　　蘇州離上海不遠,從上海坐火車,只要一個多小時就到了。蘇州是有名的"園林之城",那裏的園林小巧別緻,各有特色。紐約市博物館的"明軒",就是按照蘇州的一個園林建造的。

　　杭州是另外一種景色。西湖三面環山,風景秀麗。聽說宋代一位詩人,把西湖比作一位漂亮的女子——西施,所以西湖也叫西子湖。自古以來,杭州就是有名的風景區,而且有許多民間傳說和歷史故事。在杭州,我買了兩盒龍井茶,等回國以後,我們見面的時候,再一邊品嘗,一邊細談吧!

　　這次,我親眼看到中國各方面的情況,進一

步瞭解了中國，提高了研究中國文化的興趣。對您在這方面的教導，我表示衷心的感謝。

　　祝您健康！

　　　　　　　　　　　　您的學生
　　　　　　　　　　　　　　琳達
　　　　　　　　　　七月十二日　於杭州

Dìsānkè   Yúkuài de lǚyóu

Qīn'àide lǎoshī:

Nínhǎo!

Jīnnián shǔjià, wǒ huíjiā yǐhòu, jiù cānjiāle yí gè lǚxíngtuán dào Zhōngguó lái le. Wǒ yóulǎnle xǔduō dìfang, juéde tèbié yǒuyìsi. Nín yídìng hén xiǎng zhīdào zhè fāngmiàn de qíngkuàng ba?

Wǒmen shì liù yuè èrshí sì rì dào Běijīng de. Běijīng shì Zhōngguó de shǒudū, yě shì yí zuò yǒu sānqiān nián lìshǐ de wénhuà gǔchéng. Běijīng zuòguo Yuán, Míng, Qīng děng cháodài de guódū, suóyǐ míngshènggǔjī tèbié duō.

Dì'èr tiān zǎoshang, wǒmen jiù qù Chángchéng le. Dēngshang Chángchéng yí kàn, shānfēng yí zuò liánzhe yí zuò, Chángchéng jiù jiànzhùzài zhèxiē gāoshānshang, fēicháng xióngwěi zhuàngguān. Tīngshuō Chángchéng yǒu yíwàn duō lǐ cháng, zhēn liǎobuqǐ!

Zài Běijīng, wǒmen cānguānle Tiān'ānmén Guángchǎng,

hái yóulǎnle Gùgōng hé Yíhéyuán. Nàli de gōngdiàn, dōu hén yǒu Zhōngguó gǔdài jiànzhù de tèsè. Hòulái, wǒmen yòu cānguānle Běijīng Dàxué hé qítā yìxiē dìfang, jiù zuò huǒchē dào Xī'ān qù le.

  Xī'ān gēn Běijīng yíyàng, yě shì yí zuò yǒumíngde wénhuà gǔchéng. Cóng gōngyuán qián shíyī shìjì kāishǐ, Xī'ān zuòguo Zhōu, Qín, Hàn, Táng děng cháodài de guódū, kě cānguān de míngshènggǔjī xiāngdāng duō, qízhōng zuì yǒumíngde shì Qínshǐhuáng Bīngmáyǒng Bówùguǎn.

  Zài Xī'ān wánrle sān tiān, wǒmen yòu zuò huǒchē dàole Chóngqìng. Chóngqìng shì Chángjiāng shàngyóu de yí zuò shānchéng, búdàn fēngjǐng yōuměi, érqiě zài jīngjìshang zhànyǒu zhòngyàode dìwèi.

  Chóngqìng de jiāotōng bǐjiào fāngbiàn. Cóng Chóngqìng shàng chuán, shùnliú'érxià, dì'èr tiān zǎoshang jiù jìnle Chángjiāng Sānxiá. Sānxiá liǎng'àn de shānfēng hén dǒu, jiāngmiàn yòu zhǎi yòu qūzhé, shuǐ liú de hěn jí, chuán yé zǒu de hěn kuài. Yóu jǐ cì, wǒmen de chuán hǎoxiàng jiù yào zhuàngdao shānshang le, kěshì yì guǎiwānr, yòu cóng shān pángbiānr kāileguòqù. Zhèshíhòu, wǒ xiángqǐ nín jiāoguo de liǎng jù Tángshī: "Liǎng'-

àn yuán shēng tíbuzhù, qīngzhōu yǐ guò wàn chóng shān."

Chuán dào Wǔhàn, wǒmen zhùle yí yè, dì'èr tiān, jiù zuò fēijī dàole Shànghǎi. Shànghǎi shì Zhōngguó zuì dàde chéngshì, yě shì dōngnán yánhǎi zuì dàde gángkǒu, gōng-shāngyè fēicháng fādá. Wǒmen zhù de lǚguǎn zài shìzhōngxīn. nàr yìtiāndàowǎn dōu hěn rènao.

Sūzhōu lí Shànghǎi bù yuǎn, cóng Shànghǎi zuò huǒchē, zhǐyào yí gè duō xiǎoshí jiù dào le. Sūzhōu shì yǒumíngde "yuánlín zhī chéng", nàli de yuánlín xiáoqiǎo biézhì, gè yǒu tèsè. Niǔyuēshì Bówùguǎn de "Míngxuān", jiù shì ànzhào Sūzhoū de yí gè yuánlín jiànzào de.

Hángzhōu shì lìngwài yì zhǒng jǐngsè. Xīhú sān miàn huán shān, fēngjǐng xiùlì. Tīngshuō Sòngdài yí wèi shīrén, bǎ Xīhú bǐzuò yí wèi piàoliangde nǚzǐ — Xīshī, suóyǐ Xīhú yě jiào Xīzǐhú. Zìgúyǐlái, Hángzhōn jiù shì yǒumíngde fēngjǐngqū, érqiě yóu xǔduō mínjiān chuánshuō hé lìshǐ gùshi. Zài Hángzhōu, wó mǎile liǎng hér Lóngjǐng chá, děng huíguó yǐhòu, wǒmen jiànmiàn de shíhòu, zài yìbiānr pǐncháng, yìbiānr xì tán ba!

Zhè cì, wǒ qīnyǎn kàndào Zhōngguó gè fēngmiàn de qíngkuàng, jìnyíbù liáojiěle Zhōngguó, tígāole yánjiū Zhōngguó wénhuà de xìngqù. Duì nín zài zhè fāngmiàn de jiàodǎo, wó biǎoshì zhōngxīnde gǎnxiè.

Zhù nín jiànkāng!

Nín de xuésheng

Líndá

qí yuè shí'èr rì, yú Hángzhōu

生　　词

1. 亲爱的　　qīn'àide　　(形) (AT)　dear
2. 暑假　　　shǔjià　　　(名) (N)　summer vacation
3. 旅行团　　lǚxíngtuán　(名) (N)　tour group
4. 游览　　　yóulǎn　　　(动) (FV)　to go sightseeing
5. 觉得　　　juéde　　　 (动) (FV)　to think; to feel

（1）我觉得很热。
　　　I feel very hot.
（2）我觉得这是一个好机会。
　　　I think this is a good chance.

6. 方面　　　fāngmiàn　　(名) (N)　aspect

他们从哪方面研究美国历史？
From what perspective are they studying American history?

7. 首都　　　shǒudū　　　(名) (N)　capital (of a country)
8. 朝代　　　cháodài　　 (名) (N)　dynasty
　 朝　　　　cháo　　　　(名) (N)　dynasty
　 代　　　　dài　　　　　(名) (N)　dynasty; historical period
9. 国都　　　guódū　　　　(名) (N)　national capital
10. 连(着)　 lián(zhe)　　(动) (FV)　to connect; in succession

（1）那个地方山连着山，水连着水，风景很美。
　　　The scenery there is very beautiful with many mountains, lakes and rivers.
（2）上个星期连着下了三天雨。

Last week it rained for three days without a break.

11. 建筑　　　jiànzhù　　　(动、名)　to build; to con-
　　　　　　　　　　　　　(FV/N)　　struct/ building;
　　　　　　　　　　　　　　　　　　architecture

（1）那座古城是什么朝代建筑的？
During which dynasty was that ancient city built?

（2）北京有许多古代建筑。
There are many ancient buildings in Beijing.

12. 雄伟　　　xióngwěi　　(形)　(SV)　grand
13. 壮观　　　zhuàngguān　(形)　(SV)　grand; magnificent
14. 里　　　　lǐ　　　　　(量)　(M)　a Chinese unit of
　　　　　　　　　　　　　　　　　　length (=1/2 km)
15. 了不起　　liǎobuqǐ　　(形)　(SV)　terrific; wonderful

（1）他觉得自己了不起。
He thinks that he himself is wonderful.

（2）他是个了不起的人。
He is remarkable.

16. 广场　　　guǎngchǎng　(名)　(N)　public square
17. 宫殿　　　gōngdiàn　　(名)　(N)　palace
18. 后来　　　hòulái　　　(副)　(MA)　later on; afterwards

他学了三年汉语，后来又学了一年历史。
He studied Chinese for three years and then he also studied history for one year.

19. 特色　　　tèsè　　　　(名)　(N)　special feature;
　　　　　　　　　　　　　　　　　　characteristics
20. 公元　　　gōngyuán　　(名)　(N)　A.D.; the Christian era

21.	世纪	shìjì	(名) (N)	century
22.	博物馆	bówùguǎn	(名) (N)	museum
23.	相当	xiāngdāng	(副) (A)	considerably; quite

（1）他爱人相当漂亮。
　　　His wife is quite pretty.

（2）中国南方的气候冬天相当温和。
　　　In winter the weather in southern China is quite warm.

24.	重要	zhòngyào	(形) (SV)	important
25.	地位	dìwèi	(名) (N)	position; status
26.	不但…而且	bùdàn…érqiě…		not only…also
27.	优美	yōuměi	(形) (SV)	beautiful; graceful
28.	顺流而下	shùnliú'érxià		to flow downstream
29.	峡	xiá	(名) (N)	gorge
30.	陡	dǒu	(形) (SV)	steep
31.	江面	jiāngmiàn	(名) (N)	the surface of a river
32.	窄	zhǎi	(形) (SV)	narrow
33.	曲折	qūzhé	(形) (SV)	winding
34.	急	jí	(形) (SV)	swift (current); anxious; urgent
35.	好象	hǎoxiàng	(副) (MA)	to seem; to be like

天这么黑，好象快要下雨了。
The sky is so dark that it looks like rain.

| 36. | 撞 | zhuàng | (动) (FV) | to run into |
| 37. | 拐弯儿 | guǎiwānr | (动宾)(VO) | to turn a corner |

(1) 汽车要拐弯儿了，请大家坐好。
The car is going to make a turn. Please stay in your seat.
(2) 再拐一个弯儿，我们就到博物馆了。
There is only one more turn before we get to the museum.

38.	诗	shī	（名）(N)	poem
	诗人	shīrén	（名）(N)	poet
39.	两岸猿声啼不住	liǎng'àn yuán shēng tíbúzhù		Yet monkeys are still calling on banks behind me,
	轻舟已过万重山	qīngzhōu yǐ guò wàn chóng shān		To my boat these ten thousand mountains away.
40.	港口	gǎngkǒu	（名）(N)	port; harbour
41.	旅馆	lǚguǎn	（名）(N)	hotel
42.	一天到晚	yītiāndàowǎn		from morning to night

(1) 上海的南京路一天到晚都很热闹。
The Nanjing Road in Shanghai is busy all day from morning till night.
(2) 一天到晚忙着学习，没机会出去游览。
to be busy studying from morning to night without any chance to go sightseeing

43.	热闹	rènao	（形）(SV)	lively
44.	园林之城	yuánlín zhī chéng		a city of gardens
45.	小巧	xiǎoqiǎo	（形）(SV)	small and exquisite
46.	别致	biézhì	（形）(SV)	uniquely elegant

47. 各　　　　　gè　　　　　　（代、副）(SP)　each; every
　（1）各民族文化都有自己的特色。
　　　The culture of every nationality has its own characteristics.
　（2）参加的老师各写一封信。
　　　The participating teachers each wrote a letter.
48. 按照　　　　ànzhào　　　　（介）(CV)　according to
49. 建造　　　　jiànzào　　　　（动）(FV)　to build
50. 另外　　　　lìngwài　　　　（代、副）　in addition; more-
　　　　　　　　　　　　　　　　(MA)　over darüber hinaus
　（1）我说的是另外一回事。
　　　I am talking about something else.
　（2）你们几个坐车走，另外的人坐船走。
　　　You take the train and the others will go by boat.
　（3）今天我有事，我们另外找时间谈吧。
　　　I am tied up today. Let's have a talk some other time.
　（4）另外，我们还游览了长城。
　　　In addition, we also visited the Great Wall.
51. 三面环山　　sān miàn huán shān　　　with mountains on three sides
52. 秀丽　　　　xiùlì　　　　　（形）(SV)　beautiful; pretty
53. 把…比作…　bǎ…bǐzuò…　　　　　　　to liken to vergleichen
54. 漂亮　　　　piàoliang　　　（形）(SV)　pretty; beautiful
55. 女子　　　　nǚzǐ　　　　　（名）(N)　woman
56. 民间　　　　mínjiān　　　　（名）(AT)　folk im Volke
57. 传说　　　　chuánshuō　　　（名）(N)　legend; folklore
　　难道这么有名的民间传说你都没听过吗？ Sage

Is it possible that you haven't even heard of so famous a folklore?

58.	盒	hé	(名) (N)	box
59.	见面	jiànmiàn	(动宾)(VO)	to meet
60.	品尝	pǐncháng	(动) (FV)	to taste
61.	细(+动)	xì(+ FV)	(副) (A)	carefully; in detail
	细看			to examine carefully
	细听			to listen carefully
	细谈			to talk about something in detail
62.	亲眼	qīnyǎn	(副) (A)	to see with one's own eyes
	亲手			with one's own hands
	亲笔			in one's own handwriting
	亲口			say something personally
63.	进一步	jìnyībù	(副) (MA)	further; to go a step further

(1) 希望你进一步提高汉语水平。
I hope that you would further improve your Chinese.

(2) 我们还不十分清楚，请你再进一步介绍一下好吗？
It is still not very clear to us; would you please explain it further?

64.	提高	tígāo	(动) (FV)	to raise
65.	教导	jiàodǎo	(名、动) (N/FV)	teaching/to teach
66.	表示	biǎoshì	(动) (FV)	to express

他表示对研究中国的自然环境有兴趣。

He expressed an interest in studying China's natural environment.

67.	衷心	zhōngxīn	(副) (AT)	heartfelt *von Herzen*
68.	感谢	gǎnxiè	(名、动) (N/FV)	gratitude/to thank
69.	祝	zhù	(动) (FV)	to wish; to express good wishes
70.	健康	jiànkāng	(形、名) (SV/N)	healthy/health

专　名

1.	元	Yuán	the Yuan Dynasty
2.	明	Míng	the Ming Dynasty
3.	清	Qīng	the Ching Dynasty
4.	天安门广场	Tiān'ānmén Guǎngchǎng	Tian'anmen Square
5.	故宫	Gùgōng	the Palace Museum
6.	西安	Xī'ān	Xi'an
7.	秦	Qín	the Qin Dynasty
8.	汉	Hàn	the Han Dynasty
9.	唐	Táng	the Tang Dynasty
10.	秦始皇兵马俑博物馆	Qín Shǐhuáng Bīngmǎyǒng Bówùguǎn	Museum of Emperor Qin Shihuang's Terra Cotta Cavalry
11.	重庆	Chóngqìng	Chongqing

12.	三峡	Sānxiá	the Three Gorges of the Yangtze River
13.	武汉	Wǔhàn	Wuhan
14.	纽约市	Niǔyuēshì	New York City
15.	西湖/西子湖	Xīhú/Xīzǐhú	the West Lake
16.	宋代	Sòng Dài	the Song Dynasty
17.	西施	Xīshī	Xishi, name of a patriotic beauty of the Spring and Autumn Period
18.	龙井茶	lóngjǐngchá	*longjing*, a famous green tea produced in Hangzhou

句型练习

一、不但…而且…　　not only . . . but also

例句：

1. 琳达不但年轻，而且漂亮。
Linda is not only young, but pretty.

2. 他不但会英语，而且会汉语。
He speaks not only English, but also Chinese.

3. 上海不但是中国最大的城市，而且也是中国最大的港口。
Shanghai is not only the largest city, but also the largest seaport in China.

4.杭州不但风景优美,而且名胜古迹很多。
Hangzhou not only is beautiful, but also has many scenic spots and historical sites.

5.不但我认识他,而且你也认识他。
I am not the only person who knows him, you do too.

解释:
"不但…而且…"和"不只…而且…"一样,也表示除了所说的意思以外,还有进一层的意思。这种格式可以连接两个并列的词或短语,也可以连接两个并列的小句。

练习:

1.用"不但…而且…"改写句子:

(1)他会作诗,也会画画儿。

(2)约翰喜欢打排球,也喜欢踢足球。

(3)我要学习中国地理,还要学习中国历史。

(4)苏州的园林小巧别致,各有特色。

(5)杭州很美,桂林也很美。

2.完成句子:

(1)那座山不但很高,_____。

(2)长城不但在中国有名,_____。

(3)北京_____,而且有很多有名的大学。

(4)从重庆到上海_____,而且可坐飞机。

(5)这篇文章不但内容丰富,_____。

(6)_____,而且长江和珠江也是从西往东流。

(7)_____,而且你也没见过他。

3.用"不但…而且…"造句。

二、在…上　　on; in

例句：

1. 他在工作上很努力。
   He works very hard at his job.
2. 北京、西安在历史上都相当重要。
   Both Beijing and Xi'an were very important in history.
3. 在生活上我要求不高。
   I prefer simplicity in my life.
4. 在学习上你要多帮助他。
   You should give him more help in his study.

解释：

"在…上"作状语，有时不表示具体的处所，而是表示在什么范围内，有"在…方面"的意思，可以在主语后边（例1、2），也可以在主语前边（例3、4）。

练习：

1. 用"在…上"填空：

    （1）上海_____占有重要的地位。

    （2）苏州_____很有特色。

    （3）_____长城就很有名。

    （4）李老师_____非常认真。

    （5）_____我们要互相帮助，_____我们要互相关心。

2. 用"在…上"和所给的词语组成句子：

    例：语言　　特色

    这本书在语言上很有特色。

    （1）　　学习　　　认真

    （2）　　交通　　　方便

（3） 内容　　一样
（4） 生活　　没有困难
（5） 历史　　相当重要

三、好象　to seem; to be like

例句：

1. 我们好象见过面。
It seems that we have met before.

2. 这个词我好象没学过。
It seems that I have not learned this term before.

3. 好象他去过中国。
It seems that he has been to China.

4. 玛丽好象有点儿不舒服。
Mary looks like she is sick.

5. 到你这儿，好象到了自己家里一样。
I feel at home in your place.

6. 这个问题好象很简单，其实并不简单。
This question looks as if it were simple, but actually it is not.

解释：

"好象"有"仿佛、大概"的意思，表示不肯定的判断，如例1、2、3，也有"类似、有些象"的意思，如例4、5、6。

练习：

1. 用下列词语组合句子：
（1）他　汉语　学过　好象　三年
（2）北京　好象　琳达　去过
（3）屋子里　人　没有　好象
（4）开演　电影　已经　好象　了

（5）在　这儿　好象　小王　不
2.用"好象"回答问题：
(1) A：这件衣服我穿着合适吗？
    B：
(2) A：这两张画儿一样吗？
    B：
(3) A：人们为什么把西湖比作漂亮的女子？
    B：
(4) A：今天他为什么低着头，不说话？
    B：
(5) A：那辆汽车是他的吗？
    B：

四、各　each; every
例句：

1.今天是星期日，各学校都不上课。
Today is Sunday. There is no school.
2.他在这儿住过三年，各个方面的情况都很了解。
He used to live here for three years, so he knows everything.
3.他们各作了一个句子。
They each made a sentence.
4.这两本书在语言上各有特色。
As far as language is concerned, each of these two books has its own features.
5.你们各看各的书，谁也不要说话。
Pay attention to your own reading. Nobody is allowed to talk.

解释:

"各+(量)+名"表示某个范围内所有的个体(如例1、2)。"各+动"表示分别行动(如例3)或分别具有(如例4)。在强调分别作什么事、分别具有什么时,可以在宾语前加"各的",成为"各+动+各的+宾语"的格式(如例5)。"各有特色"也可以说成"各有各的特色"。

练习:

1. 把下列词组和句子译为英语:

(1)各位老师

(2)各位朋友

(3)各国的代表

(4)各学校的学生

(5)西安和上海各有特色。

(6)他们两个人各有各的缺点。

(7)请你用"了不起"和"连着"各作一个句子。

2. 用"各+动+各的"改写下列句子:

例:小王正在看书,小李也正在看书。

　　小王和小李正在各看各的书。

(1)苏州有苏州的特点,杭州有杭州的特点。

(2)咱们你做你的练习,我做我的练习吧。

(3)琳达回自己的宿舍了,玛丽也回自己的宿舍了。

五、之　of

例句:

1. 鱼米之乡　园林之城　旅客之家　千岛之国

a land of fish and rice — a land of plenty; the city of gardens; a traveller's home; a country of a thousand islands

2.风景之美　人数之多　内容之丰富　地位之重要
the beauty of the scenery; the large number of people; the richness of content; the importance of a position (or status)

解释：

"之"，是古汉语遗留下来的结构助词，用法大致相当于现代汉语的"的"。"之"可在修饰语和中心语（名词）之间（例1），也可在小句的主语和谓语之间，使这一小句变成名词性短语（例2）。

练习：

1. 把(a) (b) (c) (d) 和(1) (2) (3) (4) 搭配成句：
   (1) 长江中下游　　(a) 是旅客之家
   (2) 苏州　　　　　(b) 是体育之窗
   (3) 北京饭店　　　(c) 是鱼米之乡
   (4) 下一个节目　　(d) 是园林之城

2. 把(a) (b) (c) (d) 和 (1) (2) (3) (4) 搭配成句：
   (1) 杭州的风景之美　　　　(a) 好象你写的一样
   (2) 参加比赛的人数之多　　(b) 跟西安差不多
   (3) 这个城市历史地位之重要 (c) 是世界有名的
   (4) 这篇文章语言之优美　　(d) 我真没想到

六、按照　according to

例句：

1.请大家按照课文的内容回答问题。
Please answer the questions according to the text.

2.我们一定按照老师的教导认真学习。
We must study hard according to our teacher's instruction.

3. 我要按照大家的意见去做。
I will act according to your opinion.
4. 你应该按照大夫开的药方吃药。
You should take the medicine according to the doctor's prescription.

解释：

"按照"表示遵从某种标准。它所带的宾语一般多是双音节名词或以双音节名词为中心的短语。

练习：

1. 用"按照"和所给的词语回答问题：
    (1) A： 这些练习怎么做？
        B： ＿＿＿＿＿＿＿。（老师的要求）
    (2) A： 今天的地理课老师是怎么讲的？
        B： ＿＿＿＿＿＿＿。（地图）
    (3) A： 这个问题怎么回答？
        B： ＿＿＿＿＿＿＿。（课文内容）
    (4) A： 汉字怎么才能写好呢？
        B： ＿＿＿＿＿＿＿。（我教的办法）

2. 用"按照"和所给的词语造句：
    （1） 按照　样子　建造
    （2） 按照　方法　画画儿
    （3） 按照　情况　去做
    （4） 按照　要求　介绍

七、把…比作…　　to liken to

例句：

1. 人们常把小孩儿比作花朵。
People usually liken children to flowers.

2. 我们把年轻人比作早上的太阳。
We liken young people to the morning sun.
3. 诗人把自己比作大海里的一滴水。
The poet likens himself to a drop of water in the ocean.

· 解释：

"把A比作B"，是说A和B有相似之处，A是要描写形容的人或物，也就是被比喻的对象，B是用来比喻的人或物。一般地说，B应该是具体的、形象的、生动的，为人们所熟悉的。

练习：

1. 用"把…比作…"改写下列句子：
   (1) 他说大海就象他的母亲。
   (2) 诗人说自己好象一只小鸟。
   (3) 那个话剧用梅花 (plum) 来比喻一位姑娘。
   (4) 他们用松柏 (pine) 比喻两国人民的友谊 (friendship)。

2. 用"把…比作…"造句。

八、对…表示…　　to express ... to

例句：

1. 我们对各位朋友表示欢迎。
We express welcome to all our friends.
2. 我对你的进步 (jìnbù) 表示高兴。
I am very happy for your progress.
3. 大家都对你的健康表示关心。
Everybody is concerned about your health.
4. 对我的意见，他表示同意。
He expressed his consent to my opinion.

解释:

"对…表示…"是说用言语、行动对某人或某事表明某种态度。句子的主语可在"对…"前边（例1、2、3、），也可在"对…"后边（例4、），"表示"后边的宾语一般是表示感情意愿的双音节动词、形容词，如"欢迎"、"感谢"、"同意"、"高兴"、"满意"等，或者是双音节名词，如"意见"、"看法"、"态度"等。

练习:

1. 用"对…表示…"和所给的词组合句子：

    （1）　旅行　　满意
    （2）　帮助　　感谢
    （3）　见面　　高兴
    （4）　访问　　欢迎
    （5）　学习　　关心

2. 用"对…表示…"改写下列句子：

    （1）大家都同意这个办法。
    （2）我们欢迎各国朋友到北京大学来学习。
    （3）这次游览西湖我们很高兴。
    （4）我衷心感谢你对我的帮助。

听力练习

（听录音，听力问题附本单元后）

回答问题

1. 请你简单地介绍一下北京的情况。
2. 西安有些什么名胜古迹？它在历史上有什么重要地位？
3. 请你说一说长江三峡有什么特色？
4. 为什么大多数到中国去的旅行团都到苏州杭州去游览？
5. 你们国家最有名的风景区在哪儿？请你介绍一下它的特色。
6. 请你介绍一下你参观过的博物馆。
7. 上海为什么是中国东南沿海最大的港口？
8. 贵国的首都在哪儿？它在什么方面占重要的地位？
9. 请你说一件暑假发生的有意思的事情。
10. 请你介绍一下贵国有名的园林的特色。
11. 说一个历史上有名的漂亮女子的故事。
12. 你有机会到外国去游览的时候，要到什么地方去？为什么？
13. 你学过中国诗没有？你最喜欢的诗人是谁？
14. 请你简单地说一说第一到第三课的内容对你进一步了解中国有什么帮助。
15. 这三课对中国的介绍你觉得最有意思的是什么？

翻译练习

（英译汉，答案附本单元后）

1. life during summer vacation
2. during summer vacation
3. to join a tour group
4. the places the tour group visited
5. to visit historical sites
6. to feel ill; to feel uncomfortable
7. to think it is important
8. the situation in agriculture
9. the architecture of the Tang Dynasty
10. the capital of the Han Dynasty
11. the magnificent Great Wall (of Ten Thousand Li)
12. wonderful buildings
13. special features of ancient places
14. 221 B.C.
15. at the beginning of the 21st century
16. quite magnificent
17. to visit the museum of history

18. to hold an important position in the economy
19. status higher than others
20. not only interesting but also very important
21. the scenery of the Yangtze Gorges
22. the people on both sides of the straits
23. The mountain road is not only steep, it is also narrow.
24. following a narrow path
25. a complicated story
26. to crash into a river
27. to crash into a person when turning a corner
28. a famous poet
29. a port with highly developed industry and commerce
30. the hotels in the capital
31. busy working from morning till night
32. a lively square
33. Each had his own opinion.
34. according to the situation of each country
35. also visited the Palace Museum
36. to be compared to a beautiful woman
37. to further raise the interest in research

38. to thank everyone for his help
39. according to the content of the book *A Detailed History of the Qing Dynasty*
40. to wish everyone good health
41. The American College Students Tour Group not only visited the scenic areas of China, but also visited many factories.
42. Chongqing is not only economically important but also culturally important.
43. The weather is so warm today that it seems as if it were already spring.
44. The first time I had American food was on the plane going to the States.
45. The ancient architecture of each country has its own characteristics.
46. Do you know which of the cities in the world is also called "the City of Music"?
47. Although we did it according to his idea, he is still unhappy.
48. Since ancient times poets have compared Suzhou and Hangzhou to paradise.
49. Many students go to China to teach English and to study

Chinese at the same time.

50. After careful consideration, I feel it is still more appropriate to do it this way.
51. The poem on this painting was put there by a famous ancient poet himself.
52. Children show interest in all things.
53. That foreign student expressed an interest in studying the position Xi'an held in history.
54. Do the Chinese leaders themselves really participate in physical labor?
55. We express heartfelt gratitude to the old worker for his help.
56. The content of this lesson is very important; we must read it carefully.
57. Each Chinese nationality has a fair amount of folktales from ancient times.
58. While we were in China we had to speak Chinese from morning till night.
59. Would you please tell us in which century B.C. the Great Wall was built?
60. When I relax, I like to listen to music and at the same time to savor good tea.

美国的地理环境

琳达到中国以后,游览了黄河两岸,长江南北,最后来到青藏高原,想看看有名的珠穆朗玛峰。在旅馆里,琳达和几个中国朋友谈话。朋友们对美国的地理很感兴趣。琳达说:

对美国地理,我没什么研究。如果朋友们有兴趣,我可以简单介绍一下。

美国是一个多民族的国家。和中国相比,历史没有中国那么长,人口也少得多,但是土地面积却相当大,有九百五十万平方公里左右。美国一共有五十个州,除了大陆上的四十八州以外,还有北极的阿拉斯加州和一群在太平洋里的大大小小的海岛——夏威夷州。

大陆是美国最重要的部分,全国的政治、

经济和文化中心都在这里。它的北边连着加拿大，南边是墨西哥和墨西哥湾，东边靠着大西洋，西边是太平洋。地形特点是东西高，中间低。东部有山，但是没有西边的山高；中间是平原，大约占大陆面积的一半。平原上分布着五个有名的大湖，美国最长的一条河——密西西比河由北往南，从这里流过，最后流进墨西哥湾。这条世界第二长河也象黄河一样，从上游带下来大量泥沙，使中、下游常常发生水灾。经过长时间的治理，现在这一带已经变成了土地肥沃的农业区。

下面，我说说美国几个重要的地区。

先从北边的新英格兰讲起吧。在地图上，你可以看到美国东北部有六个面积不大的州，这就是英国人最早从大西洋登陆的地方。他们把这块地方比作新的英格兰，所以叫了这个名字。这里气候比较冷，土地不大肥沃，乳酪业和林业比较重要。沿海渔业发达，而且山青水秀，名胜古迹不少，是一个游览的好地方。古城波士顿不只是个重要的工商业港口，而且也是美国的一个文化中心，很多有名的大学都集中在这里。新英格兰可以说是美国文化的摇篮。

往南是美国中部大西洋沿海地区。这里有曲折的海岸，有名的港口，肥沃的平原和矿产丰富的山区。这里是美国的主要产煤区，钢铁工业中心就在这一带的山区里。沿海地方，由于海上交通特别方便，商业占有非常重要的地位。美国第一大城市纽约和首都华盛顿都在这里。因此，这个地区不只是在经济上非常重要，而且是全国的政治中心。

再往南就到了美国的南部。由气候温和、风景优美的佛罗里达州沿着墨西哥湾往西就到了石油丰富、牧场很多的得克萨斯州。由于这一带天气热，雨水多，阳光充足，所以人们把它叫做

"阳光地带"。南部原来是农业区,主要产棉花和水稻,现在变成了美国的能源基地,工业一天比一天发达,地位也一天比一天重要了。

沿密西西比河往上游走,就到了美国的中西部。这里是全国最重要的农业区,耕地面积占全国第一。南边是美国主要的玉米产地,西部和北部是世界上最大的小麦产区。除了农作物以外,猪、牛、鸡也很多。全国最大的乳酪产地就在这地区的东部。这里还有美国汽车工业中心和有名的"风城"芝加哥。

从中西部大平原往西,越走越高,就是西部山区了。这里的地形十分特别:在洛矶山和太平洋沿岸的高山中间是干旱的高原、极低的盆地和一片片沙漠。有些地方象中国的新疆,人口少,矿产丰富,耕地不多,人们主要靠放牧生活。这一带的自然景色非常特别,不是美国其他地区所能相比的。

再往西走，就到了美国的西海岸。太平洋沿岸从北到南都是高山，十分雄伟壮观。西海岸气候温和，是美国主要的林区和水果产地。洛杉矶和西雅图一南一北是美国两个飞机制造中心。洛杉矶还是电影业的中心。这里的狄斯耐乐园是孩子们的天堂。以前，加州一带出产金子，所以中国人把这里一个最大的港口——三藩市——叫做旧金山。中国人最早到的也就是这个城市，现在这儿还是中国人最多的地区之一。美国人在"年轻人到西部去！"的思想影响下，许多人都希望去西部找发展。现在这里不只农、工、商业很发达，而且科学技术也在高度发展中，对美国的政治、经济和文化起着越来越重要的作用。

生　　词

1.	州	zhōu	state
2.	群	qún	(a measure word) group; crowd
3.	乳酪业	rǔlàoyè	dairy farming
4.	林业	línyè	forestry
5.	渔业	yúyè	fishery
6.	钢铁业	gāngtiěyè	steel industry
7.	阳光	yángguāng	sunshine
8.	阳光地带	Yángguāng Dìdài	the Sun Belt
9.	中西部	Zhōngxī Bù	the Midwest
10.	猪	zhū	pig
11.	牛	niú	cow
12.	鸡	jī	chicken
13.	水果	shuǐguǒ	fruit
14.	制造	zhìzào	to make; to manufacture
15.	金子	jīnzi	gold
16.	年轻人到西部去	Niánqīngrén dào xībù qù	'Go West, young man!'

专　　名

1.	北极	Běijí	the North Pole
2.	阿拉斯加	Alāsījiā	Alaska
3.	太平洋	Tàipíngyáng	the Pacific Ocean

4.	夏威夷	Xiàwēiyí	Hawaii
5.	加拿大	Jiānádà	Canada
6.	墨西哥	Mòxīgē	Mexico
7.	墨西哥湾	Mòxīgē Wān	the Gulf of Mexico
8.	大西洋	Dàxīyáng	the Atlantic Ocean
9.	密西西比河	Mìxīxībǐ Hé	Mississippi River
10.	新英格兰	Xīn Yīnggélán	New England
11.	波士顿	Buōshìdùn	Boston
12.	纽约	Niǔyuē	New York
13.	华盛顿	Huáshèngdùn	Washington D.C.
14.	佛罗里达州	Fóluólǐdá Zhōu	the State of Florida
15.	得克萨斯州	Dékèsàsī Zhōu	the State of Texas
16.	芝加哥	Zhījiāgē	Chicago
17.	洛矶山	Luòjīshān	Rocky Mountains
18.	洛杉矶	Luòshānjī	Los Angeles
19.	西雅图	Xīyǎtú	Seattle
20.	狄斯耐乐园	Dísīnài lèyuán	Disneyland
21.	三藩市	Sānfānshì	San Francisco
22.	旧金山	Jiùjīnshān	San Francisco

第一课听力问题

1. 今天，老师给你们介绍了什么情况？你们感兴趣吗？

2. 中国在亚洲的东南部还是西北部？

3. 中国除了地方大，人口多以外，还有哪些特点？

4. 老师的话是从哪儿谈起的？
5. 黄河由哪儿往哪儿流？流过几个省？最后在哪个省流进大海？
6. 为什么说黄河是中国文化的摇篮？
7. 黄河的名字是怎么来的？
8. 黄河现在还常常发生水灾吗？
9. 中国的第一条大河是黄河还是长江？它是世界上第几条长河？
10. "上有天堂、下有苏杭"，这句话的意思是不是说苏州和杭州跟天堂一样美？
11. 除了黄河、长江以外，中国南部还有一条大河，它叫什么名字？
12. 中国古代文化是从珠江流域发展起来的吗？
13. 广州是不是珠江流域一个重要的城市？
14. 你知道，什么对中国东南部的发展起了重要作用？
15. 为什么黄河、长江、珠江都是由西往东流？

第二课听力问题

1. 中国地形的特点是东边高西边低，还是西边高东边低？
2. 为什么说，谁登上珠穆朗玛峰谁就是世界上站得最高的人？

3. 高原上的人主要靠什么生活？
4. 草原的景色美不美？中国有一首民歌，说的是草原的自然景色，这首民歌你听说过吗？
5. 冬天，中国北方的天气怎么样？
6. 干旱少雨的地方不适合发展农业，对吗？
7. 中国主要生产水稻的地方是南方还是北方？
8. 由于气候不同，中国南方和北方的农作物有什么不同？
9. 中国的矿产丰富不丰富？煤和石油多不多？
10. 中国的能源基地在哪儿？
11. 中国的人口分布平均不平均？
12. 中国什么地方人口最多？
13. 中国的大城市集中在什么地方？
14. 中国东南沿海有许多大大小小的海岛，其中最有名的是哪个？
15. 中国是不是一个多民族的国家？汉族大约占全国人口的百分之几？你能说出几个中国少数民族的名字吗？

第三课听力问题

1. 琳达的信是给老师写的，还是给朋友写的？

2. 琳达放暑假就到中国去了吗？她是一个人去的吗？
3. 琳达是哪天到北京的？是六月二十四日，还是十月二十四日？
4. 北京的名胜古迹为什么特别多？
5. 琳达在北京游览了长城没有？她为什么说长城真了不起？
6. 琳达是坐火车到西安去的，还是坐飞机去的？
7. 西安可参观的地方多吗？其中最有名的是什么？
8. 重庆除了风景优美以外，在经济上的地位也很重要吗？
9. 从重庆到武汉，琳达坐的船经过不经过长江三峡？
10. 过三峡的时候，琳达想起哪两句唐诗？你觉得这两句诗有意思吗？
11. 中国东南沿海最大的港口是不是杭州？
12. 琳达到了上海，住在什么地方？那儿一天到晚都很热闹吗？
13. 苏州离上海远不远？从上海到苏州，坐火车要多长时间？
14. 纽约市博物馆的"明轩"是按照哪儿的园林建造的？
15. 要想进一步了解中国、提高研究中国文化的兴趣，最好怎么办？

第一课翻译练习答案

1. 地理环境
2. 说说中国的地理

3. 对历史感兴趣

4. 亚洲中部的物产

5. 物产比较丰富。

6. 内容丰富的杂志

7. 历史悠久

8. 悠久的文化

9. 从第一课念起。

10. 从黄河流域的文化讲起。

11. 长江也从西往东流。

12. 全国的人口

13. 全校一共有五千个学生。

14. 研究中国古代的文化

15. 农业比工业发达。

16. 在四川盆地发展农业

17. 两岸的城市工业很发达。

18. 变成一个政治中心

19. 参观名胜古迹

20. 发生了一件大事

21. 经过努力学习

22. 中游经过三个省。

23. 治理黄河
24. 长江可以发电。
25. 灌溉农业区
26. 肥沃的大平原
27. 大部分的支流
28. 大大小小的城市
29. 山区雨水充足。
30. 象天堂一样
31. 靠着鱼米之乡
32. 海上交通发达。
33. 对交通的发展
34. 对经济的发展起了很大的作用
35. 不只土地肥沃而且风景也很好
36. 中国可参观的名胜古迹真多。
37. 黄河经过治理难道还会发生水灾吗？
38. 美国人的祖先就是这么生活的。
39. 中国古代的文化是由北往南发展的吗？
40. "文化摇篮"这个名字就是这么来的。
41. 只有发展海上交通，工业才能发达。
42. 大部分的河都是由西往东流。

43. 雨水充足对农业的发展起了很大的作用。

44. 象苏杭一样的风景还真不多。

45. 北京除了是政治中心以外，还是文化中心。

46. 中国文化可研究的东西不只多而且有意思。

47. 最后，我从第一个句子开始再念一次。

48. 难道黄土高原就不能发展灌溉吗？

49. 因为黄河水里有大量泥沙，河水就变成黄色。

50. 象东北这样的农业区中国还有好几个。

第二课翻译练习答案

1. 西边高，东边低

2. 由西往东流

3. 地形的特点

4. 介绍中国文化的特点

5. 大部分是高原

6. 他们大部分生活在黄河流域。

7. 发展登山运动

8. 登上世界第一高峰

9. 试试登那座山

10. 试试用中文问问题

11. 小心写错字

12. 不小心从椅子上摔下来

13. 靠放牧生活

14. 主要靠练习

15. 草原的自然景色

16. 一首介绍草原景色的民歌

17. 到中国去教英文的机会

18. 没有机会去参观

19. 四季的景色都不一样。

20. 夏季气候干旱,少雨。

21. 象春天一样温和

22. 所以不适合学生用

23. 草原适合放牧。

24. 气候干旱不适合发展农业

25. 由于农作物不一样

26. 由于矿产资源丰富

27. 发展能源基地

28. 西部的石油基地

29. 受人口分布影响

30. 影响工业发展

31. 平均分布在每个省

32. 分布得不平均

33. 民歌容易学而且好听。

34. 当然受气候的影响

35. 农作物象水稻、小麦……

36. 沿海的城市

37. 大大小小的海岛

38. 其中台湾最大

39. 大陆有名的山峰

40. 百分之九十的人

41. 美国面积九百五十万平方公里。

42. 雨水十分充足。

43. 多民族国家

44. 汉族大约占百分之九十四。

45. 大约占十分之三

46. 集中在沿海一带

47. 人数比其他城市多。

48. 少数民族分布的地区

49. 人数少却不团结。

50. 内容简单而清楚。
51. 多数国家主要的农作物不是水稻就是小麦。
52. 谁要去中国学习,谁就得详细地了解中国的情况。
53. 不要靠别人,自己先试试看。
54. 没到过美国的人多半靠书、报了解美国。
55. 由于能源不充足所以工业不发达。
56. 沿海一带人口集中,交通方便,而且工业发达。
57. 我虽然对中国古代文化感兴趣但是没有机会研究。
58. 象新疆、内蒙等地区,面积虽然大,人口却不多。
59. 那个学校有一千多学生,其中难道没有一个中国人吗?
60. 台湾自古以来就是中国大陆沿海的一个主要海岛。

第三课翻译练习答案

1. 暑假生活
2. 放暑假的时候
3. 参加旅行团
4. 旅行团游览的地方
5. 游览名胜古迹
6. 觉得不舒服

7. 觉得很重要
8. 农业方面的情况
9. 唐代的建筑
10. 汉朝的国都
11. 雄伟壮观的万里长城
12. 了不起的建筑
13. 古代宫殿的特色
14. 公元前二百二十一年
15. 二十一世纪开始的时候
16. 相当雄伟壮观
17. 参观历史博物馆
18. 在经济上占重要的地位
19. 地位比别人高
20. 不但有意思而且很重要
21. 长江三峡的景色
22. 海峡两边的人民
23. 山路不但陡而且窄。
24. 沿着一条曲折的小路
25. 内容曲折的故事
26. 撞到河里

27. 拐弯儿的时候撞了人
28. 有名的诗人
29. 工商业发达的港口
30. 首都的旅馆
31. 一天到晚忙着工作
32. 热闹的广场
33. 各有各的意见
34. 按照各个国家的情况
35. 另外还游览了故宫
36. 比作漂亮的女子
37. 进一步提高研究的兴趣
38. 对大家的帮助表示感谢
39. 按照《细说清朝》那本书的内容
40. 祝大家身体健康！
41. 美国大学生旅行团不但游览了中国的风景区，而且还参观了很多工厂。
42. 重庆不但在经济上重要，在文化上也很重要。
43. 今天天气这么暖和，好象已经是春天了。
44. 我第一次吃美国饭是在飞往美国的飞机上。
45. 各国的古代建筑都有自己的特色。

46. 你知道不知道世界上哪个城市又叫做音乐之城？
47. 虽然我们按照他的意思做了，但是他还不高兴。
48. 自古以来诗人就把苏杭比作天堂。
49. 很多学生到中国去一边教英文一边学习汉语。
50. 细想一下我觉得还是这么做最合适。
51. 这画上的诗是一个古代有名的诗人亲笔写的。
52. 小孩儿对什么都表示有兴趣。
53. 那个外国学生表示对研究西安在历史上的地位有兴趣。
54. 难道中国的领导人都亲自参加劳动吗？
55. 对老工人的帮助我们表示衷心的感谢。
56. 这课课文的内容很重要，大家得细读。
57. 中国各民族自古以来都有相当丰富的民间传说。
58. 在中国的时候我们一天到晚都得说汉语。
59. 请你说一说长城是公元前几世纪开始建筑的？
60. 休息的时候我喜欢一边品尝好茶一边听音乐。

第四课 从炎黄子孙谈起

大家都知道中国是一个历史悠久的国家。要讲中国历史,还要从中国人的祖先谈起。你们知道为什么中国人说自己是"黄帝子孙"或者"炎黄子孙"吗?

传说黄帝是中国西北部一个部落的领袖。他跟炎帝的部落和其他部落联合在一起,在土地肥沃的黄河流域定居下来,形成了中华民族。

黄帝以后又出现了三个有名的领袖:尧、舜、禹。尧老了,把政权给了舜;舜老了,又把政权给了禹。你们听说过"大禹治水"的故事吗?传说尧、舜的时候,黄河年年发生水灾。禹带着很多人治水,走过了很多地方,几次经过自己家门口都没有进去看看。这样,经过了十三年，才把水治好了。

公元前二十一世纪，禹建立了中国第一个朝代——夏朝。关于夏朝的历史，我们知道的还不太多。公元前十七世纪，夏朝被商部落灭掉，开始了商朝。

商朝的文字是现在可以看到的中国最古的文字。从商朝的青铜器可以看出，当时的生产技术已经很高了。商朝最后一个统治者特别残暴，全国各地的人都起来反对他。公元前十一世纪，商朝灭亡了，周朝建立了。

周朝为了巩固政权，把土地分给一些贵族去统治，这些人就叫作诸侯。周朝的前二百多年，国都在现在的西安，历史上叫西周。公元前770年，周朝把国都迁到现在的洛阳，这以后就叫东周。为什么要迁到洛阳去呢？有这样一个故事。

周幽王的妻子褒姒特别不爱笑。有一天，幽

王为了让她笑一笑，就叫人到城外去点起烽火。诸侯看见烽火，以为敌人来了，就立刻带兵跑来。褒姒看见，果然笑了。不久，敌人真的来了。诸侯看见烽火，谁也不肯再来。结果，敌人杀了幽王，国都也被破坏了。幽王的儿子只好把国都迁到了东边的洛阳。

到了东周时期，周朝的统治一天比一天弱，诸侯国的势力一天比一天大，他们互相争权夺利，这就是历史上的春秋时期。后来，小国一个个被灭掉，只剩下七个大国，年年打仗，这就是战国时期。

春秋战国时期，社会发生了极大的变化，经济和文化都有很大的发展。那时候，人们的思想非常活跃，出现了很多有名的思想家、政治家、军事家和文学家。孔子是春秋时候的人，他的哲学思想和教育思想在中国产生了很大的影响。

秦始皇灭了六国。在公元前221年统一了中国，建立了中国历史上第一个中央集权的国家，这就是秦朝。秦朝对促进中国经济、文化的发展起了很大的作用。那时候，中国的势力就已经达到了现在的西南地区、东南沿海和珠江流域。秦始皇统一中国以后，把过去修的长城全部连起来，这就是世界有名的万里长城。

在秦朝统治下，人民生活很苦。秦始皇死后，他儿子做了皇帝，人民更活不下去了。他们觉得与其饿死，不如起来造反。于是，中国历史上第一次农民起义爆发了，秦朝不久就灭亡了。

第四課 從炎黃子孫談起

　　大家都知道，中國是一個歷史悠久的國家。要講中國歷史，還要從中國人的祖先談起。你們知道為甚麼中國人說自己是"黃帝子孫"，或者"炎黃子孫"嗎？

　　傳說黃帝是中國西北部一個部落的領袖。他跟炎帝的部落和其他部落聯合在一起，在土地肥沃的黃河流域定居下來，形成了中華民族。

　　黃帝以後又出現了三個有名的領袖：堯、舜、禹。堯老了，把政權給了舜；舜老了，又把政權給了禹。你們聽說過"大禹治水"的故事嗎？傳說堯、舜的時候，黃河年年發生水災。禹帶着很多人治水，走過了很多地方，幾次經過自己家門口都沒有進去看看。這樣，經過了十三年，才把水治好了。

公元前二十一世紀，禹建立了中國第一個朝代——夏朝。關於夏朝的歷史，我們知道的還不太多。公元前十七世紀，夏朝被商部落滅掉，開始了商朝。

商朝的文字是現在可以看到的中國最古的文字。從商朝的青銅器可以看出，當時的生產技術已經很高了。商朝最後一個統治者特別殘暴，全國各地的人都起來反對他。公元前十一世紀，商朝滅亡了，周朝建立了。

周朝為了鞏固政權，把土地分給一些貴族去統治，這些人就叫作諸侯。周朝的前二百多年，國都在現在的西安，歷史上叫西周。公元前770年，周朝把國都遷到現在的洛陽，這以後就叫東周。為甚麼要遷到洛陽去呢？有這樣一個故事。

周幽王的妻子褒姒特別不愛笑。有一天，幽王為了讓她笑一笑，就叫人到城外去點起烽火。

諸侯看見烽火，以為敵人來了，就立刻帶兵跑來。褒姒看見，果然笑了。不久，敵人真的來了。諸侯看見烽火，誰也不肯再來。結果，敵人殺了幽王，國都也被破壞了。幽王的兒子只好把國都遷到了東邊的洛陽。

到了東周時期，周朝的統治一天比一天弱，諸侯國的勢力一天比一天大，他們互相爭權奪利，這就是歷史上的春秋時期。後來，小國一個個被滅掉，只剩下七個大國，年年打仗，這就是戰國時期。

春秋戰國時期，社會發生了極大的變化，經濟和文化都有很大的發展。那時候，人們的思想非常活躍，出現了很多有名的思想家、政治家、軍事家和文學家。孔子是春秋時候的人，他的哲學思想和教育思想在中國產生了很大的影響。

秦始皇滅了六國，在公元前221年統一了中國，建立了中國歷史上第一個中央集權的國家，這就是秦朝。秦朝對促進中國經濟、文化的發展起了很大的作用。那時候，中國的勢力就已經達到了現在的西南地區、東南沿海和珠江流域。秦始皇統一中國以後，把過去修的長城全部連起來，這就是世界有名的萬里長城。

在秦朝統治下，人民生活很苦。秦始皇死後，他兒子做了皇帝，人民更活不下去了。他們覺得與其餓死，不如起來造反。於是，中國歷史上第一次農民起義爆發了，秦朝不久就滅亡了。

Dìsìkè　　Cóng Yán-Huángzǐsūn tánqǐ

　　Dàjiā dōu zhīdào, Zhōngguó shì yí gè lìshǐ yōujiǔde guójiā. Yào jiǎng Zhōngguó lìshǐ, hái yào cóng Zhōngguórén de zǔxiān tánqǐ. Nǐmen zhīdào wèishénme Zhōngguórén shuō zìjǐ shì "Huángdì zǐsūn" huòzhě "Yán — Huáng zǐsūn" ma? Chuánshuō Huángdì shì Zhōngguó xīběibù yí gè bùluò de lǐngxiù. Tā gēn Yándì de bùluò hé qítā bùluò liánhé zài yìqǐ, zài tǔdì féiwòde Huánghé liúyù dìngjūxialai, xíng chéngle Zhōnghuá mínzú.

　　Huángdì yǐhòu yòu chūxiànle sān gè yǒumíngde lǐngxiù: Yáo, Shùn, Yǔ. Yáo lǎo le, bǎ zhèngquán gěile Shùn; Shùn lǎole, yòu bǎ zhèngquán gěile Yǔ. Nǐmen tīngshuōguo "Dàyǔ zhìshuǐ" de gùshi ma? Chuánshuō Yáo, Shùn de shíhòu, Huánghé niánnián fāshēng shuǐzāi. Yǔ dàizhe hěn duō rén zhìshuǐ, zǒuguòle hěn duō dìfang, jǐcì jīngguò zìjǐ jiā ménkǒu dōu meiyǒu jìnqu kànkan. Zhèyàng, jīngguòle shísān nián, cái bǎ shuǐ zhìhǎo le.

Gōngyuán qián èrshí yī shìjì, Yǔ jiànlìle Zhōngguó dìyī gè cháodài — Xiàcháo. Guānyú Xiàcháo de lìshǐ, wǒmen zhīdào de hái bú tài duō. Gōngyuán qián shíqī shìjì, Xiàcháo bèi Shāng bùluò mièdiào, kāishǐle Shāngcháo.

Shāngcháo de wénzi shì xiànzài kéyǐ kàndào de Zhōngguó zuì gǔde wénzì. Cóng Shāngcháo de qīngtóngqì kéyǐ kànchū, dāngshí de shēngchǎn jìshù yǐjīng hěn gāo le. Shāngcháo zuìhòu yígè tǒngzhìzhě tèbié cánbào, quánguó gèdì de rén dōu qǐlái fǎnduì tā. Gōngyuánqián shíyī shìjì, Shāngcháo mièwáng le, Zhōucháo jiànlì le.

Zhōucháo wèile gǒnggù zhèngquán, bǎ tǔdì fēngěi yìxiē guìzú qù tǒngzhì, zhèxiērén jiù jiàozuò zhūhóu. Zhōucháo de qián èrbǎi duō nián, guódū zài xiànzài de Xī'ān, lìshǐshang jiào Xīzhōu. Gōngyuán qián 770 nián, Zhōucháo bǎ guódū qiāndào xiànzài de Luòyáng, zhè yǐhòu jiù jiào Dōngzhōu. Wèishénme yào qiāndào Luòyáng qù ne? Yǒu zhèyàng yí gè gùshi.

Zhōu Yōuwáng de qīzi Bāosì tèbié bú ài xiào. Yǒu yì tiān, Yōuwáng wèile ràng tā xiào yí xiào, jiù jiào rén dào chéngwài qù diánqǐle fēnghuǒ. Zhūhóu kànjiàn fēnghuǒ, yǐwéi dírén lái le, jiù lìkè dài bīng pǎolái. Bāosì kànjiàn, guǒrán xiào le.

Bùjiǔ, dírén zhēnde lái le. Zhūhóu kànjiàn fēnghuǒ, shuí yě bù kěn zài lái. Jiéguǒ, dírén shāle Yōuwáng, guódū yě bèi pòhuài le. Yōuwáng de érzi zhíháo bǎ guódū qiāndàole dōngbiān de Luòyáng.

Dàole Dōngzhōu shíqī, Zhōucháo de tǒngzhì yìtiān bǐ yìtiān ruò, Zhūhóuguó de shìlì yìtiān bǐ yìtiān dà, tāmen hùxiāng zhēngquánduólì, zhè jiù shì lìshǐshang de Chūnqiū shíqī. Hòulái, xiǎo guó yígègè bèi mièdiào, zhǐ shèngxia qí gè dà guó, niánnián dǎzhàng, zhè jiù shì Zhànguó shíqī.

Chūnqiū — Zhànguó shíqī, shèhuì fāshēngle jídàde biànhuà, jīngjì hé wénhuà dōuyǒu hěn dàde fāzhǎn. Nà shíhòu, rénmen de sīxiǎng fēicháng huóyuè, chūxiànle hěn duō yǒumíngde sīxiǎngjiā, zhèngzhìjiā, jūnshìjiā hé wénxuéjiā. Kóngzǐ shì Chūnqiū shíhòu de rén, tā de zhéxué sīxiǎng hé jiàoyù sīxiǎng zài Zhōngguó chǎnshēngle hěn dàde yǐngxiǎng.

Qín Shǐhuáng mièle liùguó, zài gōngyuán qián 221 nián tǒngyīle Zhōngguó, jiànlìle Zhōngguó lìshǐshang dìyí gè zhōngyāng jíquán de guójiā, zhè jiù shì Qíncháo. Qíncháo duì cùjìn Zhōngguó jīngjì, wénhuà de fāzhǎn qǐle hěn dàde zuòyòng. Nàshíhou, Zhōngguó de shìlì jiù yǐjīng dádàole xiànzài de xīnán dìqū, dōngnán yánhǎi hé Zhūjiāng liúyù. Qín Shǐhuáng tǒngyī Zhōngguó yǐhòu, bǎ guòqù xiū de Chángchéng quánbù liánqilai, zhè jiù shì shìjiè yǒumíngde Wànlǐ Chángchéng.

Zài Qíncháo tǒngzhìxià, rénmín shēnghuó hén kǔ. Qín Shǐhuáng sǐ hòu, tā érzi zuòle huángdì, rénmín gèng huóbuxiàqù le, tāmen juéde yǔqí èsǐ, bùrú qǐlái zàofǎn. Yúshì, Zhōngguó lìshǐshang dìyī cì nóngmín qǐyì bàofā le, Qíncháo bùjiǔ jiù mièwáng le.

生　　词

1. 子孙　　　　zǐsūn　　　　（名）(N)　descendents
2. 部落　　　　bùluò　　　　（名）(N)　tribe
3. 领袖　　　　lǐngxiù　　　（名）(N)　leader; chieftain
4. 联合　　　　liánhé　　　　（动）(FV)　to unite
联合国，妇女联合会，学生联合会
the United Nations, Women's Federation, Student Union
5. 定居　　　　dìngjū　　　　（动）(FV)　to settle down; to reside permanently
在中国定居的外国人大多数住在北京。
Most of the foreign permanent residents in China live in Beijing.
6. 形成　　　　xíngchéng　　（动）(FV)　to form

(1) 从很早以来，中国就形成了一个多民族的国家。
For a long period of time China has been a multi-national state.

(2) 中国西部的高原和山脉是怎么形成的?
How were the plateaus and mountains in the western part of China formed?

7.	出现	chūxiàn	(动) (FV)	to appear
8.	政权	zhèngquán	(名) (N)	political power; regime
9.	建立	jiànlì	(动) (FV)	to establish
10.	关于	guānyú	(介) (CV)	about; concerning
11.	被	bèi	(介) (CV)	indicator of the passive voice
12.	灭掉	mièdiào	(动补)(RV)	to eliminate
13.	文字	wénzì	(名) (N)	written language
14.	当时	dāngshí	(名) (TW)	at that time
15.	技术	jìshù	(名) (N)	technique
16.	统治者	tǒngzhìzhě	(名) (N)	ruler
	统治	tǒngzhì	(动) (FV)	to rule
	…者	…zhě	(尾) (BF)	agent of an action; -er

科学工作者，教育工作者
scientific worker, educational worker

17.	残暴	cánbào	(形) (SV)	cruel; ruthless
18.	反对	fǎnduì	(动) (FV)	to oppose
19.	灭亡	mièwáng	(动) (FV)	to be destroyed
20.	为了	wèile	(介) (CV)	in order to
21.	巩固	gǒnggù	(动、形)	to consolidate/

(FV/SV) solid; stable
（1）只有经常复习，才能巩固学过的东西。
Only if one reviews frequently, can one consolidate what one has learned.
（2）我以前学过两年汉语，但是学得不太巩固。
I have previously studied Chinese for two years but what I have learned is not solid enough.

22. 分给　　　fēngěi　　　（动补）(RV)　to distribute
    分　　　　fēn　　　　（动）(FV)　to divide
（1）我从中国带回来几盒龙井茶，分给大家品尝品尝。
I have brought back from China several boxes of *longjing* tea for everyone to enjoy.
（2）我们按照中文水平分三个班上课，我分到第一班。
We have been divided into three classes according to our Chinese level and I have been put in the first class.

23. 贵族　　　guìzú　　　（名）(N)　noble; nobility, aristocrat
24. 诸侯　　　zhūhóu　　　（名）(N)　vassal
25. 搬　　　　bān　　　　（动）(FV)　to move
（1）他家搬到上海去了。
His family had moved to Shanghai.
（2）请把这张桌子搬到那边去，你搬得动吗？
Please move this table over there. Can you manage?
（3）他搬来两把椅子，搬走一张桌子。
He brought two chairs and took away a table.

26. 妻子　　　qīzi　　　　（名）(N)　wife
27. 点(起)　　diǎn(qǐ)　　（动）(FV)　to light

点起火来　点起灯来
to light the fire　to light the lamp

28. 烽火　　　fēnghuǒ　　　（名）(N)　beacon-fire
　　火　　　　huǒ　　　　　（名）(N)　fire
29. 以为　　　yǐwéi　　　　（动）(FV)　to think; to believe

（1）我以前以为黄河是中国最长的河，现在知道长江比黄河还长。

I used to think the Yellow River was the longest in China but now I know that the Yangtze River is even longer than the Yellow River.

（2）我以为要学好一门外语，一定要多听、多说。你以为怎么样？

I believe that in order to master a foreign language, one must speak and listen to the language as much as possible. What do you think of it?

30. 敌人　　　dírén　　　　（名）(N)　enemy
31. 兵　　　　bīng　　　　　（名）(N)　soldier
32. 果然　　　guǒrán　　　（副）(MA)　sure enough
33. 结果　　　jiéguǒ　　　（副、名）consequently/
　　　　　　　　　　　　　　(MA/N)　result
34. 杀　　　　shā　　　　　（动）(FV)　to kill
35. 破坏　　　pòhuài　　　（动）(FV)　to destroy; damage
36. 只好　　　zhǐhǎo　　　（副）(MA)　to be forced to;
　　　　　　　　　　　　　　　　　　　to have to
37. 时期　　　shíqī　　　　（名）(N)　period
38. 弱　　　　ruò　　　　　（形）(SV)　weak
39. 势力　　　shìlì　　　　（名）(N)　force; power

40. 互相　　　　hùxiāng　　　（副）(A)　mutual; each other
   （1）同学们应该互相帮助、互相学习。
       Students should help each other and learn from each other.
   （2）让我们互相介绍一下。
       Let us introduce ourselves.
41. 争权夺利　　zhēngquánduólì　　　scramble for power and profit
42. 剩下　　　　shèngxia　　（动补）(RV) to be left
   下课以后，大家都出去了，教室里只剩下我一个人。
   After class everyone went out and I was the only one left in the classroom.
43. 打仗　　　　dǎzhàng　　（动宾）(VO) to fight a battle
44. 变化　　　　biànhuà　　（名、动）change /to change (N/FV)
45. 思想　　　　sīxiǎng　　（名）(N)　thought; idea; ideology
46. 活跃　　　　huóyuè　　（形）(SV)　active; lively
   （1）她能唱歌，会跳舞，是我们班上最活跃的学生。
       She can sing and dance, she is the liveliest student in our class.
   （2）他讲话以后，会上的空气立刻活跃起来了。
       After he gave his speech, the atmosphere of the meeting immediately became lively.
47. …家　　　　…jiā　　　（尾）(BF)　a specialist in a certain field
48. 哲学　　　　zhéxué　　（名）(N)　philosophy

49. 教育　　　jiàoyù　　　（名、动）　education/
　　　　　　　　　　　　　　(N/FV)　to educate
50. 产生　　　chǎnshēng　（动）(FV)　to come into being;
　　　　　　　　　　　　　　　　　　to produce
　　（1）中国古代的文化是在黄河流域产生和发展起来的。
　　　　Ancient Chinese culture emerged and developed along the Yellow River valley.
　　（2）新的教育方法产生了很好的效果(xiàoguǒ)。
　　　　The new pedagogical method yielded very good results.
51. 统一　　　tǒngyī　　　（动、形）　to unify/uniform
　　　　　　　　　　　　　　(FV/SV)
　　（1）统一祖国　　to reunite one's motherland
　　　　统一思想　　to reach a common understanding
　　（2）思想统一　　to have an integrated ideology
　　　　意见不统一　to have conflicting opinions
　　（3）统一的计划　a uniform plan
　　　　统一的意见　a unanimous opinion
52. 中央　　　zhōngyāng　（名）(N)　center
53. 集权　　　jíquán　　　（动宾)(VO) concentration of political power
54. 促进　　　cùjìn　　　（动）(FV)　to promote
　　（1）我们用黄河的水发电、灌溉，促进了农业的发展。
　　　　We advanced the development in agriculture by making use of the Yellow River to irrigate and to generate electricity.
　　（2）大家经常在一起谈谈，促进了互相的了解。
　　　　We often get together and talk, which has increased

our mutual understanding.

（3）经济和文化可以互相促进。
Economy and culture can stimulate each other.

55. 达到 dádào （动）(FV) to reach

（1）他的文化程度已经达到了大学的水平。
His education has reached college level.

（2）秦朝的影响达到了很远的地方。
The influence of the Qin Dynasty reached many far away places.

56. 修 xiū （动）(FV) to fix; to repair
57. 死 sǐ （动）(FV) to die
58. 皇帝 huángdì （名）(N) emperor
59. 与其…不如… yǔqí…bùrú… it's better…than
60. 饿 è （形、动）(SV/FV) hungry/to cause hunger

饿死 èsǐ （动补）(RV) to die of hunger
61. 造反 zàofǎn （动宾）(VO) to rebel
62. 于是 yúshì （连）(MA) therefore
63. 起义 qǐyì （名、动）(N/FV) uprising/ to revolt
64. 爆发 bàofā （动）(FV) to break out

专　　名

1. 黄帝　　　Huángdì　　　the Yellow Emperor

137

2.	炎帝	Yándì	Emperor Yan
3.	中华民族	Zhōnghuá Mínzú	the Chinese nation
4.	尧	Yáo	Yao
5.	舜	Shùn	Shun
6.	禹	Yǔ	Yu
7.	夏朝	Xià Cháo	the Xia Dynasty
8.	商朝	Shāng Cháo	the Shang Dynasty
9.	周朝	Zhōu Cháo	the Zhou Dynasty
	东周	Dōng Zhōu	the Eastern Zhou Dynasty
	西周	Xī Zhōu	the Western Zhou Dynasty
10.	洛阳	Luòyáng	Luoyang
11.	周幽王	Zhōu Yōuwáng	King You of Zhou Dynasty
12.	褒姒	Bāosì	Baosi
13.	春秋	Chūnqiū	the Spring and Autumn Period
14.	战国	Zhànguó	the Warring States Period
15.	孔子	Kǒngzǐ	Confucius
16.	秦始皇	Qín Shǐhuáng	the First Emperor of the Qin Dynasty

句型练习

一、关于　concerning; about
例句：

1. 关于中国历史，我了解得很少。
I know very little about Chinese history.
2. 关于西湖，有许多美丽的传说。
There are many beautiful stories about the West Lake.
3. 关于怎样发展生产，他提出了很好的意见。
He offered a very good proposal concerning how to develop production.
4. 我最喜欢看关于中国农村生活的电影。
The movies that I like the best are those about the rural life in China.
5. 他给我们讲了一个关于大禹治水的故事。
He told us a story about how Da Yu controlled floods.

解释：

"关于＋名词或动词/小句"表示牵涉到的事物。作状语时，"关于…"要放在主语前，一般用","号隔开。作定语时，在中心词前要加"的"。"对于…"是指明对象的，只能作状语，用在主语前后都可以。

练习：

1. 用"关于"或者"对于"填空：

（1）我_____中国的民间故事很感兴趣。

（2）_____黄帝怎样造创了中国古代的文化，有很多有意思的传说。

（3）我最喜欢听_____中国古代历史的故事。

2. 完成句子：
    （1）关于美国的地理环境，_____。
    （2）我最爱看关于_____电影。
    （3）关于周朝为什么把国都迁到东边去，_____。
3. 用"关于"完成句子：
    （1）_____，他看了不少的书。
    （2）这是一篇_____文章。
    （3）你喜欢不喜欢看_____画报？
    （4）_____，你有什么意见？

二、被　　indicator of the passive voice

例句：

1. 他在路上被自行车撞了一下。
He was struck by a bicycle in the street.
2. 我的字典被小王借走了。
My dictionary was borrowed by Xiao Wang.
3. 那个工厂被敌人破坏了。
That factory was destroyed by the enemies.
4. 那个残暴的统治者被人民杀死了。
That cruel and ferocious ruler was killed by the people.
5. 那个工厂被（人）破坏了。
That factory was destroyed.
6. 那个残暴的统治者被（人）杀死了。
That cruel and ferocious ruler was killed.

解释：

"被"用于被动句引进施动者，前面的主语是动作的受动者。"被"字句的动词后面一般要有表示完成或者结果的成分，如结果补语、趋向补语、动量补语、"了"等等。"被"后面的施动者如果是不言而喻的,可以用"被人",甚至连"人"也省去。

"被"字句的词序是:"受动者+被(+施动者)+动词+其他成分"。

要注意的是如果主语和动词只能是受动关系,不会使人误解为施动关系,在施动者不出现时,动词前不要加"被"字。(如"这本书已经看完了。")

练习:

1. 以下空白里,在必要的地方填"被",说出哪些地方不用"被",以及不能用"被"的原因:

   (1)敌人____我们打跑了。
   (2)那本字典____买到了没有?
   (3)我的自行车已经____修理好了。
   (4)二百多年以前,那个城市____敌人破坏了。
   (5)商朝最后一个统治者是个非常残暴的人,他最后____杀了。
   (6)长城是什么时候____修的?
   (7)那几个小国都____秦国灭了。
   (8)商朝的文字现在还可以____看到吗?

2. 把下面的句子改成"被"字句:

   (1)商部落灭了夏朝。
   (2)敌人破坏了周朝的国都。
   (3)汽车把他撞死了。
   (4)敌人把那些古建筑破坏了。

三、为了　　for the sake of; in order to

例句:

1. 为了进一步了解中国,我想到中国去亲眼看看是什么样子。

In order to have a better understanding of China, I would like to go to China and see by myself what is happening there.

2.为了发展工业,我们必须增加煤和石油的生产。

For the sake of developing industry, we have to increase the production of coal and petroleum.

3.这些青年为了提高文化水平,正在努力学习。

In order to raise their educational level these young people are studying hard.

4.为了身体健康,我们要经常锻练。

In order to keep fit, we have to exercise regularly.

解释:

"为了…"作状语表示目的,可以用在主语前面或后面。

练习:

1. 用"为了"把下面表示目的和手段的短语连成句子（可以加词,短语可以拆开。）:

　　　　目的　　　手段

　（1）治好大水、走过自己的家没有进去

　（2）学好汉语、互相帮助

　（3）了解中国历史、参观中国历史博物馆

　（4）坐早上七点钟的火车、五点半就起床

　（5）锻练身体、经常游泳

　（6）欢迎新同学、开联欢会

2. 用"为了"改句子:

　（1）琳达给老师写了一封信,告诉老师她在中国游览的经过。

　（2）我给他写了一封信,表示感谢他对我的帮助。

(3）我们住在离海岸不远的一个旅馆里，这样可以每天去游泳。

(4）今年暑假我没回家，因为在学校里可以多念一点书。

四、前＋数＋量（＋名）　　first＋NU＋M(＋N)

例句：

1. 练习里前两个问题特别难。

The first two questions in the exercise are most difficult.

2. 前十课（课文）都很容易，没有太多的生词。

The first ten lessons are very easy because they do not have too many new words.

3. 我在大学学习了四年，前两年我学的是历史，后两年学的是文学。

I went to college for four years. I studied history in the first two years, and literature in the last two.

4. 刚开学的前两个月他病了，没来上课。

He was sick in the first two months of the school, so he did not come to class.

解释：

"前"（或"后"）和数量短语结合，表示按顺序或时间在前面（或"后面"）的那一部分。

练习：

1. 用"前＋数＋量＋（名）"回答问题：

(1）这些生词你都学过吗？

(2）这几课课文你都看得懂吗？

(3）那几个问题他回答得怎么样？

(4）去年你一年都在北京吗？

(5)那些人正由西往东走呢!你认识他们吗?

(6)上星期你来上课了吗?

五、果然   sure enough; as expected

例句:

1. 大家都说这个电影好。看了以后,我觉得果然不错。
Everyone said this is a good movie. After I went to see it, I really thought so.

2. 常常练习听、说,他的中文水平果然提高了。
Having frequently practiced listening and speaking, his Chinese has improved as expected.

3. 到了大草原一看,果然是"天苍苍,野茫茫,风吹草低见牛羊"。
Upon arriving at the grasslands, it was true that "blue, blue the sky; vast, vast the fields; the grasses are blown; the cattle are shown".

解释:

"果然"表示发现事实或结果和所说的或预料的一样。用在谓语动词或形容词前。有时也用在主语前。

练习:

1. 用"果然"完成句子:

(1)中国人常说:"上有天堂,下有苏杭",_____。

(2)看了地图,我知道_____。

(3)登上长城一看,_____。

(4)纽约的"明轩"_____。

(5)北京可游览的名胜古迹_____。

2. 用"果然"和下面的短语造句:

(1)非常热闹   (2)生产提高

（3）风景秀丽　　　　（5）特别发达
（4）进步得很快　　　（6）产生…影响

六、结果　　as a result

例句：

1. 你们的讨论有没有结果？讨论的结果怎么样？

Have you come to any conclusion? What was the result of your discussion?

2. 全国的人都起来反对商朝，结果商朝灭亡了。

People all over the country stood up to rebel; as a result, the Shang Dynasty was destroyed.

3. 在秦朝统治下，人民生活很苦，结果爆发了农民起义。

Under the rule of the Qin Dynasty, people had a miserable life; as a result the peasant uprising broke out.

4. 大家都努力生产，结果产品增加了一倍。

Everyone is working very hard; as a result, the output has been doubled.

解释：

"结果"本来是名词。作为连词"结果"连接两个分句，表示由于前面那件事或那种情况，产生了后面的结果。

练习：

1. 用"结果"和下面的词、短语连成句子：

　　（1）他不小心、摔下来
　　（2）努力学习新技术、生产水平、进一步、提高
　　（3）经过讨论、意见、统一
　　（4）下大雨、雨水太多、生产、受…影响

2. 用"结果"完成句子：

（1）我们想去参观一个博物馆，可是后来下雨了，_____。
（2）黄帝的部落和炎帝的部落联合在一起，_____。
（3）他每天早上跑步，锻练身体，_____。
（4）这条河从上游带下来大量泥沙，_____。

七、只好　　to have to; to be forced to
　　例句：

1.我不懂英语，只好请他翻译。
I do not know English and I have to ask him to translate for me.
2.那里耕地不多，人们只好靠放牧生活。
The cultivated area there is very limited, so people have to live on pasturing.
3.他们都不肯去，只好我一个人去了。
None of them is willing to go so I have to go by myself.

　解释：
　　"只好"表示没有别的办法，"不得不…"。一般用在谓语动词的前面。有时也用在主语的前面。如例3。
　练习：
　　1.用"只好"完成句子：
　　（1）这里的交通不太方便，不但没有飞机，而且没有火车，_____。
　　（2）我不会用中文写信，_____。
　　（3）他的右手坏了，_____。
　　（4）在秦朝统治下，农民生活不下去，_____。
　　（5）那个地方气候太冷，而水又很少，不能种水稻，_____。

2.用"只好"回答问题:
   (1)你为什么一个人来?
   (2)你们为什么不去看电影?
   (3)你不是有钢笔吗?为什么又买了一支?
   (4)今年暑假你为什么不回家?

八、一天比一天　day by day

例句:

1.现在是十一月,天气一天比一天冷了。
It is now November, and it's getting colder day by day.

2.人民的生活一天比一天好。
People's lives are getting better and better every day.

3.这个港口的工商业一天比一天发达。
The industry and commerce at this port are developing daily.

解释:

"一天比一天+形容词"表示程度不断加深。

练习:

1.用"一天比一天"和下面的词和短语连成句子:
   (1)六月、热　　　(5)兴趣、大
   (2)经济地位、重要(6)身体、好
   (3)生产技术、高　(7)人口、多
   (4)交通、方便

2.用"一天比一天"回答问题:
   (1)那里农民的生活怎么样?
   (2)春天到了,天气不那么冷了吧?
   (3)他的健康情况怎么样?
   (4)那里生产的石油多不多?

九、一个个（地、的）　　one by one

例句：

1. 人们一个个地从汽车上走下来。
One by one people got off the bus.
2. 他正在一个个地查这些生词。
He is looking them up in the dictionary word by word.
3. 校园里的新楼一座座地修建起来了。
One after another, new buildings have been built on the campus.
4. 那里一座座的宫殿都非常雄伟壮观。
Every one of the palaces there is imposing and magnificent.
5. 墙上挂满了一张张的画片。
Pictures are hanging all over the wall.

解释：

"一+量词重叠（+地）"作状语表示多而按先后次序进行。

"一+量词重叠+的"作定语，形容多而又整齐。"一+量词重叠"又作"一+量+一+量"。（如："一座一座地修建起来了"，"一座一座的宫殿"）

练习：

1. 在适当的地方加上"一+量词重叠+地"：
   例：房子都修好了。→房子一座座地都修好了。
   （1）困难问题都解决了。
   （2）那些发电站都建立起来了。
   （3）节目表演完了。
   （4）那么多水果他都吃完了。

（5）为了找那篇文章，这些杂志我都看过了。

2. 在适当的地方加上"一+量词重叠+的"（必要时可以减去一些字）：

例：书架上摆着很多新书。→书架上摆着一本本的新书。

（1）那里的新房子修得真漂亮。
（2）他们走过了很多高山。
（3）桌子上放着很多画报和杂志。
（4）很多辆汽车开过去了。
（5）我们登上长城，看见四周都是山峰。

十、与其…不如…　better…than…

例句：

1. 我们与其跑出去看电影，不如在家看电视。
It is better for us to stay at home watching television than to go out for a movie.

2. 从重庆到武汉，与其坐飞机，不如坐船。
To go from Chongqing to Wuhan, it is better to go by boat than by plane.

3. 你与其靠别人帮助，不如靠自己努力。
It is better for you to try by yourself than to rely upon others.

解释：

"与其A不如B"连接两个短语或分句，表示比较A和B两种作法，说话人认为B的作法比A好。"不如"可以单用。"A不如B"就是"A没有B好"，"B比A好"。"A不如B（大）"就是"A没有B（大）"，也就是"B比A（大）"。例如："这间教室不如那间教室"意思是"这间教室没有那间教室好"。"这间教室不如那间教室大"意思是"这间教室没有那间教室大"。

练习:

1. 比较下面A、B两种作法,认为B的作法比A好。用"与其…不如…"来表示:

例:A.坐火车 B.坐汽车→与其坐火车不如坐汽车。

(1) A.骑自行车　　　　　B.走路
(2) A.明天开始　　　　　B.今天马上开始
(3) A.分几个小组讨论　　B.集中在一起讨论
(4) A.写得太长　　　　　B.写得简单清楚一些
(5) A.给他写信　　　　　B.给他打电话

2. 用"与其…不如…"改句子:

(1) 我们去上海坐飞机比坐火车好。
(2) 你平常注意锻炼身体,比生了病再吃药好。
(3) 我们今天晚上把工作作完,比明天早上作好。
(4) 亲眼去看看那里的情况,比听别人介绍好。

3. 用"A没有B…",再用"B比A…"改下面的句子:

(1) 这本书不如那本书。
(2) 这个公园不如那个公园大。
(3) 小王的英语不如小张。
(4) 他来得不如我早。
(5) 他觉得北方不如南方。
(6) 北方不如南方暖和。

十一、于是　therefore

例句:

1. 很久以前,中国人的祖先就在黄河流域生活、劳动,于是中国古代文化就从这里发展起来了。
Long ago the ancestors of the Chinese people had been living and working along the Yellow River; thus it was there that the ancient Chinese culture developed.

2. 听说西安的名胜古迹很多，于是我们就坐火车去西安了。
Having heard that there are many scenic spots and historical sites in Xi'an, we took a train there.

3. 那个地方矿产资源特别丰富，于是人们把那里建设成一个重要的能源基地。
People have turned that place into an important base of energy resources because the mineral products are very rich there.

解释：
"于是"连接两个分句，表示后面的一件事是从前面的一件事自然引出的结果。

练习：

用"于是"完成句子：

1. 听说那个地方一年四季都象春天一样，＿＿＿＿。
2. 看完电影，时间还早，＿＿＿＿。
3. 我和一个朋友去书店买书，看见一种汉英字典。我朋友说，这种字典很好，对我学习中文很有帮助，＿＿＿＿。
4. 小王生病了，我去医院看他。路上遇见小张，他说也想去看小王，＿＿＿＿。
5. 舜觉得禹是个肯替人民作事情的人，可以作人民的领袖，＿＿＿＿。

听力练习

（听录音，听力问题附本单元后）

回答问题

1. 请你谈一谈中华民族是怎么样形成的？
2. 为什么舜老了，不把政权交给别人，交给了禹？
3. 请介绍一下商朝的情况。
4. 周朝为什么要迁都？迁到了哪儿？
5. 请你详细地说一说东周时期君主跟诸侯的关系。
6. 战国时代为什么年年打仗？
7. 战国时代年年打仗产生什么样的结果，这对中国历史有什么影响？
8. 为什么春秋时代思想特别活跃？
9. 秦朝在中国历史上有什么重要作用？请你详细地说一说。
10. 请你说一说为什么秦朝那么快就灭亡了？

翻译练习

（英译汉，答案附本单元后）

1. to begin by talking about the ancestors

2. to unite the leaders of the tribes
3. the national minorities that had settled down in the North
4. the legend of "the descendents of Yan Huang"
5. to form a nation
6. to form the topography of a basin
7. often appeared along the coastal areas
8. the regime established by the Mongols
9. about the legend of the West Lake
10. about the formation of the written language
11. was destroyed by another tribe
12. to raise the technical level
13. a ruthless ruler
14. at that time the ruler that opposed the development of new technology
15. in order to consolidate the new established regime
16. the nobility of England
17. to oppose the rule of the vassals
18. to move one's family to China
19. Sure enough, the enemy brought their soldiers.
20. In the end all were killed.

21. the regime that was weak
22. the weak countries that were destroyed
23. the Spring and Autumn Period and the Warring States Period
24. The ancient buildings were destroyed.
25. had to move the things away
26. influenced each other
27. The nobles and the vassals were at war.
28. (His) thinking has changed.
29. a city with a very active commerce
30. to study ancient Chinese philosophy
31. Great changes occured.
32. under the leadership of the central (government)
33. to promote unity
34. Its influence reached the Yangtze River valley.
35. the workers participating in the road construction
36. the emperors in Chinese history
37. the nobles that rebelled
38. therefore starved to death
39. It's better to go by boat than by train.

40. the peasants that had revolted
41. Nobody knows clearly how he was killed.
42. How is the culture of a multinational country formed?
43. The lives of the peasants have improved with each day.
44. In the end, they all got ill.
45. People of other nationalities also came here to live; therefore a multinational area was formed.
46. To promote the development of transportation many roads were built in that area.
47. I thought there would not be many participants at this party. Actually, many came.
48. The unification of the language has a great effect on promoting the unity of the nationalities.
49. The scrambling for power and profit resulted in the elimination of the smaller states.
50. At that time, production techniques had reached quite a high level.
51. At the time when the emperor distributed the land to the vassals, their power was still weak.
52. Confucius was not only a philosopher, he was also an educator.

53. What effect did Emperor Qin Shihuang's unifying the written language have on the Chinese culture?
54. Did the establishment of the United Nations promote unity among the nations of the world?
55. During the Warring States Period, all schools of thought were very active.
56. When did China become a state with a centralized political power?
57. There were quite a lot of famous thinkers during the Spring and Autumn Period.
58. The remaining students moved out one by one.
59. To be able to make a living some peasants had to go to look for jobs in the cities.
60. The interaction between the two powers resulted in a new period.

第五课 "汉人"和
"唐人"的由来

老师：大家已经预习过了汉朝到唐朝的历史，还有哪些地方不太清楚，可以提出来讨论。

约翰：汉朝是什么时候建立的？

彼得：秦朝以后就是汉朝。汉朝建立在公元前202年，它一共经过四百多年，是个相当长的朝代。

玛丽：为什么说汉朝是中国历史上强盛的时期？是不是汉武帝的时候最强？

汤姆：汉朝刚建立的时候，北方的匈奴常常来侵扰。到了汉武帝，国家力量强大了，才派兵打败了匈奴。

琳达：汉武帝还发展了和中亚各国的友好往来，

打通了去西域的路。
约翰：老师，西域是什么地方？
老师：那时候，人们把中国西部的新疆和中亚地区都叫做西域。
琳达：是啊！丝绸就是那时候介绍到西域的。西域的人特别喜欢中国的丝绸，所以人们就把汉朝和西域通商的这条路叫做"丝绸之路"。
玛丽：老师，关于"和亲"政策，您能举个例子来说明一下吗？
老师：啊！中国民间流传着一个王昭君的故事，我就给大家讲讲吧。汉武帝以后，又过了几十年，有个匈奴领袖愿意和汉朝友好，想娶一个汉朝的公主。王昭君原来是一个宫女，为了汉朝和匈奴的友好关系，就嫁到匈奴那里去了。
汤姆：《史记》是一部什么书？

老师：《史记》是司马迁写的。这部书记载了中国从黄帝到汉武帝三千年的历史，最主要的部分是人物传记。他写的各种人物都特别形象、生动。所以这部书既是伟大的历史著作，又是优秀的文学著作。

彼得：老师，三国时期是在汉朝吗？

老师：汉朝末年就是三国时期。以后中国有相当长的一段时间是分裂的，北方常常是少数民族统治，到公元589年隋朝才统一了中国。不过，隋朝非常短。它的第二个皇帝非常残暴。这时又爆发了农民起义，隋朝不久就灭亡了。

琳达：中国从南到北的大运河，不是隋朝时候修的吗？

老师：对。修运河给人民带来灾难，但是对南北交通起了很大的作用。

玛丽：隋朝以后是唐朝。现在还有人用"唐人"

代表中国人,这可能和唐朝有关系吧?

约翰:当然了!因为唐朝是中国历史上特别强盛的时期嘛!正象"汉语"、"汉族"这些词是从汉朝来的一样。老师,对不对?

老师:说得很对。

彼得:唐太宗是个什么样的人?为什么唐太宗的时候中国经济特别繁荣?

汤姆:唐太宗是中国历史上一位杰出的政治家。他从隋朝很快灭亡这件事吸取了教训,认识到要巩固自己的政权,必须让人民过安定的生活。他还有一个很大的优点,就是能听别人的意见。

玛丽:老师,请您谈谈唐朝的文化好吗?

老师:好。唐朝时候,中国文化发展得很快,特别是诗歌达到了高峰。当时出现了很多杰出的诗人,象李白、杜甫等。他们写出了大量的优秀作品。那时候,日本、朝鲜等国家都派留学生来学习中国文化。唐朝的和尚玄奘也不远万里到印度去取经。

琳达：唐朝后来为什么衰落下去了呢？

老师：唐玄宗到了老年，整天和杨贵妃吃、喝、玩、乐，不再关心国家大事，结果国家发生了一次大动乱。唐玄宗慌忙带着杨贵妃等人离开国都长安，想逃到四川去。但是在路上士兵们由于恨杨贵妃和她哥哥杨国忠，不肯前进。他们杀了杨国忠，结果杨贵妃也被迫吊死了。

玛丽：后来呢？

老师：唐玄宗逃到四川以后，他儿子作了皇帝。国家又经过了八年的战争，人民遭到很多的灾难，社会和经济遭到很大的破坏。从这以后，唐朝就衰落下去了。

第五課 "漢人"
和"唐人"的由來

老師：大家已經預習過了漢朝到唐朝的歷史，還有哪些地方不太清楚，可以提出來討論。

約翰：漢朝是甚麼時候建立的？

彼得：秦朝以後就是漢朝。漢朝建立在公元前202年，它一共經過四百多年，是個相當長的朝代。

瑪麗：為甚麼說漢朝是中國歷史上強盛的時期？是不是漢武帝的時候最強？

湯姆：漢朝剛建立的時候，北方的匈奴常常來侵擾。到了漢武帝，國家力量強大了，才派兵打敗了匈奴。

琳達：漢武帝還發展了和中亞各國的友好往來，

打通了去西域的路。

約翰：老師，西域是甚麼地方？

老師：那時候，人們把中國西部的新疆和中亞地區都叫作西域。

琳達：是啊！絲綢就是那時候介紹到西域的。西域的人特別喜歡中國的絲綢，所以人們就把漢朝和西域通商的這條路叫作"絲綢之路"。

瑪麗：老師，關於"和親"政策，您能舉個例子來說明一下嗎？

老師：啊！中國民間流傳着一個王昭君的故事，我就給大家講講吧。漢武帝以後，又過了幾十年，有個匈奴領袖願意和漢朝友好，想娶一個漢朝的公主。王昭君原來是一個宮女，為了漢朝和匈奴的友好關係，就嫁到匈奴那裏去了。

湯姆：《史記》是一部甚麼書？

老師：《史記》是司馬遷寫的。這部書記載了中國從黃帝到漢武帝三千年的歷史，最主要的部分是人物傳記。他寫的各種人物都特別形象、生動。所以這部書既是偉大的歷史著作，又是優秀的文學著作。

彼得：老師，三國時期是在漢朝嗎？

老師：漢朝末年就是三國時期。以後中國有相當長的一段時間是分裂的，北方常常是少數民族統治，到公元589年隋朝才統一了中國。不過，隋朝非常短。它的第二個皇帝非常殘暴。這時又爆發了農民起義，隋朝不久就滅亡了。

琳達：中國從南到北的大運河，不是隋朝時候修的嗎？

老師：對。修運河給人民帶來災難，但是對南北交通起了很大的作用。

瑪麗：隋朝以後是唐朝。現在還有人用"唐人"

代表中國人,這可能和唐朝有關係吧?
約翰:當然了!因為唐朝是中國歷史上特別強盛的時期嘛!正象"漢語"、"漢族"這些詞是從漢朝來的一樣。老師,對不對?
老師:說得很對。
彼得:唐太宗是個甚麼樣的人?為甚麼唐太宗的時候中國經濟特別繁榮?
湯姆:唐太宗是中國歷史上一位傑出的政治家。他從隋朝很快滅亡這件事吸取了教訓,認識到要鞏固自己的政權,必須讓人民過安定的生活。他還有一個很大的優點,就是能聽別人的意見。
瑪麗:老師,請您談談唐朝的文化好嗎?
老師:好。唐朝時候,中國文化發展得很快,特別是詩歌達到了高峰。當時出現了很多傑出的詩人,象李白、杜甫等。他們寫出了大量的優秀作品。那時候,日本、朝鮮等

　　　　　國家都派留學生來學習中國文化。唐朝的
　　　　　和尚玄奘也不遠萬里到印度去取經。
琳達：唐朝後來為甚麼衰落下去了呢？
老師：唐玄宗到了老年，整天和楊貴妃吃、喝、
　　　　　玩、樂，不再關心國家大事，結果國家發
　　　　　生了一次大動亂。唐玄宗慌忙帶着楊貴妃
　　　　　等人離開國都長安，想逃到四川去。但是
　　　　　在路上士兵們由於恨楊貴妃和她哥哥楊國
　　　　　忠，不肯前進。他們殺了楊國忠，結果楊
　　　　　貴妃也被迫吊死了。
瑪麗：後來呢？
老師：唐玄宗逃到四川以後，他兒子作了皇帝。
　　　　　國家又經過了八年的戰爭，人民遭到很多
　　　　　的災難，社會和經濟遭到很大的破壞。從
　　　　　這以後，唐朝就衰落下去了。

DìwǔKè   "Hànrén" hé "Tángrén" de yóulái

Lǎoshī: Dàjiā yǐjīng yùxíguole Háncháo dào Tángcháo de lìshǐ, hái yóu nǎxiē dìfang bú tài qīngchu, kéyǐ tíchulai tǎolùn.

Yuēhàn: Háncháo shì shénme shíhòu jiànlì de?

Bǐdé: Qíncháo yǐhòu jiù shì Háncháo. Háncháo jiànlìzài gōngyuán qián 202 nián, tā yígòng jīngguò sìbǎi duō nián, shì gè xiāngdāng chángde cháodài.

Mǎlì: Wèishénme shuō Háncháo shì Zhōngguó lìshǐshang qiángshèngde shíqī? Shì bú shì Hàn Wǔdì de shíhou zuì qiáng?

Tāngmǔ: Háncháo gāng jiànlì de shíhou, běifāng de Xiōngnú chángcháng lái qīnrǎo. Dàole Hàn Wǔdì, guójiā lìliang qiángdà le, cái pài bīng dǎbàile Xiōngnú.

Líndá: Hàn Wǔdì hái fāzhǎnle hé Zhōngyà gè guó de yóuhǎo wǎnglái, dǎtōngle qù Xīyù de lù.

Yuēhàn: Lǎoshī, Xīyù shì shénme dìfang?

Lǎoshī: Nà shíhou, rénmen bǎ Zhōngguó xībù de Xīnjiāng hé Zhōngyà dìqū dōu jiàozuò Xīyù.

Líndá: Shì'a! Sīchóu jiù shì nà shíhou jièshàodào Xīyù de. Xīyù de rén tèbié xǐhuan Zhōngguó de sīchóu, suóyǐ rénmen jiù bǎ Hàncháo hé Xīyù tōngshāng de zhèi tiáo lù jiàozuò "Sīchóu zhī lù".

Mǎlì: Lǎoshī, guānyú "héqīn" zhèngcè, nín néng jǔ gè lìzi lái shuōmíng yíxiàr ma?

Lǎoshī: À! Zhōngguó mínjiān liúchuánzhe yí gè Wáng Zhāojūn de gùshi, wǒ jiù gěi dàjiā jiángjiǎng ba. Hàn Wǔdì yǐhòu, yòu guòle jìshí nián, yǒu gè Xiōngnú lǐngxiù yuànyì hé Hàncháo yóuhǎo, xiáng qǔ yí gè Hàncháo de gōngzhǔ. Wáng Zhāojūn yuánlái shì yí gè gōngnǚ, wèile Hàncháo hé Xiōngnú de yóuhǎo guānxi, jiù jiàdào Xiōngnú nàli qù le.

Tāngmǔ: «Shǐjì» shì yí bù shénme shū?

Lǎoshī: «Shǐjì» shì SīmǎQiān xiě de. Zhèi bù shū jìzǎile Zhōngguó cóng Huángdì dào HànWǔdì sānqiān nián de lìshǐ, zuì zhǔyàode bùfen shì rénwù zhuànjì. Tā xiě de gè zhǒng rénwù dōu tèbié xíngxiàng, shēngdòng. Suóyǐ zhèi bù shū jìshì wěidàde lìshǐ zhùzuò, yòushì yōuxiùde wénxué zhùzuò.

Bǐdé: Lǎoshī, Sānguó shíqī shì zài Hàncháo ma?

Lǎoshī: Hàncháo mònián jiù shì Sānguó shíqī. Yǐhòu Zhōngguó yǒu xiāngdāng chángde yí duàn shíjiān shì fēnliè de, běifāng chángcháng shì shǎoshùmínzú tǒngzhì, dào gōngyuán 589 nián Suícháo cái tǒngyīle Zhōng guó. Búguò, Suícháo fēicháng duǎn. Tā de dì'èr gè huángdì fēicháng cánbào. Zhèshí yòu bàofāle nóngmín qǐyì, Suícháo bùjiǔ jiù mièwáng le.

Líndá: Zhōngguó cóng nán dào běi de Dà Yùnhé, búshì Suícháo shíhòu xiū de ma?

Lǎoshī: Duì. Xiū Yùnhé gěi rénmín dàilái zāinàn, dànshì duì nán běi jiāotōng qǐle hěn dàde zuòyòng.

Mǎlì: Suícháo yǐhòu shì Tángcháo. Xiànzài hái yǒurén yòng "Tángrén" dàibiǎo Zhōngguórén, zhè kěnéng hé Tángcháo yǒu guānxi ba?

Yuēhàn: Dāngránle! Yīnwèi Tángcháo shì Zhōngguó lìshǐshang tèbié qiángshèngde shíqī ma! Zhèng xiàng "Hàn-yǔ", "Hànzú" zhèxiē cí shì cóng Háncháo lái de yíyàng.

Lǎoshī, duì bú duì?

Lǎoshī: Shuōde hěn duì.

Bǐdé: Táng Tàizōng shì gè shénmeyàng de rén? Wèishénme Táng Tàizōng de shíhòu Zhōngguó jīngjì tèbié fánróng?

Tāngmǔ: Táng Tàizōng shì Zhōngguó lìshǐshang yí wèi jiéchūde zhèngzhìjiā. Tā cóng Suícháo hěn kuài mièwáng zhèi jiàn shì xīqǔle jiàoxùn, rènshidao yào gǒnggù zìjǐ de zhèngquán, bìxū ràng rénmín guò āndìngde shēnghuó. Tā hái yǒu yí gè hěn dà de yōudiǎn, jiùshì néng tīng biérén de yìjian.

Mǎlì: Lǎoshī, qǐng nín tántan Tángcháo de wénhuà hǎoma?

Lǎoshī: Hǎo. Tángcháo shíhòu, Zhōngguó wénhuà fāzhǎnde hěn kuài, tèbié shì shīgē dádàole gāofēng. Dāngshí chūxiànle hěn duō jiéchūde shīrén, xiàng Lǐ Bái, Dù Fǔ děng. Tāmen xiěchūle dàliàng de yōuxiù zuòpǐn. Nà shíhòu, Rìběn, Cháoxián děng guójiā dōu pài liúxuéshēng lái xuéxí Zhōngguó wénhuà. Tángcháo de héshang Xuánzàng yě bùyuǎnwànlǐ dào Yìndù qù qǔjīng.

Líndá: Tángcháo hòulái wèishénme shuāiluòxiaqu le ne?

Lǎoshī: Táng Xuánzōng dàole lǎonián, zhěngtiān hé Yáng-guìfēi chī, hē, wánr, lè, búzài guānxīn guójiā dàshì, jiéguǒ guójiā fāshēngle yí cì dà dòngluàn. Táng Xuánzōng huāngmáng dàizhe Yángguìfēi děng rén líkāi guódū Cháng'-ān, xiǎng táodào Sìchuān qu. Dànshì zài lùshang shìbīng-men yóuyú hèn Yángguìfēi hé tā gēge Yáng Guózhōng, bù kěn qiánjìn. Tāmen shāle Yáng Guózhōng, jiéguǒ Yángguìfēi yě bèipò diàosǐ le.

Mǎlì: Hòulái ne?

Lǎoshī: Táng Xuánzōng táodào Sìchuān yǐhòu, tā érzi zuòle huángdì. Guójiā yòu jīngguòle bā nián de zhànzhēng, rénmín zāodào hěn duōde zāinàn, shèhuì hé jīngjì zāodào hěn dàde pòhuài. Cóng zhè yǐhòu, Tángcháo jiù shuāi-luòxiaqu le.

生　　词

1. 强盛　　qiángshèng　　(形) (SV) (of a country) powerful and prosperous
2. 侵扰　　qīnrǎo　　(动) (FV) to invade and harass

3. 力量　　　lìliang　　　（名）(N)　power; strength
4. 强大　　　qiángdà　　　（形）(SV)　big and powerful
5. 派　　　　pài　　　　（动）(FV)　to send; to assign

（1）中国派很多留学生到国外去学习。
　　Many Chinese students were sent to study abroad.

（2）他毕业以后被派到青藏高原去工作。
　　After he graduated from the school he was assigned to work in the Qinghai-Tibet Plateau.

6. 打败　　　dǎbài　　　（动补）(RV) to defeat
7. 友好　　　yǒuhǎo　　　（形）(SV)　friendly; amicable
8. 往来　　　wǎnglái　　　（名、动）(N/FV)　contact/ to come and go

（1）中国发展了和世界各国人民的友好往来。
　　China has developed friendly contacts with various people all over the world.

（2）他们几个好朋友经常往来。
　　They are good friends and they see each other very often.

9. 打通　　　dǎtōng　　　（动补）(RV)　to get through; to open up
　 通　　　　tōng　　　　（动）(FV)　to open; through

（1）前面正在修路，这条路不通。
　　This road has been blocked because the road ahead is under construction.

（2）电话打通了。
　　The call has been put through.

10. 丝绸　　　sīchóu　　　（名）(N)　silk

11. 通商　　　　tōngshāng　　（动宾）　　(of nations) have
　　　　　　　　　　　　　　　（VO）　　trade relations
12. "和亲"政策　"héqīn" zhèngcè　　　　(of some feudal
　　　　　　　　　　　　　　　　　　　　dynasties) a policy
　　　　　　　　　　　　　　　　　　　　of appeasement by
　　　　　　　　　　　　　　　　　　　　marrying daugh-
　　　　　　　　　　　　　　　　　　　　ters of the Han
　　　　　　　　　　　　　　　　　　　　imperial family to
　　　　　　　　　　　　　　　　　　　　minority rulers
　　政策　　　　zhèngcè　　　（名）(N)　　policy
13. 举例子　　　jǔ lìzi　　　（动宾）　　to give an exam-
　　　　　　　　　　　　　　　（VO）　　ple
　　例子　　　　lìzi　　　　（名）(N)　　example
14. 说明　　　　shuōmíng　　（动、名）　to explain; to
　　　　　　　　　　　　　　（FV/N）　　illustrate/directions

（1）这个机器怎么用？请他来说明一下。
　　How does this machine operate? Please ask him to explain.

（2）农民起义推翻了秦朝的统治，说明人民的力量是很大的。
　　The Qin Dynasty was overthrown by the peasant uprising, which shows the tremendous strength of the people.

（3）展览会上每个图片下面都有说明。
　　There is a caption beneath every picture displayed in the exhibition.

15. 流传　　　　liúchuán　　（动）(FV)　　to circulate; hand down

从古以来民间就流传着很多关于大禹治水的故事。
Since ancient times many stories about how Yu brought the floods under control have been told among the people.

16. 娶　　　　qǔ　　　　　　(动) (FV)　to marry (a woman)
17. 公主　　　gōngzhǔ　　　(名) (N)　princess
18. 原来　　　yuánlái　　　　(副、形、连)
　　　　　　　　　　　　　　(A/SV/MA)　originally/former

（1）他原来是个工人，现在在大学学习。
　　　Formerly he was a worker, now he is studying in the college.
（2）我也觉得我原来的句子不太对。
　　　I also think my original sentence is not quite right.

19. 宫女　　　gōngnǚ　　　(名) (N)　a maid in an imperial palace
20. 嫁　　　　jià　　　　　　(动) (FV)　to marry (a man)
21. 关系　　　guānxi　　　　(名) (N)　relation; relationship

（1）这两个国家最近建立了友好关系。
　　　These two countries have recently established friendly relations.
（2）那里适合种棉花，这一定和气候有关系吧。
　　　That area is suitable for growing cotton. It must have something to do with the weather.

22. 记载　　　jìzǎi　　　　　(动、名)　to record/records
　　　　　　　　　　　　　　(FV/N)

（1）按照历史的记载，那件事发生在秦国统一六国以前。
　　　According to historical records, that event took place

before the six states were unified by the State of Qin.

（2）《诗经》记载了当时人民的生活。

The *Book of Odes* recorded the life of the people at that time.

23.	人物	rénwù	（名）(N)	character; figure
24.	传记	zhuànjì	（名）(N)	biography
25.	形象	xíngxiàng	（名、形）(N/SV)	image; form/ vivid

（1）这本小说里的人物都写得非常形象。

All the characters in this novel are vividly depicted.

（2）我特别喜欢这个电影里那个青年工人的形象。

In this movie, I especially like the image of that young worker.

26.	生动	shēngdòng	（形）(SV)	vivid; lively
27.	部	bù	（量）(M)	measure word for books, machines, etc.
	一部电影	a film		
	一部历史著作	a work of history		
28.	既…又…	jì…yòu…		both… and; as well as
29.	优秀	yōuxiù	（形）(SV)	excellent; outstanding
30.	著作	zhùzuò	（名）(N)	work; writings
31.	末年	mònián	（名）(N)	last years of a dynasty or a reign
32.	分裂	fēnliè	（动）(FV)	to split; divide

（1）1945年以后德国被分裂成两个国家。

After 1945 Germany has been divided into two countries.

（2）我们不清楚产生分裂的原因。

We are not clear about the reason which caused the split.

33.	不过	bùguò	（连）(MA)	yet; but; however
34.	运河	yùnhé	（名）(N)	canal
35.	灾难	zāinàn	（名）(N)	disaster; catastrophe
36.	代表	dàibiǎo	（动、名）(FV/N)	to represent/ delegate

（1）他代表全班同学在会上介绍了学习中文的经验。

During the conference, he gave a speech on behalf of his class describing the experience of learning Chinese.

（2）他被选为全国人民代表。

He has been elected to be the people's representative.

| 37. | 繁荣 | fánróng | （形、动）(SV/FV) | flourishing/to make something prosper |

(1) 经济繁荣　a booming economy
商业繁荣　a booming trade
(2) 繁荣经济　to bring about a prosperous economy

38.	杰出	jiéchū	（形）(SV)	prominent; remarkable
39.	吸取	xīqǔ	（动）(FV)	to absorb; to draw
40.	教训	jiàoxùn	（名、动）	lesson /to teach

41. 认识到	rènshidao	(N/FV) (动补) (RV)	somebody a lesson to realize
42. 安定	āndìng	(形) (SV)	stable; settled
43. 优点	yōudiǎn	(名) (N)	merit; strong point
44. 意见	yìjiàn	(名) (N)	opinion
45. 作品	zuòpǐn	(名) (N)	work (of literature and art)
46. 和尚	héshang	(名) (N)	monk
47. 不远万里	bùyuǎnwànlǐ		to go to the trouble of travelling a long distance
48. 取经	qǔjīng	(动宾) (VO)	to go on a pilgrimage for Buddhist scriptures; to learn from somebody else's experience
49. 衰落	shuāiluò	(动) (FV)	to decline
50. 整天	zhěngtiān	(名) (TW)	the whole day; all day long
51. 吃、喝、玩、乐	chī, hē, wán, lè		to eat, drink and be merry — idle away one's time in pleasure-seeking
52. 动乱	dòngluàn	(名) (N)	disturbance; upheaval

| 53. 慌忙 | huāngmáng | (形) (SV) | in a great rush |
| 54. 逃 | táo | (动) (FV) | to flee; to escape |

(1) 敌人都逃走了。
All the enemies fled.

(2) 由于水灾，那年他们全家逃到了这里。
Fleeing from the flood, his whole family came here that year.

55. 恨	hèn	(动) (FV)	to hate; to regret
56. 前进	qiánjìn	(动) (FV)	to go forward; to advance
57. 被迫	bèipò		to be forced

敌人被迫投降了。
The enemy were forced to surrender.

| 58. 吊死 | diàosǐ | (动补) (RV) | to hang by the neck; hang oneself |
| 59. 遭到 | zāodào | (动补) (RV) | to suffer; encounter |

(1) 遭到破坏　to suffer damage
(2) 遭到失败　to meet with defeat

专　名

1. 汉武帝　　Hàn Wǔdì　　Emperor Wudi of the Han Dynasty
2. 匈奴　　　Xiōngnú　　　Huns (an ancient

			nationality in China)
3.	中亚	Zhōng Yà	Central Asia
4.	西域	Xīyù	the Western Regions (a Han Dynasty term for the area which is now Xinjiang and parts of Central Asia)
5.	王昭君	Wáng Zhāojūn	Wang Zhaojun
6.	《史记》	《Shǐjì》	ancient historical work *Records of the Historian* (by Sima Qian)
7.	司马迁	Sīmǎ Qiān	Sima Qian
8.	三国	Sānguó	the Three Kingdoms
9.	隋朝	Suí Cháo	the Sui Dynasty
10.	唐太宗	Táng Tàizōng	Emperor Taizong of the Tang Dynasty
11.	李白	Lǐ Bái	Li Bai
12.	杜甫	Dù Fǔ	Du Fu
13.	日本	Rìběn	Japan
14.	朝鲜	Cháoxiǎn	Korea
15.	玄奘	Xuánzàng	Xuanzang, a famous monk in the Tang Dynasty
16.	唐玄宗	Táng Xuánzōng	Emperor Xuanzong of the Tang Dynasty
17.	杨贵妃	Yáng Guìfēi	Lady Yang
18.	杨国忠	Yáng Guózhōng	Yang Guozhong

句型练习

一、才　　only then；not until
例句：

1. 昨天下午我们五点才下课。
Yesterday afternoon we did not get out of class until 5 o'clock.

2. 他到三十岁才开始学外语。
He did not begin to learn any foreign language until thirty years old.

3. 这句话的意思，老师讲过以后，我才懂了。
After the teacher explained the meaning of the sentence, I understood it.

4. 看了她的信，我才知道她到中国去了。
I did not know that she had gone to China until I read her letter.

5. 我现在不睡，作完练习才睡呢。
I am not going to bed until I finish my exercise.

6. 我还在学习，明年才能毕业。
I am now still at school. I will not graduate until next year.

解释：

"才"　表示动作发生或结束得晚。前面或者有表示时间晚的词语，或者有表示必不可少的条件或原因的短语或分句。除用于已完成的动作外，也能用于未完成的动作，如例5、6。跟"才"的意思和作用相反的是"就"。

练习：

1. 完成句子：
（1）_____，我才开始学中文。
（2）_____，我才休息。
（3）_____，他才回国。
（4）_____，这个旅行团才离开中国。
（5）秦始皇_____，才把过去修的长城连接起来。
（6）夏朝以后不是周朝，_____才是周朝。
（7）_____，汉朝才打败了匈奴。
（8）_____，这里才变成一个人口很多的大城市。
（9）_____，他才知道中国是一个多民族的国家。

2. 用"才"或者"就"完成句子：
（1）我们坐上火车，只用一小时_____。
（2）我细看了半天，_____。
（3）我在上海只住了一夜，第二天早上_____。
（4）邮局离这儿不远，一拐弯儿_____。
（5）飞机场离这儿很远，坐汽车_____。
（6）船在江上顺流而下，不到半天_____。
（7）经过长时间的治理，_____。
（8）我亲眼看见农民生活的情况，_____。
（9）农民起义爆发了，秦朝不久_____。

二、（把）…叫做…　　to call…as
　例句：

1. 这种花叫（做）什么花？
What do you call this kind of flower?

2.西湖又叫（做）"西子湖"。
The West Lake is also called Xizi Lake.
3.人们把历史上那个时期叫做春秋时期。
That period in history is called the Spring and Autumn Period.
4.有的地方把自行车叫做"单车"。
In some places a bicycle is called "单车"。

解释：

"A叫做B"是"A被称为B"的意思。可以省为"A叫B"。如果用施动者作主语，往往用"主语—把—A叫做B"的句式。这时"叫做"一般不能省为"叫"。

练习：

用"叫做"或者"把…叫做…"连接句子：

1. 长城　　　　万里长城
2. 苏州　　　　园林之城
3. 商业最繁荣的地方　　　商业中心
4. 汉朝末年　　三国时期
5. 中国人　　　唐人
6. 这种花　　　月季花 (rose)
7. 北京大学里的湖　　　　未名湖 (Unnamed Lake)

三、既…又…　both...and...

例句：

1.他既是文学家又是哲学家。
He is both a man of letters and a philosopher.
2.这座房子既有中国建筑的特色，又有现代的设备。
This house has both the features of Chinese architecture and modern facilities.

3.那里既生产水稻,又生产小麦。
Both rice and wheat are grown there.
4.这个地方气候特别好,既不太冷,又不太热。
The climate here is very good: it is neither too cold nor too hot.

解释:

"既…又…"表示同时具有两方面的性质或情况,连接两个动词、动词短语或者两个形容词、形容词短语。"既…又…"后面的一对词或短语的音节往往是相等的。

练习:

1.用"既…又…"连接句子:
 (1)文化中心 政治中心
 (2)简单   清楚
 (3)懂汉语   懂英语
 (4)有湖   有山
 (5)科学工作者 教育工作者

2.用"既…又…"回答问题:
 例:A:那里是不是只适合种棉花?
   B:那里既适合种棉花,又适合种水稻。
 (1)A:你们工厂是不是只生产电视机?
   B:
 (2)A:从北京到上海是不是只能坐火车?
   B:
 (3)A:你们去中国是不是只学习汉语?
   B:

四、不过 however; only; merely

1. 那里可参观的名胜古迹相当多,不过没有北京多。
There are many scenic spots and historical sites worth going to there; however, not as many as in Beijing.

2. 他的中文讲得很好,不过,有时发音还不太正确。
He speaks Chinese very well, however, sometimes his pronunciation is not perfect.

3. 你这次考得虽然不太好,不过比上次有些进步。
You did not do very well this time in the examination; however, you have made progress.

4. A:这个照像机一百元,您要买吗?
   This camera costs one hundred dollars. Do you want to buy it?

   B:不买,我不过问问多少钱。
   No, I just wanted to ask about the price.

解释:
作为连词,"不过"表示转折,语气比"但是"、"可是"轻。作为副词,"不过"是"只是"的意思。

练习:

1. 用"不过"回答问题:

   例:A:那里夏天热不热?
   　　B:那里夏天相当热,不过,没有北京热。

   (1) 那篇文章写得怎么样?
   (2) 你觉得这个电影有意思吗?
   (3) 那个地方气候怎么样?
   (4) 这个公园大不大?
   (5) 这篇文章是不是太难了?

(6)这座山高不高?

2.用"不过"改句子:

(1)我不会照像,只是照一张试试。

(2)周幽王叫人点烽火,只是为了让褒姒笑一笑。

(3)隋朝修运河,当时只是隋炀帝为了坐船玩乐。

五、认识到… to come to realize

例句:

1.我们跟他谈话以后,他已经认识到了自己的错误。
After we talked with him, he realized that he was wrong.

2.从过去的经验,我们认识到发展教育事业的重要。
From past experience, we have realized the importance of developing education.

3.我们认识到只有发展生产,才能提高人民的生活水平。
We have realized that only by developing production can we raise the people's living standard.

4.我们认识到,要学好英语,必须经常听、经常说。
We have realized that we must listen more and speak more if we want to learn English well.

解释:

"认识到…"表示从经验、事实看出、懂得一个道理,总结出一个规律性的东西。后面可以跟名词、动词短语或小句。

练习:

1.用"认识到…"连接句子:

(1)教育青年、热爱劳动

(2)发展和各国人民的友好关系

(3)接受别人的意见
(4)大家的意见是对的
(5)就会爆发农民起义

2.用"认识到…"完成句子：
(1)学习了两年汉语，我认识到＿＿＿＿。
(2)吸取了过去的教训，他认识到＿＿＿＿。
(3)研究了几年中国历史，我认识到＿＿＿＿。
(4)这个青年在工厂工作了几年，他认识到＿＿＿＿。

六、要…必须…　　in order to ... must

例句：

1.要了解世界大事，必须每天看报。
In order to know what is happening in the world, one must read newspapers every day.

2.要有健康的身体，必须经常锻炼。
Only through regular physical exercise can one keep fit.

3.要研究中国文学，必须懂一点中文。
If you want to do research on Chinese literature, you have to learn some Chinese.

解释：

"要…必须…"的主语是泛指的，所以省去。第一分句"要…"前也省去了表示条件和假设的连词"要是""如果"等。这种句子的格式是："要A（达到某一目的）必须B（这样做）"。

练习：

1.用"要…必须…"改句子：
例：只有经常复习才能巩固学过的东西。→要巩固学过的东西,必须经常复习。
（1）只有自己去试试才能学会开机器。
（2）只有了解人民的生活,才能写出人民喜欢的作品。
（3）只有了解了唐朝的历史,才能更好地研究唐朝的诗歌。
（4）只有团结起来,才有强大的力量。
（5）只有学好中文,才能了解中国的文化。

2. 完成句子：
（1）要发展农业生产,必须_____。
（2）要让国家强大起来,必须_____。
（3）要互相了解,必须_____。
（4）汉武帝认识到要_____,必须打通去西域的路。
（5）要让学生_____,必须举个例子来说明一下。

七、整+量（名）　　whole+M(N)

例句：

1. 他整天坐在图书馆里看书。
He stays in the library reading all day long.

2. 他整年整月不在家,不是到上海去,就是到广州去。
He is frequently out of town, if he does not go to Shanghai then he goes to Guangzhou.

3. 为了早点把那篇文章翻译出来,昨天晚上他整夜没睡。
In order to finish translating that article earlier, he stayed up all night last night.

4.他看小说看得真快,不到三个小时就把那一整本书看完了。

He reads so fast that he finished that novel in less than three hours.

5.这篇文章他写了一整天。

He has spent the whole day writing this article.

解释:

"整"和表示时间的名词"年、月、天、夜"等结合,作状语,表示这一单位时间里,下面的动作或情况持续不断,往往带有一定的夸张的语气。"整"在"年、天、夜"自身兼有量词作用的名词前,前面可加数词,作动词的动量补语。如:"用了两整天""谈了一整夜"。但"月"字不能这么用,只能说"整一个月""整两个月"。

和其他量词结合,"整"前也可以加数词,如"一整本书"、"一整套唱片"、"两整盒糖"。这时"(一)+整+量"作定语,修饰后面的名词,形容完整无缺。

练习:

1.用"整天"或者"整年"、"整月"、"整夜"和下面的词语造句:

　　(1)在外面跑　　　(4)吃喝玩乐
　　(2)忙什么　　　　(5)不休息
　　(3)研究　　　　　(6)春秋战国时期、打仗

2.用"一+整+天(或者"年""夜")"回答:

　　(1)你写这本小说用了多长时间?
　　(2)你在车上坐了多久?
　　(3)前十课你复习了多长时间?

八、不再… no longer

例句:

1. 我上中学时很喜欢打球，上大学以后因为学习比较忙，就不再打球了。

When I was a high school student, I liked playing ball games. But after I went to college, I no longer played for I was rather busy.

2. 黄河治理好了以后，不再发生水灾了。

There was no longer flooding after the Yellow River was brought under control.

3. 汉武帝打败了匈奴，匈奴有很多年不再来侵扰。

After the Huns were defeated by Emperor Wudi of the Han Dynasty, they did not attack for many years.

4. 作听写练习时，老师说："我只念三遍，念完三遍就不再念了。"

In the dictation, the teacher said: "I am going to read only three times and I will not repeat anymore."

5. 这个青年认识到整天吃喝玩乐是不对的，他表示以后不再这么做了。

This young man had realized that it is not right to eat and drink and make merry all day long. He said that he would no longer do it.

解释:

"不再…"表示过去的动作或情况，以后不重复发生。"不再…"后面的动词可以指过去时间的事，如例1、2、3。也可以指未来时间的事。如例4、5。在口语里，句尾常加表示情况发生变化的语气助词"了"。

练习:

用"不再…"回答问题:

例:A:你明天跟我们一起去颐和园吗?
　　B:我去过两次,不再去了。

1. A:你现在还常常唱歌吗?
   B:
2. A:他现在还常写诗吗?
   B:
3. A:他毕业以后自己有了工作,还靠他母亲生活吗?
   B:
4. A:参加锻炼以后,他还常生病吗?
   B:
5. A:春秋时期,很多诸侯国的势力强大起来,他们还听周朝的话吗?
   B:

听力练习

(听录音,听力问题附本单元后)

回答问题

1. 请你简单地说一说为什么汉武帝能把匈奴打败?
2. 古代的西域说的是什么地方?为什么把汉朝通西域的路叫做"丝绸之路"?

3. 请你讲一讲王昭君的故事。
4. 为什么说《史记》既是伟大的历史著作,又是优秀的文学著作?
5. 请你简单地说一说三国时期中国的政治情况。
6. 隋朝为什么那么快就灭亡了?请你把情况说一说。
7. 为什么中国人也叫做"汉人"或者"唐人"?
8. 唐朝的时候,中国文化发展得特别快,这和唐太宗有什么关系?
9. 请你把唐朝衰落的经过详细地讲一讲。
10. 请你介绍两位唐朝杰出的诗人。

翻译练习

(英译汉,答案附本单元后)

1. a powerful and prosperous period
2. to invade weak countries
3. powerful tribes
4. to send soldiers to fight
5. to defeat the invading enemies
6. to have contact for a long time

7. cannot get through on the phone
8. to have trade relations with all the countries in the world
9. to use silk to make clothes
10. not understanding that policy
11. to explain with an example
12. to hand down to present
13. to spread to the Western Regions
14. married a princess of the Han Dynasty
15. the original situation
16. previously did not know
17. She married a worker.
18. to promote friendly relations
19. records on floods
20. famous historical figures
21. biography of a philosopher
22. the image of a peasant
23. to vividly describe
24. to vividly describe
25. a lively style with substantial content
26. an outstanding historical work

27. a figure during the last years of Eastern Han Dynasty
28. divided into three states
29. the transportation on the canal
30. brought disaster
31. the leader of the delegation
32. to attend as a representative of the whole school
33. a powerful and prosperous country
34. to realize the importance of stability and unity
35. the merits of this work
36. opposing opinions
37. gradually declined
38. to eat, drink and be merry all day long
39. escaped in a great hurry
40. to be forced to go forward
41. a period of upheaval
42. China has sent many delegations abroad to visit.
43. Friendly nations help each other in developing economy.
44. The leaders of the factory realize the importance of uniting with the workers.
45. When writing the biography of a historical figure one must

pay attention to the creation of a vivid image.
46. The appearance of this problem strongly proves the importance of learning from history.
47. During the last days of the Sui Dynasty agriculture suffered severe damage.
48. That outstanding philosophical work is vividly written as well as easy to understand.
49. As early as the Han Dynasty there was a monk who took light of travelling great distance to go on a pilgrimage to India for Buddhist scriptures.
50. What is the relation between the development of agriculture and the prosperity of the economy?
51. She was originally a maid in an imperial palace. Later she was married to a leader of a minority group.
52. As the road has not been opened up, we will have to turn the corner here.
53. Please give an example to explain the situation.
54. He is an outstanding student representative and has attended many different types of conferences.
55. Where is the longest canal in the world?

56. After the enemies were defeated, they no longer raided our country.
57. To establish a powerful and prosperous country one must develop industry, commerce, agriculture, transportation, etc.
58. The country can prosper only with the new economic policy.
59. In history, the policy of marrying the princess of the imperial house to a leader of a minority group is called "the policy of appeasement by marriage".
60. Last year there was flooding in the North, but the agricultural production was not affected.

第六课 话说宋元明清

老师：我们已经把宋元明三个朝代和清朝初期的历史讲完了。今天我提几个问题复习复习，请同学们踊跃回答。

第一个问题：宋朝是哪年建立的？国都在哪儿？

玛丽：宋朝是公元960年建立的，国都在开封。

琳达：公元1127年以后，国都在现在的杭州。

老师：那么，你能谈谈宋朝迁都的原因吗？

琳达：宋朝是中国历史上外患最多的一个汉族政权。当时中国东北、西北部几个少数民族常常来侵扰，对它的威胁很大。宋朝政治腐败，打不过这些少数民族，只好年年给人家送银子、丝绸。不过，这不能解决根本问题。公元1127年，北方的金还是占领了开封，北宋就灭亡了。皇帝的一个弟弟逃到江南，在杭州又建立了一个国都。历史上把后来的这个宋朝叫南宋。

老师：南宋的建立，对南方经济发展起了什么作用？

汤姆：南宋建立以后，南方的农业得到了发展，手工业也更发达了，中国的经济中心从北方移到了南方。江南本来就是鱼米之乡，这时候就更繁荣了。

老师：南宋初期有一个著名的抗金英雄，他叫什么名字？

汤姆：岳飞。岳飞曾经带兵收复北方大片土地，一直打到开封附近。可是就在这时候，南宋皇帝听了宰相秦桧的话，在一天之中一连下了十二次命令，强迫岳飞退兵。岳飞回到杭州不久，就被秦桧害死了。

老师：宋朝以后是哪个朝代？

彼得：好象是唐朝吧。

约翰：不对，唐朝在宋朝前面，宋朝以后是元朝。十二世纪末，北方蒙古人的势力越来越大，蒙古人先灭了金，又灭了南宋，统一了中国，建立了元朝。

老师：为什么元朝只统治了九十七年？

琳达：元朝统治者按照民族把人民分成四个等级，很不得人心，所以元朝只统治了九十多年，就被朱元璋领导的农民起义推翻了。朱元璋建立的朝代叫明朝。

老师：明朝的时候，中国在世界上的地位和对外关系怎么样？

玛丽：明朝的时候，中国是世界上一个富强的国家，农业、手工业、商业都非常发达，大城市有三十多个。海上交通也比较方便，和许多国家都进行贸易。明朝皇帝曾经派郑和带着很大的船队到南洋去。郑和在不到三十年的时间里，先后航海七次，到过南洋、印度洋十多个国家和地区，最远到过非洲。

老师：明朝是怎么灭亡的？

彼得：明朝末年，政治非常腐败，土地高度集中。有的地区十分之九的农民失去了土地，人民生活十分痛苦。

琳达：就这样，政府还要他们交税。为了活下去，李自成就领导农民起义了。老百姓们都很拥护他。李自成打到北京时，明朝皇帝在一棵树上吊死了。这样，明朝的统治就结束了。

老师：讲得很清楚。谁接着谈谈，清朝是怎么建立的？

汤姆：当时中国东北地区的一个少数民族满族镇压了这次农民起义，开始了对中国的统治。

老师：清朝初期有一个皇帝叫康熙，为什么说他是一个有作为的皇帝？

约翰：康熙采取了一些恢复和发展社会生产的办法，使国家富强起来，人民生活也安定了。另外，他还平定了边疆地区的多次叛乱，制止了沙俄对东北的侵略，为清朝二百六十多年的统治打下了很好的基础。

老师：对！下面，哪位同学说说，宋元明清这四个朝代在文学上有什么主要成就？

玛丽：词这种诗歌形式，在宋代发展到了很高的水平。元朝时，戏曲流行，出现了大批元曲作家。明清时期的小说成就很大，象《三国演义》、《水浒传》、《西游记》和《红楼梦》等，在文学史上都有重要地位。

老师：今天大家回答得都很好，就复习到这里吧。下课！

第六課 話說宋元明清

老師：我們已經把宋元明三個朝代和清朝初期的歷史講完了。今天我提幾個問題複習複習，請同學們踴躍回答。

第一個問題：宋朝是哪年建立的？國都在哪兒？

瑪麗：宋朝是公元960年建立的，國都在開封。

琳達：公元1127年以後，國都在現在的杭州。

老師：那麼，你能談談宋朝遷都的原因嗎？

琳達：宋朝是中國歷史上外患最多的一個漢族政權。當時中國東北、西北部幾個少數民族常常來侵擾，對它的威脅很大。宋朝政治腐敗，打不過這些少數民族，只好年年給人家送銀子、絲綢。不過，這不能解決根本問題。公元1127年，北方的金還是佔領了開封，北宋就滅亡了。皇帝的一個弟弟逃到江南，在杭州又建立了一個國都。歷史上把後來的這個宋朝叫南宋。

老師：南宋的建立，對南方經濟發展起了甚麼作用？

湯姆：南宋建立以後，南方的農業得到了發展，手工業也更發達了，中國的經濟中心從北方移到了南方。江南本來就是魚米之鄉，這時候就更繁榮了。

老師：南宋初期有一個著名的抗金英雄，他叫甚麼名字？

湯姆：岳飛。岳飛曾經帶兵收復北方大片土地，一直打到開封附近。可是就在這時候，南宋皇帝聽了宰相秦檜的話，在一天之中一連下了十二次命令，強迫岳飛退兵。岳飛回到杭州不久，就被秦檜害死了。

老師：宋朝以後是哪個朝代？

彼得：好像是唐朝罷。

約翰：不對，唐朝在宋朝前面，宋朝以後是元朝。十二世紀末，北方蒙古人的勢力越來越大，蒙古人先滅了金，又滅了南宋，統一了中國，建立了元朝。

老師：為甚麼元朝只統治了九十七年？

琳達：元朝統治者按照民族把人民分成四個等級，很不得人心，所以元朝只統治了九十多年，就被朱元璋領導的農民起義推翻了。朱元璋建立的朝代叫明朝。

老師：明朝的時候，中國在世界上的地位和對外關係怎麼樣？

瑪麗：明朝的時候，中國是世界上一個富強的國家，農業、手工業、商業都非常發達，大城市有三十多個。海上交通也比較方便，和許多國家都進行貿易。明朝皇帝曾經派鄭和帶着很大的船隊到南洋去。鄭和在不到三十年的時間裏，先後航海七次，到過南洋、印度洋十多個國家和地區，最遠到過非洲。

老師：明朝是怎麼滅亡的？

彼得：明朝末年，政治非常腐敗，土地高度集中。有的地區十分之九的農民失去了土地，人民生活十分痛苦。

琳達：就這樣，政府還要他們交稅。為了活下去，李自成就領導農民起義了。老百姓都很擁護他。李自成打到北京時，明朝皇帝在一棵樹上吊死了。這樣，明朝的統治就結束了。

老師：講得很清楚。誰接着談談，清朝是怎麼建立的？

湯姆：當時中國東北地區的一個少數民族滿族鎮壓了這次農民起義，開始了對中國的統治。

老師：清朝初期有一個皇帝叫康熙，為甚麼說他是一個有作為的皇帝？

約翰：康熙採取了一些恢復和發展社會生產的辦法，使國家富強起來，人民生活也安定了。另外，他還平定了邊疆地區的多次叛亂，制止了沙俄對東北的侵略，為清朝二百六十多年的統治打下了很好的基礎。

老師：對！下面，哪位同學說說，宋元明清這四個朝代在文學上有甚麼主要成就？

瑪麗：詞這種詩歌形式，在宋代發展到了很高的水平。元朝時，戲曲流行，出現了大批元曲作家。明清時期的小說成就很大，像《三國演義》、《水滸傳》、《西遊記》和《紅樓夢》等，在文學史上都有重要地位。

老師：今天大家回答得都很好，就複習到這裏罷。下課！

Dìliùkè　　Huàshuō Sòng Yuán Míng Qīng

Lǎoshī: Wǒmen yǐjing bǎ Sòng Yuán Míng sān gè cháodài hé Qīngcháo chūqī de lìshǐ jiǎngwán le. Jīntiān wǒ tí jǐ gè wèntí fùxífùxí, qǐng tóngxuémen yǒngyuè huídá. Dìyī gè wèntí: Sòngcháo shì nǎ nián jiànlì de? Guódū zài nǎr?

Mǎlì: Sòngcháo shì gōngyuán 960 nián jiànlì de, guódū zài Kāifēng.

Líndá: Gōngyuán 1127 nián yǐhòu, guódū zài xiànzài de Hángzhōu.

Lǎoshī: Nàme, nǐ néng tántan Sòngcháo qiāndū de yuányīn ma?

Líndá: Sòngcháo shì Zhōngguó lìshǐshang wàihuàn zuìduō de yí gè Hànzú zhèngquán. Dāngshí Zhōngguó dōngběi, xīběibù jǐ gè Shǎoshùmínzú chángcháng lái qīnrǎo, duì tā de wēixié hěndà. Sòngcháo zhèngzhì fǔbài, dǎbuguò zhèxiē Shǎoshùmínzú, zhǐhǎo niánnián gěi rénjia sòng yínzi, sīchóu. Búguò, zhè bùnéng jiějué gēnběn wèntí. Gōngyuán 1127 nián, běifāng de Jīn háishì zhànlǐngle Kāifēng, Běisòng jiù mièwáng le. Huángdì de yí gè dìdi táodào Jiāngnán, zài Hángzhōu yòu jiànlìle yí gè guódū. Lìshishang bǎ hòulái de zhè ge Sòngcháo jiào Nánsòng.

Lǎoshī: Nánsòng de jiànlì, duì Nánfāng jīngjì fāzhǎn qǐle shénme zuòyòng?

Tāngmǔ: Nánsòng jiànlì yǐhòu, Nánfāng de nóngyè dédàole fāzhǎn, shǒugōngyè yě gèng fādá le, Zhōngguó de jīngjì zhōngxīn cóng Běifāng yídàole Nánfāng. Jiāngnán běnlái jiùshì yúmǐzhīxiāng, zhè shíhòu jiù gèng fánróng le.

Lǎoshī: Nánsòng chūqī yǒu yí gè zhùmíngde kàngJīn yīngxióng, tā jiào shénme míngzi?

Tāngmǔ: YuèFēi. Yuè Fēi céngjīng dài bīng shōufù Běifāng dàpiàn tǔdì, yìzhí dǎdào Kāifēng fùjìn. Kěshì jiù zài zhè shíhòu, Nánsòng huángdì tīngle zǎixiàng Qín Huì de huà, zài yìtiānzhīzhōng yìlián xiàle shí'èr cì mìnglìng, qiǎngpò Yuè Fēi tuìbīng. Yuè Fēi huídào Hángzhōu bùjiǔ, jiù bèi QínHuì hàisǐ le.

Lǎoshī: Sòngcháo yǐhòu shì nǎ gè cháodài?

Bǐdé: Hǎoxiàng shì Tángcháo ba?

Yuēhàn: Búduì, Tángcháo zài Sòngcháo qiánmiàn, Sòngcháo yǐhòu shì Yuáncháo. Shí'èr shìjì mò, běifāng Ménggǔrén de shìli yuèláiyuèdà, Ménggǔrén xiān mièle Jīn, yòu mièle Nánsòng, tǒngyīle Zhōngguó, jiànlìle Yuáncháo.

Lǎoshī: Wèishénme Yuáncháo zhǐ tǒngzhìle jiǔshí qī nián?

Líndá: Yuáncháo tǒngzhìzhě ànzhào mínzú bǎ rénmín fēnchéng sì gè děngjí, hěn bùdérénxīn, suóyǐ Yuáncháo zhí tǒngzhìle jiǔshí duō nián, jiù bèi Zhū Yuánzhāng lǐngdǎo de nóngmín qǐyì tuīfān le. Zhū Yuánzhāng jiànlì de cháo dài jiào Míngcháo.

Lǎoshī: Míngcháo de shíhòu, Zhōngguó zài shìjièshang de dìwèi hé duì wài guānxi zěnmeyàng?

Mǎlì: Míngcháo de shíhòu, Zhōngguó shì shìjièshang yí gè fùqiáng de guójiā, nóngyè, shǒugōngyè, shāngyè dōu fēicháng fādá, dà chéngshì yǒu sānshí duō gè. Hǎishang jiāotōng yě bǐjiào fāngbiàn, hé xǔduō guójiā dōu jìnxíng màoyì. Míngcháo huángdì céngjīng pài Zhèng Hé dàizhe hěn dà de chuánduì dào Nányáng qù. Zhèng Hé zài búdào sānshínián de shíjiānlǐ, xiānhòu hánghǎi qī cì, dàoguo Nányáng, Yìndùyáng shí duō gè guójiā hé dìqū, zuìyuǎn dàoguo Fēizhōu.

Lǎoshī: Míngcháo shì zěnme mièwáng de?

Bǐdé: Míngcháo mònián, zhèngzhì fēicháng fǔbài, tǔdì gāodù jízhōng. Yǒude dìqū shífēnzhījiǔ de nóngmín shīqùle tǔdì. rénmín shēnghuó shífēn tòngkǔ.

Líndá: Jiù zhèyàng, zhèngfǔ hái yào tāmen jiāo shuì. Wèile huóxiaqu, Lǐ Zìchéng jiù lǐngdǎo nóngmín qǐyìle. Lǎobǎixìng dōu hěn yōnghù tā. Lǐ Zìchéng dǎdào Běijīng shí, Míngcháo huángdì zài yì kē shùshang diàosǐle. Zhèyàng, Míngcháo de tǒngzhì jiù jiéshù le.

Lǎoshī: Jiǎngde hěn qīngchu. Shuí jiēzhe tántan, Qīngcháo shì zěnme jiànlì de?

Tāngmǔ: Dāngshí Zhōngguó dōngběi dìqū de yí gè Shǎoshùmínzú Mǎnzú zhènyāle zhèi cì nóngmín qǐyì, kāishǐle duì Zhōngguó de tǒngzhì.

Lǎoshī: Qīngcháo chūqī yǒu yí gè huángdì jiào Kāng Xī, wèishénme shuō tā shì yí gè yǒuzuòwéi de huángdì?

Yuēhàn: Kāng Xī cǎiqǔle yìxiē huīfù hé fāzhǎn shèhuì shēngchǎn de bànfǎ, shǐ guójiā fùqiángqǐlai, rénmín shēng huó yě ān dìng le. Lìngwài, tā hái píngdìngle biānjiāng dìqū de duō cì pànluàn, zhìzhǐle Shā'É duì Dōngběi de qīnlüè, wèi Qīngcháo èrbǎi liùshí duō nián de tǒngzhì dǎxiàle hén hǎode jīchǔ.

Lǎoshī: Duì! Xiàmian, nǎ wèi tóngxué shuōshuo, Sòng Yuán Míng Qīng zhè sì gè cháodài zài wénxuéshang yǒu shénme zhǔyào chéngjiù?

Mǎlì: Cí zhèzhǒng shīgē xíngshì, zài Sòng dài fāzhǎndàole hěn gāode shuǐpíng. Yuáncháo shí, xìqǔ liúxíng, chū xiànle dàpī yuánqǔ zuòjiā. Míng Qīng shíqī de xiǎoshuō chéngjiù hěn dà, xiàng «Sānguóyǎnyì», «Shuǐhǔzhuàn», «Xīyóujì» hé «Hónglóumèng» děng, zài wénxuéshǐshang dōu yǒu zhòngyào dìwèi.

Lǎoshī: Jīntiān dàjiā huídá de dōu hén hǎo, jiù fùxídao zhèlǐ ba. Xiàkè!

生　　词

1. 初期　　chūqī　　（名）　（TW）　early period; initial stage
2. 踊跃　　yǒngyuè　（形）　（SV）　eagerly; enthusiastically

3. 迁都　　qiāndū　　（动宾）(VO)　to move the capital to another place
4. 外患　　wàihuàn　　（名）　(N)　foreign aggression
5. 威胁　　wēixié　　（动、名)(FV/N) to threaten/menace

（1）北方的金对北宋的威胁很大。
The Jin in the North became a great threat to the Northern Song Dynasty.

（2）岳飞的军队对金是一个很大的威胁。
The troops led by Yue Fei posed a great threat to the Jin.

（3）敌人威胁老百姓说："不交出粮食就打死你们。"
The enemies threatened the people saying: "If you don't hand over the grain, you will be killed."

（4）汉朝初年，匈奴的力量很大，威胁着汉朝的统治。
In the early years of the Han Dynasty the Huns were very powerful and threatened the Han Dynasty.

6. 腐败　　fǔbài　　（形）　(SV)　corrupt; decayed
7. 打不过　dǎbuguo　（动补）(RV)　incapable of defeating

（1）汉武帝的时候，汉朝很强盛，匈奴打不过汉朝。
In the time of the Emperor Wudi of the Han Dynasty, Han Dynasty was so powerful and prosperous that the Huns were unable to defeat it.

（2）南宋皇帝怕打不过金，就命令岳飞退兵。
The emperor of the Southern Song Dynasty, fearing that the Jin could not be defeated, ordered Yue Fei to retreat.

（3）蒙古人的势力很大，打得过金。

The military forces of the Mongols were so strong that they could defeat the Jin.

8.	银子	yínzi	（名）(N)	silver
9.	解决	jiějué	（动）(FV)	to solve; to settle
10.	根本	gēnběn	（形、副）(SV/A)	fundamental/ thoroughly

（1）明朝灭亡的根本原因是政治腐败。

The fundamental reason for the fall of the Ming Dynasty was political corruption.

（2）我根本没去过中国，当然没参观过故宫了。

I've never been to China, so of course I've never visited the Palace Museum.

（3）我姐姐根本不懂英文，你怎么给她买了本英文小说？

Why did you get my sister an English novel, when (you know) she knows absolutely no English.

11.	占领	zhànlǐng	（动）(FV)	to occupy
12.	手工业	shǒugōngyè	（名）(N)	handicraft industry
13.	移	yí	（动）(FV)	to remove; shift
14.	本来	běnlái	（副）(A)	originally
15.	著名	zhùmíng	（形）(SV)	well-known
16.	抗（金）	kàng(Jīn)	（动）(FV)	to resist (the Jin)
17.	英雄	yīngxióng	（名）(N)	hero
18.	曾经	céngjīng	（副）(A)	once; before
19.	收复	shōufù	（动）(FV)	to recover; recapture

20.	一直	yīzhí	(副) (A)	straight; continuously
21.	附近	fùjìn	(名) (PW)	nearby; vicinity
22.	宰相	zǎixiàng	(名) (N)	prime minister (in feudal China)
23.	一连	yīlián	(副) (A)	in a row; in succession
24.	下命令	xià mìnglìng	(动宾) (VO)	to send down an order
25.	强迫	qiǎngpò	(动) (FV)	to force
26.	退兵	tuìbīng	(动宾) (VO)	to retreat; the withdrawal of a military force
27.	害死	hàisǐ	(动补) (RV)	to murder
28.	末年	mònián	(名) (TW)	last years of a dynasty or reign
29.	等级	děngjí	(名) (N)	class; rank
30.	不得人心	bùdérénxīn		not enjoy popular support; unpopular

（1）杨贵妃和她哥哥做了许多不得人心的事，所以士兵都恨他们。

Because Lady Yang and her elder brother had done many things that were unpopular, all the soldiers hated them.

（2）元朝统治者把人民分成四个等级，很不得人心。

The rulers of the Yuan Dynasty divided the people

into four classes and therefore were very unpopular.

（3）康熙采取了一些很得人心的办法，生产恢复得很快。
Emperor Kangxi adopted a few policies which were supported by the people; therefore, production was quickly recovered.

（4）李自成很得人心，所以参加起义军的人很多。
Li Zicheng was a very popular leader; therefore many people joined the insurrectionary army.

31.	推翻	tuīfān	(动) (FV)	to overthrow
32.	对外关系	duì wài guānxi		foreign relations
33.	富强	fùqiáng	(形) (SV)	prosperous and strong
34.	进行	jìnxíng	(动) (FV)	to carry out; go on
35.	贸易	màoyì	(名) (N)	trade
36.	船队	chuánduì	(名) (N)	fleet
37.	先后	xiānhòu	(副) (MA)	early or late/priority/one after another
38.	航海	hánghǎi	(动宾)(VO)	navigation
39.	高度	gāodù	(副、名) (A/N)	a high degree of; highly/altitude; height
40.	失去	shīqù	(动) (FV)	to lose
41.	痛苦	tòngkǔ	(形、名) (SV/N)	pain; suffering

（1）秦始皇修长城给人民带来了极大的痛苦。
Emperor Qin Shihuang's construction of the Great

Wall brought great suffering to the people.

(2) 明朝末年人民生活很痛苦。
Toward the end of the Ming Dynasty people were suffering.

42.	政府	zhèngfǔ	(名)(N)	government
43.	交税	jiāo shuì	(动宾)(VO)	to pay tax
44.	老百姓	lǎobǎixìng	(名)(N)	commoner; ordinary people
45.	拥护	yōnghù	(动)(FV)	to support; endorse
46.	棵	kē	(量)(M)	measure word for plant
47.	结束	jiéshù	(动)(FV)	to end; to conclude
48.	接着	jiēzhe	(动、副)(FV/MA)	to follow; to carry on / then
49.	镇压	zhènyā	(动)(FV)	to oppress
50.	有作为	yǒu zuòwéi		to have achievement

(1). 很有作为　to have had great accomplishment
(2). 没有作为　to have accomplished nothing
(3). 没什么作为　to have done something not worthwhile of mentioning

51.	采取	cǎiqǔ	(动)(FV)	to adopt
52.	恢复	huīfù	(动)(FV)	to restore; to renew; to regain
53.	办法	bànfǎ	(名)(N)	means; measure
54.	使	shǐ	(动)(FV)	to cause; to enable

55.	平定	píngdìng	(动) (FV)	to put down; to calm down
56.	叛乱	pànluàn	(名) (N)	rebellion
57.	制止	zhìzhǐ	(动) (FV)	to curb; to stop
58.	侵略	qīnlüè	(动、名) (FV/N)	to invade / invasion
59.	打下基础	dǎxià jīchǔ		to lay foundation

（1）汤姆学过四年中文，为研究中国诗歌打下了基础。

Tom had four years of Chinese which laid the foundation for him to study Chinese poetry.

（2）明清时期，小说成就很大，给中国后来的小说打下了很好的基础。

During the Ming and Qing periods, the writing of novels had attained great success, which laid a solid foundation for future novels.

（3）他小时候经常看话剧，为他后来当演员打下了一个基础。

When he was a child he often went to see stage plays and this laid the foundation for his becoming an actor.

60.	成就	chéngjiù	(名) (N)	accomplishment; success
61.	词	cí	(名) (N)	a form of poetry writing, fully developed in the Song Dynasty
62.	形式	xíngshì	(名) (N)	form; shape
63.	戏曲	xìqǔ	(名) (N)	traditional opera

64.	流行	liúxíng	(动)(FV)	prevalent; fashionable
65.	大批	dàpī	(形)(AT)	large quantities of
66.	作家	zuòjiā	(名)(N)	writer
67.	小说	xiǎoshuō	(名)(N)	novel; fiction

专　名

1.	宋	Sòng	the Song Dynasty
2.	开封	Kāifēng	Kaifeng
3.	金	Jīn	the Jin Dynasty
4.	江南	Jiāngnán	south of the Yangtze River
5.	岳飞	Yuè Fēi	Yue Fei
6.	秦桧	Qín Huì	Qin Hui
7.	朱元璋	Zhū Yuánzhāng	Zhu Yuanzhang
8.	郑和	Zhèng Hé	Zheng He
9.	南洋	Nányáng	an old name of Southeast Asia
10.	印度洋	Yìndùyáng	the Indian Ocean
11.	非洲	Fēizhōu	Africa
12.	李自成	Lǐ Zìchéng	Li Zicheng
13.	康熙	Kāngxī	Emperor Kangxi
14.	沙俄	Shā'É	Tsarist Russia
15.	《三国演义》	《Sānguóyǎnyì》	The Romance of the Three Kingdoms

16. 《水浒传》　《Shuǐhǔzhuàn》　The Outlaws of the Marsh
17. 《西游记》　《Xīyóujì》　Journey to the West
18. 《红楼梦》　《Hónglóumèng》　A Dream of Red Mansions

句型练习

一、曾经　　once; before
　　例句:
　　　　1.我曾经在上海住过三年。
　　　　I once lived in Shanghai for three years.
　　　　2.他曾经学过一年汉语，现在又学日语了。
　　　　He once learned Chinese for a year. Now he is taking Japanese.
　　　　3.郑和曾经到过非洲。
　　　　Zheng He once went to Africa.
　　　　4.蒙古人曾经统治了九十七年。
　　　　The Mongols once ruled for ninety-seven years.
　　解释:
　　　"曾经"表示从前有过某种行为，经历或情况。"曾经"后面的动词往往带"过"，有时带"了"。"曾经+动词"的否定式是："没（有）+动词+过"，例如，"我没有学过英文"。
　　练习:
　　　　1.填空:

（1）我爸爸曾经____日本，但是我妈妈_____日本。

（2）我的朋友琳达曾经____杭州西湖，她很喜欢那个地方。

（3）我姐姐_____演员，你记错了吧！

2．改正下列病句：

（1）他曾经学过中文，我没曾经学过。

（2）李刚曾经看《今天我休息》那个电影。

（3）马老师昨天曾经来一次，你没在宿舍。

3．用"曾经"完成对话：

(1) A：你哥哥当过工人吧？
    B：_____。

(2) A：开封是不是宋朝的国都？
    B：_____。

(3) A：听说明朝的郑和到过非洲？
    B：_____。

二、一直　straight; always

例句：

1．你一直走，别拐弯儿。
Go straight ahead.   Don't turn.

2．一直往西走，就能走到天安门。
Go all the way to the west; you will get to the Tian'-anmen Square.

3．上海的工商业一直非常发达。
The industry and commerce in Shanghai have always been very prosperous.

4．王昭君在匈奴那里一直生活了几十年。

Wang Zhaojun lived among the Huns for decades.

5. 我等了他一上午，他一直没来。

I waited for him for a whole morning, but he never showed up.

解释：

"一直"有两个意思：a) 表示顺着一个方向不变，如例句1、2。b) 表示动作始终不间断，或情况始终不改变，如例句3、4。它的否定式是："一直不（没有）+动词"，表示动作或情况始终没有发生，如例句5。

练习：

1. 请说出下列句子里"一直"的意思有什么不同：

   （1）一直往前走就是博物馆。

   （2）大雨一直下了三天。

   （3）他工作一直很努力。

2. 用"一直"改写句子：

   （1）往南走不拐弯儿有一个商店。

   （2）他中学的时候学习很好，大学的时候学习也很好。

   （3）这课练习真难，我从八点做到十二点才做完。

3. 用"一直"完成对话：

   (1) A: 中国的民族那么多，他们能团结吗？
       B:_____。

   (2) A: 汤姆对中国文化有没有兴趣？
       B:_____。

   (3) A: 昨天晚上，你等了他多长时间？
       B:_____。

   (4) A: 听说你不喜欢吃鸡。

　　　　　　B:＿＿＿＿＿＿＿。

三、在…（之）中　　among; of all; in the midst of; within

例句：

1. 在这些学生中，琳达学习最好。
Linda is the best of all these students.
2. 在暑假中，我游览了许多名胜古迹。
I visited a lot of scenic spots and historical sites during the summer vacation.
3. 彼得在一天之中学会了两首中国歌儿。
Within one day, Peter learned two Chinese songs.

解释：

"在…之中"和"在…中"的意思是一样的。"之"相当于助词"的"，"中"是"里"、"里面"的意思。

练习：

1. 用"在…（之）中"改写下列句子：
　（1）中国的大城市很多，最大的是上海。
　（2）他三年学会了两国语言。
　（3）清朝那些皇帝里面，康熙最有作为。
2. 用所给的词语造句：
　（1）八个月　　学会了　　在…中
　（2）六个男同学　　最高　　在…之中
　（3）唐朝诗人　　李白、杜甫　　在…中
　（4）一个星期　　三次　　在…之中

四、一连　　continuously; in a row; in succession

例句：

1. 那个电影真好，我一连看了两次。

That movie is just wonderful. I went to see it twice in a row.

2. 一连下了三天雨，今天早上才晴了。

It has been raining continuously for three days, and it only cleared up this morning.

3. 他身体很好，能一连工作十几个小时。

He is in very good shape, so he can work continuously for more than ten hours.

解释：

"一连"表示同一动作接连发生，同一情况接连出现，动词后常跟表示次数或时间的数量词。

练习：

1. 用"一连"完成下列句子：

   （1）汤姆在一天中_____。

   （2）那个电影_____。

   （3）上课的时候，老师_____。

2. 用"一连"完成对话：

   (1) A：这本小说很有意思吧？
       B：_____。

   (2) A：这几天真冷啊！
       B：_____。

   (3) A：今天你学习了几个小时？
       B：_____。

   (4) A：昨天你是不是来找过我？
       B：_____。

五、先…又…　　first...then...

例句：

1. 李自成先占领了西安，又占领了北京。
Li Zicheng first captured Xi'an and then Beijing.

2. 他先让客人坐下，又倒了一杯茶。
First he asked the guest to sit down; then he poured a cup of tea.

3. 琳达先游览了杭州西湖，又坐火车到了苏州。
Linda first visited the West Lake in Hangzhou; then she went to Suzhou by train.

4. 明天我想先参观天安门广场，再参观故宫。
I think tomorrow I will visit Tian'anmen Square first, and then the Palace Museum.

解释：

"先…又…"表示动作先后承接。这里所说的"动作"，可以是同一个动作的重复发生，如例句1，也可以是两个动作的相继发生，如例句2、3。"先…又…"和"先…再…"不同，"先…又…"用于已实现的动作，"先…再…"用于未实现的动作，如例句4。

练习：

1. 用"先…又…"完成对话：

(1) A：今天上午你去哪儿了？
　　B：＿＿＿＿＿＿＿。

(2) A：上星期你去公园了还是看电影了？
　　B：＿＿＿＿＿＿＿。

(3) A：金和南宋是同时被蒙古人灭掉的吗？
　　B：＿＿＿＿＿＿＿。

2.选择填空("先…又…"或"先…再…")
（1）请你__念一遍生词，__念一遍课文。
（2）我想__到邮局寄封信，__去商店买点儿糖。
（3）昨天晚上我__复习了半小时课文，__作了一小时练习，十一点才睡觉。
（4）我问他会不会讲汉语，他__说不会，__说会一点儿。
（5）你应该__念生词，__念课文。

3.改正下列病句：
（1）昨天我先到书店买了一本书，再到电影院看了一个电影。
（2）你要先复习课文，又作练习。
（3）我想先去上海，又去杭州。

六、进行　　to go on; to carry on; in progress

例句：

1.大会正在进行。
The conference is in progress.
2.同学们正在进行复习。
The students are reviewing their lessons.
3.对这件事，我们还要进行研究。
We need to carry on further discussion of this matter.

解释：

"进行"这个词可以单独使用，如例句1，后面也可以带宾语。如果带宾语，这个宾语多是双音节动词。"进行"后面的动词不能重迭，也不能带其他成分，如例句2、3。另外，"进行"后面的宾语不能是动宾结构或动补结构的双音节动词，如不能说"进行吃饭""进行推翻"等。

练习：

1. 熟读以下短语：
   进行贸易　　进行镇压　　进行侵略
   进行威胁　　进行教育　　进行灌溉
   进行研究　　进行复习　　进行统治

2. 选用练习1中短语完成下列句子：
   （1）经过治理，现在黄河已经可以_____。
   （2）沙俄曾经对中国东北_____。
   （3）孩子们做了错事，老师要对他们_____。
   （4）快考试了，同学们要早一点儿_____。

3. 模仿造句：
   （1）中国人民对黄河进行了长期治理。
   （2）金对北京进行过多次侵扰。

七、**不到**　　less than; not yet

例句：

1. 在不到三年的时间里，他就学会了汉语。
He has learned to speak Chinese in less than three years.
2. 他今年还不到二十岁呢。
He is less than twenty years old.
3. 我八点钟上课，现在到八点了吗？
I have class at 8 o'clock. It is not yet 8 o'clock, is it?

解释：

"不到"中的"到"字，在这里的意思是"达到"。"不到"（或"没到"）的肯定式是"到（了）"。"到（了）"、"不到"、"没到"的前面或后面常常有数量词。

练习：

1. 选择填空："到了" "不到" "没到"

（1）我爸爸还____四十，可是头发已经白了。
（2）上课的时间____，快走吧！
（3）____明朝后期，政治非常腐败。
（4）元朝____一百年就灭亡了。

2. 用"到了"或"不到"改写句子：
（1）我五十五分钟就作完了练习。
（2）小明今年刚十三岁半，可是长得象大人一样高。
（3）快开演了，我们进去吧！

3. 用"不到"完成对话：
（1）A：请问，现在几点了？
　　 B：_____
（2）A：我们去上课吧！
　　 B：_____
（3）A：你在公园玩了多长时间？
　　 B：_____

八、先后　early or late; priority; in succession

例句：

1. 琳达先后到过北京、西安等城市。
Linda first went to Beijing and afterwards to Xi'an and other cities.

2. 北京先后作过元、明、清的国都。
Beijing was successively the capital of the Yuan, Ming and Qing dynasties.

3. 汤姆先后三次参观故宫。
Tom visited the Palace Museum three times.

4. 这本小说我先后看过两遍。

I have read this novel twice.

解释:

"先后"在这里是副词,表示一段时间内事件发生的顺序,在句子中作状语。如果动词带数量词,语序有如下两种:

    a) 先后+数量词+动词。如例句3。
    b) 先后+动词+数量词。如例句4。

练习:

1. 用"先后"改写句子:
    (1) 西安作过汉朝的国都,也作过唐朝的国都。
    (2) 蒙古人先灭了金,后来又灭了南宋。
    (3) 我星期一开了一次会,星期三开了一次会,星期五又开了一次会。
    (4) 唐代杰出的诗人很多,先出现了李白,又出现了杜甫。

2. 用"先后+动词"或"先后+动词+数量词"(先后+数量词+动词)这样的格式填空:
    (1) 黄帝以后,_____尧、舜、禹三位著名领袖。
    (2) 战国时期,秦始皇_____国家,统一了中国。
    (3) 我的朋友_____我到他家吃饭,因为太忙,我只去过一次。
    (4) 郑和_____航海,到过许多国家和地区。

九、接着　to follow; to carry on; to continue

例句:

1. 今天客人真多,一个接着一个。

Today we have had so many guests, one after another.

2. 他念完以后,请你接着念。

Please continue to read when he finishes reading (his part).

3.他讲得很对，我想接着他的话再说几句。
What he has said is correct. I would just like to add a few words.

解释：
"接着"可以作谓语，表示两个事物的连接，如例句1。也可以作状语，表示后面和前面的动作在时间上连接得很紧，如例句2、3。

练习：

1.模仿造句：
（1）她下了课接着就回宿舍了。
（2）街上的汽车很多，一辆接着一辆。
（3）他念完请你接着念。
（4）宋朝灭亡以后，接着是元朝。

2.用"接着"和指定的词语完成对话：
(1) A：你这几天很忙吧？
    B：_____一件
(2) A：宋朝后面是哪个朝代？
    B：_____元朝
(3) A：唐朝的士兵杀死杨贵妃的哥哥以后，杨贵妃怎么样了？
    B：_____吊死
(4) A：老师，黄河流域讲完了吧？明天讲什么？
    B：_____长江流域

十、使　to cause; to enable

例句：

1. 明朝后期土地高度集中，使大部分农民失去了土地。
In the later period of the Ming Dynasty, the land was highly centralized, which caused most of the peasants to lose their land.

2. 南宋的建立使南方的经济繁荣起来。
After the establishment of the Southern Song Dynasty, the economy in the South was booming.

3. 这次旅行，使琳达进一步了解了中国。
Linda has a better understanding of China after this trip.

解释：

课文中的"使"，意思是"叫"、"让"、"致使"。在绝大多数情况下，带"使"的句型是："使+谁（或"什么"）+动词"。这里的"谁"或"什么"，一定是"使"的对象，同时又是后面动词的主体。

练习：

1. 熟读下列短语：

使国家富强起来　　使人民遭到很大灾难
使人民生活安定　　使宋朝被迫迁都
使经济繁荣　　　　使农民失去土地
使政权巩固　　　　使社会发生重大变化
使秦朝灭亡　　　　使农民起义爆发

2. 选择练习1中的短语完成句子：

（1）康熙采取了一些发展生产的办法，_____。
（2）金占领了开封，_____。

（3）秦朝的残酷统治，_____。
（4）唐玄宗以后，经过八年战争，_____。
（5）中国历史上第一次农民起义，_____。

听力练习

（听录音，听力问题附本单元后）

回答问题

1. 宋朝为什么迁都？迁都以后对中国经济的发展有什么影响？
2. 请你讲一讲抗金英雄岳飞的故事。
3. 岳飞被害死了，这对宋朝以后的发展有什么影响？
4. 元朝在开始的时候力量很强，为什么只统治了九十多年就灭亡了？
5. 明朝的对外关系有什么可说的地方？
6. 明朝在中国的历史上有什么特点？
7. 明朝的统治是因为李自成打到北京结束的，可是，为什么建立新朝代的统治者不是李自成？
8. 清朝初年国家富强的原因是什么？
9. 请你介绍一下中国文学在宋朝以后的发展情况。
10. 谈谈宋、元、明、清四朝在经济方面的发展。

翻译练习

（英译汉，答案附本单元后）

1. to be very active during the early period
2. to participate eagerly
3. moved the capital twice
4. foreign invasion from the North
5. was threatened by the Huns
6. a corrupt government
7. can not defeat the army of insurrection
8. to solve the essential problem
9. the way to solve it
10. during the enemy occupation
11. to develop handicrafts
12. to move the industrial center to the West
13. heroic figures in history
14. to have happened before
15. to recover lost territory
16. hotels near the capital
17. a famous imperial prime minister

18. Three people died one after another.
19. the order sent down by the prime minister
20. to be forced to retreat
21. to force others to participate
22. to be murdered by a nobleman
23. to be divided into several classes
24. an unpopular policy
25. to overthrow a ruthless ruler
26. to promote foreign relations
27. The program is on.
28. to carry out cultural exchange
29. to promote trade
30. to learn the techniques of navigation
31. industry is highly centralized
32. the pain of losing one's parents
33. the relationship between the government and the people
34. to be forced to pay taxes to the vassal
35. the policy that is supported by the people
36. to end the period of disunity
37. to put down the peasant uprising

38. a capable leader
39. to adopt a new economic policy
40. to restore friendly relations
41. to put down the vassals' rebellion
42. to stop the invasion of the enemies
43. to lay the foundation for future development
44. achievements in literature
45. to use the form of traditional opera
46. a large quantity of novels in translation
47. Traditional operas were very popular in the Yuan Dynasty.
48. Poetry has always been a well accepted literary form.
49. At present which folk song is the most popular?
50. In recent years many outstanding young writers appeared in Taiwan.
51. Among all these questions, which is the most essential?
52. Which emperor of the Qing Dynasty first defeated the enemy and then put down the domestic rebellion?
53. The peasants lost their land and their life became harder and harder with each day.
54. New economic policy allowed commerce to develop to a

high level.
55. I placed three calls, but not even a single one went through.
56. In less than a year after that area was occupied, the economy became damaged.
57. The basic problem cannot be solved if the original method is reintroduced.
58. At the outset, the Qing Dynasty was very powerful; later on, because of the constant foreign invasions, it gradually declined.
59. That ruler first solved the problem of the high concentration of land, and then changed the old agricultural policies.
60. A stable and prosperous society enables the young people to have a chance to achieve success.

第七课 纪念碑前话百年

（一位导游和几位游客来到天安门广场人民英雄纪念碑前，导游向游客作介绍。）

各位朋友，这座高大的石碑叫人民英雄纪念碑。大家看，石碑的四周都是浮雕。这些浮雕，记载了中国近代一百多年的历史。下面，我把这些浮雕给大家介绍一下。

第一幅是"虎门销烟"。十八世纪后期，为了掠夺中国财富，英国商人把大批鸦片卖到中国，给中国带来了灾难。清朝大臣林则徐主张禁止鸦片。他命令外国商人交出鸦片，然后全部销毁了。大家看，这就是虎门销烟时的情况。

因为销烟的事，英国就在一八四〇年对中国发动了侵略战争。清朝在战争中失败了。一八四二年八月,英国强迫清政府签订了"南京条约"。后来,法国、美国、日本、俄国等也强迫中国签订了一些不平等条约。从这以后,中国慢慢变成了一个半殖民地半封建社会。

第二幅浮雕是"太平天国"。鸦片战争以后,人民生活更痛苦了。战后十年,全国爆发过一百多次农民起义,其中最大的是洪秀全领导的太平天国起义。他们的目的是推翻清朝统治,赶走外国侵略者。大家看,浮雕上那些手拿武器的农民,就是英雄的起义战士。他们曾经在南京建立政权,一直战斗了十四年。后来,在清政府和外国侵略者的联合镇压下失败了。

后面这幅是"武昌起义"。武昌起义发生在一九一一年十月十日,这一年是旧历辛亥年,所以把这次革命叫辛亥革命。辛亥革命的领导人是孙中山,革命纲领是三民主义。这次革命推翻了清朝,结束了中国两千多年的君主制,建立了中华民国。但是它并没有完成反帝反封建的历史任务,所以孙中山临终前说:"革命尚未成功,同志仍须努力"。

接着的一幅是"五四运动"。辛亥革命爆发不久,北洋军阀夺取了政权。第一次世界大战结束,中国也是战胜国,德国在中国山东的特权本来是应该废除的,可是帝国主义者却交给了日本。这样,五四运动就爆发了。一九一九年五月四日,北京的学生们到天安门广场集会。大家看,这位男学生正在讲演,这位女学生正在散发传单。全国人民都支持学生运动,结果,军阀政府就没敢在对德和约上签字。后来,五四运动向新文化运动的方向发展,它举起的"科学"、"民主"两面大旗,对中国社会产生了深远的影响。

西面这幅是"八一起义"。五四运动以后,马克思主义开始在中国传播,一九二一年七月一日中国共产党成立了。一九二四年,共产党和孙中山领导的国民党合作，一起北伐，打败了北洋军阀。不久孙中山去世了，国民党的主要领导人违背了孙中山"联俄、联共、扶助农工"的三大政策，排斥和打击中国共产党人。在这种情况下，共产党人就在一九二七年八月一日发动了南昌起义。起义后，他们在朱德领导下，上了江西井冈山。在那里，朱德和毛泽东一起建立了革命根据地和中国工农红军。

下一幅是"游击战争"。一九三一年九月十八日，日本对中国发动了侵略战争。他们想先占领东北，再占领全中国。一九三四年十月到一九三五年十月，共产党领导工农红军经过两万五千里长征，从江西来到北方抗日前线。为了抗日，共产党和国民党第二次合作，并且建立了许多根据地，组织人民进行游击战争。大家看，浮雕上的男女农民拿着武器，正准备去和敌人战斗。一九四五年八月，中国人民终于把日本侵略者赶出了中国。

最后这幅最大的浮雕叫"胜利渡江"。大家知道,中国的解放战争是从一九四六年开始的。战争开始不到三年,解放军就解放了长江以北的大半个中国。一九四九年四月,解放军开始渡长江。大家看,这些战士已经上岸,正向南京冲去,后面的千万只战船在前进。二十一日南京解放,蒋介石和他的军队退到了台湾。十月一日,中华人民共和国就成立了。

第七課 紀念碑前話百年

（一位導游和幾位游客來到天安門廣場人民英雄紀念碑前，導游向游客作介紹。）

各位朋友，這座高大的石碑叫人民英雄紀念碑。大家看，石碑的四周都是浮雕。這些浮雕，記載了中國近代一百多年的歷史。下面，我把這些浮雕給大家介紹一下。

第一幅是"虎門銷烟"。十八世紀後期，為了掠奪中國財富，英國商人把大批鴉片賣到中國，給中國帶來了災難。清朝大臣林則徐主張禁止鴉片。他命令外國商人交出鴉片，然後全部銷毀了。大家看，這就是虎門銷烟時的情況。

因為銷烟的事，英國就在一八四〇年對中國發動了侵略戰爭。清朝在戰爭中失敗了。一八四二年八月，英國強迫清政府簽訂了"南京條約"。後來，法國、美國、日本、俄國等也強迫中國簽訂了一些不平等條約。從這以後，中國慢慢變成了一個半殖民地半封建社會。

第二幅浮雕是"太平天國"。鴉片戰爭以後，人民生活更痛苦了。戰後十年，全國爆發過一百多次農民起義。其中最大的是洪秀全領導的太平天國起義。他們的目的是推翻清朝統治，趕走外國侵略者。大家看，浮雕上那些手拿武器的農民，就是英雄的起義戰士。他們曾經在南京建立政權，一直戰鬥了十四年。後來，在清朝政府和外國侵略者的聯合鎮壓下失敗了。

後面這幅是"武昌起義"。武昌起義發生在一九一一年十月十日，這一年是舊曆辛亥年，所以把這次革命叫辛亥革命。辛亥革命的領導人是孫中山，革命綱領是三民主義。這次革命推翻了清朝，結束了中國兩千多年的君主制，建立了中华民国。但是它并没有完成反帝反封建的历史任务，所以孙中山临终前说："革命尚未成功，同志仍须努力"。

接着的一幅是"五四运动"。辛亥革命爆发不久，北洋军阀夺取了政权。第一次世界大战结束，中国也是战胜国，德国在中国山东的特权本来是应该废除的，可是帝国主义者却交给了日本。这样，五四运动就爆发了。一九一九年五月四日，北京的学生们到天安门广场集会。大家看，这位男学生正在讲演，这位女学生正在散发传单。全国人民都支持学生运动，结果，军阀政府就没敢在对德和约上签字。后来，五四运动向新文化运动的方向发展，它举起的"科学"、"民主"两面大旗，对中国社会产生了深远的影响。

西面这幅是"八一起义"。五四运动以后，马克思主义开始在中国传播，一九二一年七月一日中國共產黨成立了。一九二四年，共產黨和孫中山領導的國民黨合作，一起北閥，打敗了北洋軍閥。不久孫中山去世了，國民黨的主要領導人違背了孫中山"聯俄、聯共、扶助農工"的三大政策，排斥和打擊中國共產黨人。在這種情況下，共產黨人就在一九二七年八月一日發動了南昌起義。起義後，他們在朱德領導下，上了江西井岡山。在那裏，朱德和毛澤東一起建立了革命根據地和中國工農紅軍。

下一幅是"游擊戰爭"。一九三一年九月十八日，日本對中國發動了侵略戰爭。他們想先佔領東北，再佔領全中國。一九三四年十月到一九三五年十月，共產黨領導工農紅軍經過兩萬五千里長征，從江西來到北方抗日前綫。為了抗日，共產黨和國民黨第二次合作，並且建立了許多根據地，組織人民進行游擊戰爭。大家看，浮雕上的男女農民拿着武器，正準備去和敵人戰鬥。一九四五年八月，中國人民終於把日本侵略者趕出了中國。

　　最後這幅最大的浮雕叫"勝利渡江"。大家知道，中國的解放戰爭是從一九四六年開始的。戰爭開始不到三年，解放軍就解放了長江以北的大半個中國。一九四九年四月，解放軍開始渡長江。大家看，這些戰士已經上岸，正向南京衝去，後面的千萬隻戰船在前進。二十一日南京解放，蔣介石和他的軍隊退到了台灣。十月一日，中華人民共和國就成立了。

Dìqīkè Jìniànbēi qián huà bǎinián

(Yí wèi dǎoyóu hé jǐ wèi yóukè láidào Tiān'ānmén Guángchǎng Rénmín Yīngxióng Jìniànbēi qián, dǎoyóu xiàng yóukè zuò jièshào.)

Gèwèi péngyou, zhè zuò gāodà de shíbēi jiào Rénmín Yīngxióng Jìniànbēi. Dàjiā kàn, shíbēi de sìzhōu dōu shì fúdiāo. Zhèxiē fúdiāo, jìzǎile Zhōngguó jìndài yìbǎi duō nián de lìshǐ. Xiàmian, wó bǎ zhèxiē fúdiāo gěi dàjiā jièshào yíxià.

Dìyī fú shì "Hǔmén xiāoyān". Shíbā shìjì hòuqī, wèile lüèduó Zhōngguó cáifù, Yīngguó shāngrén bǎ dàpī yāpiàn màidao Zhōngguó, gěi Zhōngguó dàiláile zāinàn. Qīngcháo dàchén Lín Zéxú zhǔzhāng jìnzhǐ yāpiàn. Tā mìnglìng wàiguó shāngrén jiāochū yāpiàn, ránhòu quánbù xiāohui le. Dàjiā kàn, zhè jiù shì Hǔmén xiāoyān shí de qíngkuàng.

Yīnwèi xiāoyān de shì, Yīngguó jiù zài 1840 nián duì Zhōngguó fādòngle qīnlüè zhànzhēng. Qīngcháo zài zhànzhēngzhōng shībài le. 1842 nián 8 yuè, Yīngguó qiǎngpò

Qīng zhèngfǔ qiāndìng le "Nánjīng Tiáoyuē". Hòulái, Fǎguó, Měiguó, Rìběn, Éguó děng yě qiǎngpò Zhōngguó qiāndìngle yìxiē bù píngděng tiáoyuē. Cóng zhè yǐhòu, Zhōngguó mànman biànchéng le yí gè bàn zhímíndì bàn fēngjiàn shèhuì.

  Dì'èr fú fúdiāo shì "Tàipíng-Tiānguó". Yāpiàn Zhànzhēng yǐhòu, rénmín shēnghuó gèng tòngkǔ le. Zhàn hòu shí nián, quánguó bàofāguo yìbǎi duō cì nóngmín qǐyì, qízhōng zuì dàde shì Hóng Xiùquán lǐngdǎo de Tàipíng Tiānguó qǐyì. Tāmen de mùdì shì tuīfān Qīng cháo tǒngzhì, gǎnzǒu wàiguó qīnlüèzhě. Dàjiā kàn, fúdiāoshang nàxiē shǒu ná wǔqì de nóngmín, jiù shì yīngxióng de qǐyì zhànshì. Tāmen céngjīng zài Nánjīng jiànlì zhèngquán, yìzhí zhàndòule shísì nián. Hòulái, zài Qīng zhèngfǔ hé wàiguó qīnlüèzhě de liánhé zhènyāxià shībài le.

  Hòumian zhèi fú shì "Wǔchāng Qǐyì". Wǔchāng Qǐyì fāshēngzài 1911 nián 10 yuè 10 rì, zhè yì nián shì jiùlì xīnhài nián, suóyǐ bǎ zhè cì gémìng jiào Xīnhài Gémìng. Xīnhài Gémìng de lǐngdǎorén shì Sūn Zhōngshān, gémìng gānglǐng shì Sānmín Zhǔyì. Zhè cì gémìng tuīfānle Qīngcháo, jiéshùle Zhōngguó liǎngqiān duō nián de jūnzhǔzhì, jiànlìle Zhōnghuá Mínguó. Dànshì tā bìngméiyǒu wánchéng fǎn dì fǎn fēngjiàn de lìshǐ rènwù, suóyǐ Sūn Zhōngshān lín zhōng qián shuō: "Gémìng shàng wèi chénggōng, tóngzhì réng xū nǔlì".

Jiēzhe de yì fú shì "Wǔ-Sì Yùndòng". Xīnhài Gémìng bàofā bùjiǔ, Běiyáng Jūnfá duóqǔle zhèngquán. Dìyī cì Shìjiè Dàzhàn jiéshù, Zhōngguó yě shì zhànshèng guó, Déguó zài Zhōngguó Shāndōng de tèquán běnlái shì yīnggāi fèichú de, kěshì dìguózhǔyìzhě què jiāogěile Rìběn. Zhèyàng, Wǔ-Sì Yùndòng jiù bàofā le. 1919 nián 5 yuè 4 rì, Běijīng de xuéshengmen dào Tiān'ānmén Guángchǎng jíhuì. Dàjiā kàn, zhè wèi nán xuésheng zhèngzài jiángyǎn, zhè wèi nǚ xuésheng zhèngzài sànfā chuándān. Quán guó rénmín dōu zhīchí xuésheng yùndòng, jiéguǒ, jūnfá zhèngfǔ jiù méi gǎn zài duì Dé héyuēshang qiānzì. Hòulái, Wǔ-Sì Yùndòng xiàng xīn wénhuà yùndòng de fāngxiàng fāzhǎn, tā jǔqǐ de "kēxué", "mínzhǔ" liǎng miàn dà qí, duì Zhōngguó shèhuì chǎnshēngle shēnyuǎn de yíngxiǎng.

Xīmiàn zhèi fú shì "Bā-Yī Qǐyì". Wǔ-Sì Yùndòng yǐhòu, Mǎkèsī Zhǔyì kāishǐ zài Zhōngguó chuánbō, 1921 nián 7 yuè 1 rì Zhōngguó Gòngchándǎng chénglì le. 1924 nián, Gòngchándǎng hé Sūn Zhōngshān lǐngdǎo de Guómíndǎng hézuò, yìqí běifá, dǎbàile Běiyáng Jūnfá. Bùjiǔ Sūn Zhōngshān qùshì le, Guómíndǎng de zhǔyào língdǎorén wéibèile Sūn Zhōngshān "lián É, lián Gòng, fúzhù nóng gōng" de sān dà zhèngcè, páichì hé dǎjī Zhōngguó Gòngchándǎngrén. Zài zhè zhǒng qíngkuàngxià, Gòngchándǎngrén jiù zài 1927 nián 8 yuè 1 rì fādòngle Nánchāng Qǐyì. Qǐyì hòu, tāmen zài Zhū Dé língdǎoxià, shàngle Jiāngxī Jǐnggāngshān. Zài nàli, Zhū Dé hé Máo Zédōng yìqǐ jiànlìle gémìng gēnjùdì hé Zhōngguó Gōng-Nóng Hóngjūn. Xiàyī fú shì "Yóujī Zhànzhēng". 1931 nián 9 yuè 18 rì, Rìběn duì Zhōngguó fādòngle qīnlüè zhànzhēng. Tāmen xiǎng xiān zhànlǐng Dōngběi, zài zhànlǐng quán Zhōngguó. 1934 nián 10 yuè dào 1935 nián 10 yuè Gòngchándǎng língdǎo Gōng-Nóng Hóngjūn jīngguò liǎngwàn-wǔqiān-lǐ Chángzhēng, cóng Jiāngxī láidào běifāng Kàng Rì qiánxiàn. Wèile Kàng Rì, Gòngchándǎng hé Guómíndǎng dì'èr cì hézuò, bìngqiě jiànlìle xǔduō gēnjùdì, zǔzhī rénmín jìnxíng yóujī zhànzhēng. Dàjiā kàn, fúdiāoshang de nán nǚ nóngmín názhe wǔqì, zhèng zhǔnbèi qù hé dírén zhàndòu. 1945 nián 8 yuè, Zhōngguó rénmín zhōngyú bǎ Rìběn qīnlüèzhě gǎnchūle Zhōngguó.

Zuìhòu zhèi fú zuì dàde fúdiāo jiào "Shènglì Dùjiāng" Dàjiā zhīdào, Zhōngguó de Jiěfàng Zhànzhēng shì cóng 1946 nián kāishǐ de. Zhànzhēng kāishǐ búdào sān nián, Jiěfàngjūn jiù jiěfàngle Chángjiāng yǐběi de dàbànge Zhōngguó. 1949 nián 4 yuè, Jiěfàngjūn kāishǐ dù Chángjiāng. Dàjiā kàn, zhèxiē zhànshì yǐjīng shàng'àn, zhèng xiàng Nánjīng chōngqù, hòumian de qiānwàn zhī zhànchuán zài qiánjìn. 21 rì Nánjīng jiěfàng, Jiǎng Jièshí hé tā de jūnduì tuìdàole Táiwān. 10 yuè 1 rì, Zhōnghuá Rénmín Gònghéguó jiù chénglì le.

生　　词

1. 导游　　　　dǎoyóu　　　（名）(N)　a tour guide
    (1) 那位刘先生是我们的导游。
    Mr. Liu is our tour guide.
    (2) 明天参观苏州园林，请你给我们作导游好吗？
    We shall go sightseeing to the gardens of Suzhou tomorrow. Would you be our tour guide?
2. 游客　　　　yóukè　　　　（名）(N)　tourist
3. 石碑　　　　shíbēi　　　　（名）(N)　stone tablet
4. 四周　　　　sìzhōu　　　　（名）(N)　all around
5. 浮雕　　　　fúdiāo　　　　（名）(N)　relief (sculpture)
6. 近代　　　　jìndài　　　　（名）(TW)　modern times

7. 幅	fú	(量) (M)	(for paintings, etc.) piece
8. 销烟	xiāoyān	(动宾) (VO)	to destroy the opium
9. 掠夺	lüèduó	(动) (FV)	to plunder; to pillage
10. 财富	cáifù	(名) (N)	wealth
11. 鸦片	yāpiàn	(名) (N)	opium
12. 大臣	dàchén	(名) (N)	minister (of a monarchy)
13. 主张	zhǔzhāng	(动、名) (FV/N)	to advocate; to stand for/view

（1）学生们主张废除德国在山东的特权。
　　The students maintained that the privileges held by Germany in Shandong Province should be abolished.

（2）孙中山先生主张和共产党合作。
　　Mr. Sun Zhongshan advocated to collaborate with the Communist Party.

（3）我支持他们的主张。
　　I support their proposition.

14. 禁止	jìnzhǐ	(动) (FV)	to prohibit; ban
15. 然后	ránhòu	(副) (A)	afterwards

（1）老张喝了一口茶，然后对我说："请你等一下儿。"
　　Lao Zhang drank some tea and then said to me, "Please wait for a moment."

（2）我们先复习第六课，然后再学第七课。

We will review lesson 6 first, afterwards, we will study lesson 7.

（3）应该先学生词，然后才能看懂课文。
One should learn the new words first and only then can one understand the text.

16. 发动　　　fādòng　　　（动）(FV)　to launch; mobilize
17. 战争　　　zhànzhēng　（名）(N)　war
18. 签订　　　qiāndìng　　（动）(FV)　to conclude and sign (a treaty, etc.)
19. 条约　　　tiáoyuē　　　（名）(N)　treaty
20. 平等　　　píngděng　　（形）(SV)　equal; equality
21. 目的　　　mùdì　　　　（名）(N)　purpose; objective

他学习中文的目的是为了研究中国历史。
His purpose of studying Chinese is to be able to research into Chinese history.

22. 赶走　　　gǎnzǒu　　　（动补）(RV)　to drive away
23. 武器　　　wǔqì　　　　（名）(N)　weapon
24. 战士　　　zhànshì　　　（名）(N)　soldier; fighter
25. 战斗　　　zhàndòu　　　（动、名）
　　　　　　　　　　　　　（FV/N）to fight/battle

（1）中国人民战斗了一百多年，终于赶走了外国侵略者。
The Chinese people had fought for more than one century and finally succeeded in driving away the foreign invaders.

（2）我们的战斗任务胜利完成了。
Our combat mission had been triumphantly fulfilled.

（3）战士们正在进行战斗。

The soldiers are fighting the battles.

26.	旧历	jiùlì	(名) (N)	the lunar calendar
27.	辛亥年	xīnhàinián	(名) (TW)	the year of Xinhai (specif. 1911)
28.	革命	gémìng	(名) (N)	revolution
29.	纲领	gānglǐng	(名) (N)	guiding principle
30.	君主制	jūnzhǔzhì	(名) (N)	monarchy
31.	完成	wánchéng	(动) (FV)	to fulfill; complete
32.	反帝反封建	fǎndì fǎnfēngjiàn		anti-imperialism and anti-feudalism
33.	任务	rènwù	(名) (N)	mission; task
34.	临终	línzhōng		on one's deathbed; just before one dies
35.	尚未	shàngwèi		not yet; remain to be
36.	仍（须）	réng(xū)	(副) (A)	(must) still
37.	军阀	jūnfá	(名) (N)	warlord
38.	夺取	duóqǔ	(动) (FV)	to seize
39.	战胜国	zhànshèngguó	(名) (N)	victorious nation
40.	特权	tèquán	(名) (N)	privilege
41.	废除	fèichú	(动) (FV)	to abolish
42.	集会	jíhuì	(动) (FV)	to hold a mass rally
43.	讲演	jiǎngyǎn	(动、名) (FV/N)	to lecture / speech

| | 演讲 | yǎnjiǎng | (动、名)(FV/N) | to lecture / speech |

(1)他的讲演虽然短，可是很有意思。
Although his speech was not long, it was very interesting.
(2)在联合国演讲的中国代表是谁？
Who was the Chinese delegate that gave the talk at the United Nations?

44.	散发	sànfā	(动) (FV)	to distribute; to send forth
45.	传单	chuándān	(名) (N)	leaflet
46.	支持	zhīchí	(动、名)(FV/N)	to support / support
47.	和约	héyuē	(名) (N)	peace treaty
48.	签字	qiānzì	(动宾)(VO)	to sign; affix one's signature
49.	方向	fāngxiàng	(名) (N)	direction
50.	举	jǔ	(动) (FV)	to raise
51.	旗	qí	(名) (N)	flag; banner
52.	深远	shēnyuǎn	(形) (SV)	far-reaching
53.	传播	chuánbō	(动) (FV)	to disseminate; to spread
54.	成立	chénglì	(动)(FV/N)	to establish
55.	合作	hézuò	(动、名)(FV/N)	to cooperate / collaboration

(1)在工作中，他俩一直合作得很好。

They have always worked very well together.

（2）他们的合作非常成功。

Their collaboration was very successful.

56.	去世	qùshì	(动) (FV)	to pass away; die
57.	违背	wéibèi	(动) (FV)	to disobey
58.	排斥	páichì	(动) (FV)	to repel; exclude
59.	打击	dǎjī	(动、名) (FV/N)	to strike; attack

（1）团结起来打击侵略者。

Unite and fight against the invaders.

（2）他受过一次很大的打击。

He has suffered a tremendous blow.

60.	根据地	gēnjùdì	(名) (PW)	base area
61.	游击战争	yóujī zhànzhēng		guerrilla war
62.	前线	qiánxiàn	(名) (N)	frontline
63.	组织	zǔzhī	(动、名) (FV/N)	to organize/ organization

（1）明天学校要组织我们游览长城。

Tomorrow the school is going to organize a sightseeing trip to the Great Wall for us.

（2）只有把人民组织起来，才能进行游击战争。

Only when the people are organized can a guerrilla warfare be carried out.

（3）一个日本的体育组织要来访问。

A Japanese sports organization is coming to visit.

64.	终于	zhōngyú	(副) (MA)	at (long) last; finally

（1）冬天过去了，春天终于来了。
The winter is over and spring has finally arrived.
（2）老师讲了三遍，我终于明白了。
After the teacher explained it three times, I finally understood.
（3）我复习了两天，终于复习完了。
I finally finished reviewing after two days.

65.	胜利	shènglì	(动、名)(FV/N)	to win a victory/triumph
66.	渡江	dùjiāng	(动宾)(VO)	to cross a river
67.	以北	yǐběi		north of
68.	冲	chōng	(动)(FV)	to charge; to rush
69.	千万（只）	qiānwàn(zhī)	(数)(NU)	innumerable (thousands and thousands)

专　名

1.	人民英雄纪念碑	Rénmín Yīngxióng Jìniànbēi	the Monument to the People's Heroes
2.	林则徐	Lín Zéxú	Lin Zexu
3.	虎门	Hǔmén	Humen
4.	半殖民地半封建社会	bàn zhímíndì bàn fēngjiàn shèhuì	semi-feudal, semi-colonial society
5.	太平天国	Tàipíngtiānguó	the Taiping Heavenly Kingdom

6. 洪秀全	Hóng Xiùquán	Hong Xiuquan
7. 武昌	Wǔchāng	Wuchang
8. 孙中山	Sūn Zhōngshān	Sun Zhongshan (Sun Yat-sen)
9. 三民主义	Sānmín Zhǔyì	the Three People's Principles
10. 中华民国	Zhōnghuá Mínguó	the Republic of China
11. 五四运动	Wǔ-sì Yùndòng	the May Fourth Movement
12. 新文化运动	Xīn Wénhuà Yùndòng	the New Culture Movement
13. 马克思主义	Mǎkèsī Zhǔyì	Marxism
14. 中国共产党	Zhōngguó Gòngchǎndǎng	the Chinese Communist Party
15. 国民党	Guómíndǎng	Kuomintang, the Nationalist Party
16. 北伐	Běifá	the Northern Expedition
17. 北洋军阀	Běiyáng Jūnfá	the Northern Warlords
18. "联俄、联共、扶助农工"三大政策	"lián É, lián Gòng, fúzhù nóng gōng" sān dà zhèngcè	the Three Great Policies of alliance with Russia, cooperation with the Communist Party and assistance to the peasants and workers
19. 南昌	Nánchāng	Nanchang
20. 朱德	Zhū Dé	Zhu De

21.	毛泽东	Máo Zédōng	Mao Zedong (Mao Tsetung)
22.	江西	Jiāngxī	Jiangxi (Province)
23.	井冈山	Jǐnggāngshān	Jinggang Mountains
24.	中国工农红军	Zhōngguó Gōng-Nóng Hóngjūn	the Chinese Workers' and Peasants' Red Army
25.	抗日(战争)	Kàng Rì (Zhànzhēng)	(the War of) Resistance Against Japan
26.	两万五千里长征	Liǎngwàn-wǔqiān-lǐ Chángzhēng	the 25,000-*li* Long March
27.	中华人民共和国	Zhōnghuá Rénmín Gònghéguó	the People's Republic of China

句型练习

一、在…中　　in; during

例句:

1. 李华在工作中非常努力。

Li Hua is very diligent in his work.

2. 在旅行中,琳达学到了许多东西。

Linda has learned a lot during that trip.

3. 在学习中,小王对我的帮助很大。

Xiao Wang was very helpful to me in my study.

解释:

这课的"在…中"指的是,在某个动作进行的时候。这一格式一般出现在书面语中。

练习：

1. 说出下面四个句子里"在…中"的意思有什么不同：

（1）在鸦片战争中，清朝失败了。

（2）小孙在一个月中给妈妈写了四封信。

（3）在新文化运动中，马克思主义开始在中国传播。

（4）在这些老师中，陈老师最年轻。

2. 用"在…中"的格式完成句子：

（1）＿＿＿＿＿＿＿＿＿困难很多。

（2）＿＿＿＿＿＿＿＿＿有问题可以去问老师。

（3）＿＿＿＿＿＿＿＿＿根据地的许多农民都参加了战斗。

二、（动）+ 成 to turn into; to succeed in doing (something)

例句：

1. 玛丽把"北京"(Běijīng) 念成了"Běijīn"。

Mary pronounced "Beijing" as "Beijin".

2. 这本书我上个月才写成。

I did not finish writing this book until last month.

3. 因为没买到票，电影没看成。

Since I could not get the ticket, I was unable to see the movie.

4. 昨天只到了两个人，会没开成。

Yesterday only two people came, so there was no meeting.

解释：

动词"成"常作结果补语，主要表示两种意思： a）变为、成为。它后面必须带宾语，如例句1。 b）动作的完成、实现，如例句2。它的否定式是"没…成",如例句3、4。

练习:

1. 熟读带"成"的短语:

   变成　分成　翻译成　写成　看成
   去成　建成　没访问成　没参观成
   (会)没开成　(课)没上成　没来成

2. 选择练习1中的短语填空:

   (1) 一八四二年以后,中国慢慢____了半殖民地半封建社会。
   (2) 老师病了,今天的汉语课____。
   (3) 因为下雨,西湖____。
   (4) 这座大楼四个月就____了。
   (5) 今天考试的时候,我把"广州"____了"广川"。

3. 选择练习1中短语完成会话:

   (1) A: 昨天开会你为什么没来?
       B: _____。
   (2) A: 星期六晚上我正准备去看电影,来了一位朋友。
       B: _____。
   (3) A: 老师,"杭州西湖"这四个字我写得对吗?
       B: 不对,_____。

三、在…下　　under; with

例句:

1. 在刘明帮助下,小华的练习很快就作完了。
With Liu Ming's help, Xiao Hua quickly finished doing his exercises.

2.在清朝的镇压下,太平天国革命失败了。
Under the suppression of the Qing Dynasty, the Taiping Revolution failed.

3.在困难情况下,他还是完成了任务。
Although he did it under difficult circumstances, he was able to complete the task.

解释:

"在…下"表示条件。能嵌入这一格式的大多是名词短语或带有定语的双音节动词。

练习:

1.用"在…下"和下面的词语组成句子:
　　(1)老师的教育　　小华认识到自己错了
　　(2)秦朝统治　　　人民生活很痛苦

2.判别下列句子正误,再把错误的句子改正过来:
　　(1)张明在学习下非常努力。
　　(2)王老师在教学上很认真。
　　(3)在鸦片战争后的十年上,爆发过一百多次农民起义。
　　(4)在中国共产党领导下,中国人民赶走了外国侵略者。
　　(5)在全国人民支持中,五四运动胜利了。

3.用"在工作上"、"在老师帮助下"、"在学习中"各造一个句子。

四、并没(有)　　not at all

例句:

1.宋朝虽然年年给金送银子,但并没有解决根本问题,后来金还是把北宋灭了。

Although the Song Dynasty gave silver to the Jin Dynasty every year, it did not at all solve the basic problem; in the end the Jin Dynasty still defeated the Northern Song Dynasty.

2.有人说老孙去过法国，老孙说他并没有去过。

Someone said that Lao Sun had been to France, but Lao Sun said he had never been to France at all.

3.他虽然是中国人，但由于从小生活在国外，并不会说中国话。

Although he is a Chinese, he cannot speak Chinese because he grew up abroad.

4.这个句子虽然长，但是并不难。

Although this sentence is long, it is not difficult at all.

解释：

"并"用在否定词"没有"或"不"前，加强否定语气，说明事实跟某种看法或一般看法不一样。

练习：

1.用"并不"或"并没有"改写句子：

(1)有人说这本小说很生动，我觉得不象他们说的那样好。

(2)我以为约翰来过中国，可是他说他没来过。

(3)他在美国住过四年，可是英语说得不是太好。

(4)王昭君原来是一个宫女，不是公主。

2.用"并不"或"并没有"完成下列对话：

(1) A：你妈妈是法国人，你会讲法语吧？

　　B：＿＿＿＿＿＿＿。

(2) A：《水浒传》写的是宋朝的事，作者是宋朝人吗？

B: ＿＿＿＿＿＿。

(3) A: 这件事他是怎么知道的，你告诉过他吧？
B: ＿＿＿＿＿＿。

五、临（终） just before (something happens)

例句：

1. 你临睡前，要把窗户关好。
Close the windows before you go to bed.

2. 临下课以前，老师说下星期考试。
Just before the class was over, the teacher said that there would be an examination next week.

3. 我的朋友临走的时候，送了我一张照片。
My friend gave me a picture just before he left.

解释：

"临"常和其他动词或动词性结构组成短语，表明动作即将发生前的一段时间。如"临走"、"临睡"、"临来"、"临上火车"等。这种短语，后面常带"前"、"以前"、"的时候"等。

练习：

1. 用"临"和横线中指定的词语完成句子：

（1）医生对我说：＿＿＿睡＿＿＿再吃一次药。

（2）＿＿＿吃午饭＿＿＿，老刘来了。

（3）＿＿＿离开＿＿＿我买了两盒中国茶。

2. 用"临……"改写下列句子：

（1）明朝皇帝是在李自成快进北京的时候吊死的。

（2）我要走了，他交给我一封信。

（3）琳达到中国来的前一天，买了一本中国地图。

六、以（北）　　to the (north) of; used to show the boundary of (direction, time or quantity)

例句：

1. 长江以南雨水比较多。（方位界限）

The rainfall in the south of the Yangtze River is relatively heavy.

2. 长城以外的地方我都没去过。（方位界限）

I have not been anywhere north of the Great Wall.

3. 三点钟以前我来找你。（时间界限）

I will come to see you before three o'clock.

4. 这班学生都在二十岁以下。（数量界限）

All the students in this class are under twenty.

解释：

由"以"和"东、西、南、北、上、下、前、后、内、外"等组成的方位词，所表示的意思如下表：

	方位界限	时间界限	数量界限
以东	马路以东		
以西	马路以西		
以南	长江以南		
以北	长江以北		
以上	三层楼以上	五年以上	三十岁以上
以下	三层楼以下		三十岁以下
以前		1980年以前	第十课以前
以后		1980年以后	第十课以后
以内	长城以内	三天以内	一百以内（的数）
以外	长城以外		

练习：

1. 请说说下列四组词的意思：
   （1）长江以南、长江以北
   （2）一个月以内、一个月以上
   （3）三十岁以上、三十岁以下
   （4）学校以内、学校以外

2. 选择填空:
（"以上"、"以内"、"以东"、"以北"、"以外"、"以后"）
(1) 我们学校在体育馆____。
(2) 马路____都是北京大学的房子。
(3) 我的练习一个小时____可以作好。
(4) 我们班百分之四十____是女同学。
(5) 玛丽说，她午饭____回来。

听力练习

（听录音，听力问题附本单元后）

回答问题

1. 请你讲一讲鸦片战争的经过和结果。
2. 中国第一个不平等条约是什么条约？它有什么影响？
3. 太平天国革命产生的原因是什么？
4. 请你简单地讲一讲太平天国为什么失败了？
5. 为什么孙中山先生说，"革命尚未成功，同志仍需努力"？
6. 请你介绍一下五四运动的背景。
7. 请你说一说五四运动对中国社会的影响。
8. 请你讲一讲中国共产党成立初期的历史。

9. 请你详细地介绍一下抗日战争的经过。
10. 请你说一说近代中国历史上发生过的几件重大事情。

翻译练习

（英译汉，答案附本单元后）

1. the guide of the tour group
2. the tourists around the memorial
3. the heroic images on the relief
4. the study in modern world history
5. a landscape painting of the Song Dynasty
6. to plunder the wealth of other countries
7. the minister who banned the trading of opium
8. to advocate trading with all countries
9. and then send the soldiers
10. to start a war
11. to sign a Sino-Japanese treaty of friendship
12. to reach the goal of equality
13. to drive away the invading enemy
14. the weapons that are banned

15. the soldier that participated in the Liberation War
16. It happened in the 10th month of the lunar calendar.
17. the Revolution of 1911
18. the industrial revolution of the 18th century
19. the guiding principles in the development of socialism
20. to overthrow the monarchy
21. to complete the democratic revolution
22. to support the proposition of anti-imperialism and anti-feudalism
23. The revolutionary task has not been completed.
24. said before leaving
25. still had to unite with the leaders of all the tribes
26. the warlords that started the war
27. seized the power of the nobility
28. to abolish unequal treaties
29. to make a speech at the assembly
30. to distribute leaflets in the streets
31. the victorious nations that signed the peace treaty
32. to support the anti-war views
33. Those who oppose please raise your hand.

34. to generate a far-reaching influence
35. to spread revolutionary ideas
36. to disobey one's parents' wishes
37. to exclude those who opposed him
38. went to the frontline to fight
39. to form the base area for guerrilla warfare
40. finally established a new regime
41. to charge the enemy
42. the wheat-producing areas north of the Yangtze River
43. the preparation before crossing the river
44. The guide of the tour group explained the content of the relief to the tourists.
45. To burn the opium was not the fundamental way to abolish it.
46. In the 19th century British merchants sold opium to China to plunder China's wealth.
47. Before he died, the emperor passed his political power on to his son.
48. The warlords in the North instigated a war under the support of the old powers.

49. The work to repair the ancient buildings is being carried out.
50. Signing the peace treaty did not prevent that country from starting a war.
51. He has become a writer from an illiterate.
52. Although we have gained some achievements, we must still work conscientiously.
53. Places called "lands of fish and rice" are mostly located south of the Yangtze River as the weather there is warm and the rain is plentiful.
54. When Mr. Sun zhongshan died the democratic revolution had not yet been completed.
55. The Chinese Communist Party organized the people and carried out guerrilla warfare.
56. The students attending the rally were opposed to the government's signing of the treaty.
57. The New Culture Movement had a great effect on the development of Chinese literature.
58. The aim of establishing this organization is to promote the international agricultural cooperation.

59. We support this proposition; however, we do not exclude other views.
60. The Revolution in 1911 did not solve the problem of land distribution in China.

美国的历史

琳达的讲活引起大家的兴趣,朋友们想多知道一些关于美国历史、政治方面的情况。琳达只好又讲下去:

和中国相比,美国历史可就短多了。从1776年建国到现在只不过二百多年。

在1492年哥仑布发现这块新大陆以前,已经有人定居在这块土地上。不过,那不是白人,而是当地的红种人——印地安人,他们过着早期社会的生活。

从十六世纪起,欧洲国家,象西班牙、法国、葡萄牙等先后移民到美洲。英国人虽然来得比较晚,但是由于国力强大,发展得比较快。到十七世纪中期,英国在北美洲的殖民事业已经从东北部发展到东南部,东部沿海的土地基本上在英国人手中。英国人在这里建立了十三个殖民地,这就是后来美国独立后最早的十三个州。

以前,这些殖民地在政治、经济上既没有什么联系,也不需要互相合作,而且每个殖民地的形成也各有其历史条件。比如,英国国王查理二世为了还给威廉·宾16,000英镑,结果就把一大块土地给了他。这块土地就是现在的宾夕法尼亚州。英法两国的战争以后,在美国定居下来的白人开始产生了建立一个独立国家的观念。英国国王开始对殖民地人民进行打击和镇压,并且开始收各种各样的税,引起殖民地人民的不满,他们向政府请求照顾。英国国王不但不理老百姓的请求,还强迫收印花税。这时,在波士顿又发生了茶叶事件。于是,一种反对残暴统治的思想在这十三个殖民地人民的心中越来越活跃了。

1774年，殖民地的五十一个代表在费城开会，认为只有团结起来，建立一个独立国家才是根本解决的办法。接着，组成大陆会议，写出独立宣言，同时派华盛顿领导革命军，积极准备和英国打仗。1776年7月4日，十三个殖民地联合宣布独立。在大西洋沿岸，殖民地的革命军和英国海军打过许多仗，也被打败过多次，但是，终于在华盛顿的领导下取得了最后的胜利。

　　新政权建立以后，虽然和英国仍在进行着大大小小的战争，但是在法国、西班牙、葡萄牙等国的支持下，美国的情况慢慢地好起来了。而英国由于内政的困难，再也没有力量派更多的军队去打仗，只好在1781年正式承认美国独立。这时，美国的领土已经向西发展到密西西比河一带。1787年各地代表再次在费城开会，决定实行总统制，设立参议院和众议院，在国会中大州和小州地位平等。1788年开始推行宪法，华盛顿先生被选作第一任大总统。

1803年，美国向法国买到路易斯安那州之后，又继续向西发展。这次发展的方法和过去不同，土地不是向其他国家买进，而是通过签订条约得来。同时，政府支持老百姓到西部去，占领那块地大人少、资源丰富的地方。这样，美国的势力一直发展到洛矶山地区，最后到达西海岸。

在这个正在开发的国家，南部和北部的经济条件不同，经营方式也不同。南部是农牧区，需要大量的黑奴作劳动力。北方几州工业发展相当快、需要有自由的工人，主张解放黑奴。双方意见不同，结果在1861年南北分裂，发生战争。这场解放黑奴的战争一直打了四年，到1865年才结束。

南北战争是美国第一次内战，也是美国历史上仅有的一次内战。战争的结果，北方胜利，分裂的局面又统一起来，黑人也从奴隶的地位解放出来了。

到1885年这个共和国已经有了四十八个州。1959年，阿拉斯加——那块过去由俄国人手中买来的广大土地和夏威夷成为美国的第四十九州和第五十州。今天，我们看到的美国国旗上的五十个星星，就代表着这五十个州。

从十九世纪到现在，美国越来越活跃在许多国际事务中。第二次世界大战结束以后，美国变成了世界上最富强的国家。今日的美国，除了在政治、经济、文化、军事上对全世界有巨大影响外，高度发展的科学与技术更是很少国家能和它相比的。

朋友们想多了解美国，与其听我讲，不如自己去看看。"百闻不如一见"嘛！

生　词

1.	发现	fāxiàn	to discover
2.	殖民事业	zhímín shìyè	colonization
3.	独立	dúlì	independent; independence
4.	联系	liánxì	connection; to contact
5.	事务	shìwù	affairs
6.	保护	bǎohù	to protect; protection
7.	自由	zìyóu	freedom
8.	理	lǐ	to pay attention to
9.	请求	qǐngqiú	to petition
10.	印花税	yìnhuāshuì	tax on stamp (the Stamp Act of 1765)
11.	内政	nèizhèng	domestic (internal) affairs
12.	承认	chéngrèn	to recognize; to acknowledge
13.	总统制	zǒngtǒngzhì	republic (lit. rule by President)
14.	参议院	Cānyìyuàn	Senate
15.	众议院	Zhòngyìyuàn	House of Representatives
16.	国会	Guóhuì	Congress

17.	选	xuǎn	to elect
18.	第一任	dìyīrèn	the first (president); the first term
19.	开发	kāifā	to pioneer
20.	经营	jīngyíng	to manage; management
21.	黑奴	hēinú	black slave
22.	仅	jǐn	only
23.	奴隶	núlì	slave
24.	国旗	guóqí	flag
25.	星星	xīngxing	star
26.	国际	guójì	international
27.	科技	kējì	science and technology
28.	百闻不如一见	bǎiwén bùrú yījiàn	Seeing is believing.

专　名

1.	哥仑布	Gēlúnbù	Christopher Columbus
2.	印地安人	Yìndì'ānrén	Indian (native Americans)
3.	欧洲	Ōuzhōu	Europe
4.	西班牙	Xībānyá	Spain
5.	葡萄牙	Pútáoyá	Portugal

6. 美洲	Měizhōu	America
7. 查理二世	Chálí Èrshì	King Charles II
8. 威廉·宾	Wēilián·Bīn	William Penn
9. 宾夕法尼亚州	Bīnxīfǎníyà zhōu	the state of Pennsylvania
10. 波士顿茶叶事件	Bōshìdùn Cháyè Shìjiàn	Boston Tea Party
11. 费城	Fèichéng	Philadelphia
12. 独立宣言	Dúlì Xuānyán	Declaration of Independence
13. 路易斯安那州	Lùyìsīānnà zhōu	the state of Louisiana

第四课听力问题

1. 黄帝和炎帝联合起来以后,定居在黄河流域,还是长江流域?那里的土地肥沃不肥沃?

2. 中国人说自己是"黄帝子孙",或者"炎黄子孙",意思是说自己是中华民族的子孙,对不对?

3. 尧和舜老了,是不是把政权给了他们的儿子?尧把政权给了谁?舜又把政权给了谁?

4. 为了治水,禹有一次经过自己家门口,只进去看了一下就走了,对不对?

5. 中国第一个朝代——夏朝是被哪个部落灭掉的？夏朝灭亡以后是哪个朝代？
6. 我们现在可以看到的中国最古的文字，是什么时候的文字？
7. 我们从哪里可以看出商朝的生产技术已经相当高了？
8. 商朝最后一个统治者是个什么样的人？人民喜欢不喜欢他？
9. 周朝把土地分给诸侯，这样做，它的政权就巩固了吗？
10. 有一个故事讲的是周朝为什么要把国都搬到洛阳去，这个故事是关于谁的？
11. 有一次，敌人没来，周幽王就叫人点起烽火，他的妻子褒姒看见诸侯带着兵跑来，就笑起来了。褒姒是不是一个特别爱笑的女子？
12. 周幽王是被谁杀死的？西周的国都被谁破坏了？
13. 东周时期，周朝的统治是一天比一天强，还是一天比一天弱？诸侯国的势力是一天比一天大，还是一天比一天小？那些诸侯国是互相团结、互相帮助，还是互相争权夺利，常常打仗？
14. 到了战国时期，还剩下几国？哪国灭了其他六国？谁统一了中国？
15. 春秋战国时期，社会变化大不大？经济、文化发展得快不快？人们思想活跃能促进经济、文化的发展吗？

16. 当时出现了很多思想家，你听说过谁？
17. 中国历史上第一个中央集权的国家是谁建立的？秦朝对中国经济文化的发展起了什么作用？
18. 长城是秦始皇修的吗？为什么有人以为是他修的呢？
19. 中国人民在秦朝统治下生活怎么样？秦始皇死了以后，他儿子作了皇帝，人民的生活好点儿了吗？
20. 中国历史上第一次农民起义是什么时候爆发的？为什么会爆发农民起义？秦朝为什么很快就灭亡了？

第五课听力问题

1. 中国历史上最强盛的朝代是哪两个？
2. 汉朝刚建立的时候，匈奴来不来侵扰？那时候，汉朝有力量打败匈奴吗？
3. 汉武帝除了打败匈奴以外，还做了一件什么重要的事？
4. 汉武帝为什么要打通去西域的路？西域的人愿意和汉朝友好往来吗？
5. 西域人特别喜欢中国生产的什么东西？汉朝和西域通商的那条路叫作什么路？中国人是从什么时候把丝绸介绍到西域去的？

6. 王昭君是汉朝的公主吗？为了汉朝和匈奴的友好关系，她决定怎么样？这个故事为什么在中国民间流传很广？

7. 那个匈奴领袖要娶汉朝的公主，这是不是对汉朝友好的表示？汉朝把王昭君嫁给匈奴领袖，这是不是表示汉朝愿意和匈奴友好往来？

8. 司马迁是什么时候的人？他写了一部伟大的著作，这部著作叫什么？

9. 中国从黄帝到汉武帝有多少年的历史？司马迁把自古以来的各种重要人物都记载在《史记》这部书里了吗？

10. 《史记》这部书完全都是人物传记吗？为什么它也是一部优秀的文学著作？

11. 三国时期中国是统一的，还是分裂的？

12. 隋朝修的运河是由南到北的，还是由西到东的？修这条运河和人民生活有什么关系？

13. 为什么人们常用"汉人"、"唐人"代表中国人？这跟汉朝、唐朝有关系吧？

14. 唐太宗认识到，人民生活不安定，就会起来造反，就会爆发农民起义，这种认识是怎么得来的？唐太宗从哪里吸取了这个教训？

15. 唐太宗还有什么优点？

16. 唐朝出现了很多杰出的诗人，你能举出一两个诗人的名字吗？
17. 唐朝常和亚洲国家友好往来，请你举一两个例子来说明一下儿。
18. 唐玄宗到了晚年不再关心国家大事，因此发生了什么事情？
19. 动乱发生以后，唐玄宗只好怎么办？杨贵妃是怎么死的？
20. 这次动乱给人民生活带来了什么影响？对社会和经济有什么影响？

第六课听力问题

1. 北宋时，经常有少数民族来侵扰吗？这对宋朝是不是很大的威胁？
2. 宋朝打不过这些少数民族就怎么办？这能不能解决根本问题？
3. 北宋灭亡以后，谁又在南方建立了一个宋朝政府？后来的这个宋朝在历史上叫什么？
4. 南宋建立以后，中国的经济中心还在北方吗？
5. 宋朝有一个著名的民族英雄，他叫什么名字？
6. 岳飞收复了大片土地以后，是继续前进还是被迫退了兵？他是被谁害死的？

7. 元朝是哪个少数民族建立的政权?

8. 元朝为什么不得人心?

9. 元朝是被谁推翻的?

10. 明朝的时候,中国的商业和手工业发达不发达?和明朝有贸易关系的国家多不多?

11. 明朝派谁带着船队到南洋去?

12. 明朝的时候,有没有人到过非洲?

13. 明朝末年,大部分农民都有土地吗?

14. 明朝末年,最著名的农民起义领袖是谁?老百姓拥护他吗?

15. 是谁推翻了明朝的统治?

16. 康熙是不是一个很有作为的皇帝?

17. 康熙的时候,国家比较富强,人民生活比较安定,是不是?

18. 康熙平定了哪里的叛乱?制止了哪个国家的侵略?

19. 宋朝的戏曲和元朝的词在文学史上很有地位,对不对?

20. 明清时期有哪些有名的小说?

第七课听力问题

1. 人民英雄纪念碑上的浮雕,记载了中国多少年的历史?是古代历史还是近代历史?

2. 十八世纪后期，哪国商人把鸦片运到了中国？

3. 清朝政府有位大臣主张禁止鸦片，他命令把外国商人交出的鸦片全部烧掉了，这位大臣是谁？

4. 一八四〇年，哪个国家对中国发动了侵略战争？这次战争，清朝失败了还是胜利了？

5. 鸦片战争后，中国慢慢变成一个什么样的社会？

6. 鸦片战争后的十年中，中国爆发过一百多次农民起义，其中最大的是哪次？

7. 太平天国的革命目的是反对"南京条约"，对吗？

8. 辛亥革命的领导人是谁？革命纲领是什么？

9. 辛亥革命结束了中国两千多年的君主制，但是它完成了反帝反封建的历史任务没有？

10. 五四运动是反对清朝的，还是反对军阀政府和帝国主义的？全国人民都支持这个运动吗？

11. 五四运动的两面大旗是什么？

12. 马克思主义是什么时候开始在中国传播的？中国共产党是哪年成立的？

13. 在北伐战争中，哪两个党曾经进行过合作？

14. 一九二七年八月一日共产党在南昌发动起义以后，在哪儿建立了革命根据地和中国工农红军？主要的领导人是哪两位？

15. 一九三一年,日本为什么要对中国发动战争?
16. 在抗日战争中,哪两个党进行了第二次合作?
17. 在抗日根据地,谁把人民组织起来,对日本侵略者进行游击战争?
18. 在解放战争中,解放军先占领了长江以南还是长江以北?
19. 解放军渡江以后,先解放了哪个城市?
20. 一九四九年十月一日,中国发生了什么大事?

第四课翻译练习答案

1. 从祖先谈起
2. 联合各部落的领袖
3. 定居在北方的少数民族
4. 炎黄子孙的传说
5. 形成一个国家
6. 形成了盆地
7. 常常在沿海一带出现
8. 蒙古人建立的政权
9. 关于西湖的传说
10. 关于文字的形成

11. 被别的部落灭掉
12. 提高技术水平
13. 残暴的统治者
14. 当时反对发展新技术的统治者
15. 为了巩固一个刚建立的政权
16. 英国的贵族
17. 反对诸侯的统治
18. 把家搬到中国去
19. 果然敌人带兵来了。
20. 结果都被杀了
21. 势力弱的政权
22. 被灭掉的弱国
23. 春秋战国时期
24. 古代建筑被破坏了。
25. 只好把东西搬走
26. 互相影响
27. 贵族跟诸侯打仗。
28. （他）思想起了变化。
29. 商业活跃的城市
30. 研究中国古代哲学

31. 发生极大的变化
32. 在中央的领导下
33. 促进团结
34. 势力达到长江流域。
35. 参加修路的工人
36. 中国历史上的皇帝
37. 造反的贵族
38. 于是就饿死了
39. 与其坐车不如坐船
40. 起义的农民
41. 关于他被杀的经过，谁也不清楚。
42. 多民族国家的文化是怎样形成的？
43. 农民的生活一天比一天好。
44. 结果一个个都病倒了
45. 其他民族的人也来这儿定居，于是形成一个多民族的地区。
46. 为了促进交通的发展，那个地区修了不少路。
47. 我以为这个晚会参加的人不会多，结果却来了很多人。
48. 统一语言对促进民族团结起了很大的作用。
49. 互相争权夺利的结果，小国一个个地被灭掉了。
50. 当时的生产技术已经达到了相当高的水平。

51. 皇帝刚把土地分给诸侯的时候,他们的势力还很弱。

52. 孔子不但是哲学家,而且也是教育家。

53. 秦始皇统一文字对中国文化有什么影响?

54. 联合国的建立是不是促进了世界各国的团结?

55. 战国时期各家的思想都非常活跃。

56. 中国是什么时候变成一个中央集权国家的?

57. 春秋时代出现了相当多有名的思想家。

58. 剩下的学生也一个个地搬出去了。

59. 为了生活下去,有的农民只好到城里去找工作。

60. 两种势力互相影响,结果一个新的时期产生了。

第五课翻译练习答案

1. 强盛的时期
2. 侵扰弱国
3. 力量强大的部落
4. 派兵去打仗
5. 打败来侵扰的敌人
6. 早就有往来
7. 电话打不通。

8. 和世界各国通商

9. 用丝绸做衣服

10. 不了解那个政策

11. 举例子说明

12. 流传到现在

13. 流传到西域

14. 娶了一位汉朝的公主

15. 原来的情况

16. 原来并不知道

17. 嫁给一个工人

18. 发展友好关系

19. 关于水灾的记载

20. 有名的历史人物

21. 哲学家的传记

22. 农民的形象

23. 生动的形象

24. 生动地介绍

25. 既生动又有内容

26. 一部优秀的历史著作

27. 东汉末年的人物

28. 分裂成三个国家

29. 运河上的交通

30. 带来了灾难

31. 代表团的领导

32. 代表全校参加

33. 繁荣和强盛的国家

34. 认识到安定团结的重要

35. 这部作品的优点

36. 反对的意见

37. 越来越衰落

38. 整天吃喝玩乐

39. 慌忙逃走

40. 被迫前进

41. 动乱的时代

42. 中国派很多代表团出国访问。

43. 友好国家互相帮助发展经济。

44. 工厂的领导认识到团结工人的重要。

45. 写历史人物的传记得注意形象的生动。

46. 这个问题的出现很能说明吸取历史教训的重要。

47. 隋朝末年农业遭到很大的破坏。

48. 那部优秀的哲学作品写得既生动又容易懂。
49. 早在汉朝的时候就有和尚不远万里到印度去取经。
50. 农业发展和经济繁荣有什么关系?
51. 她原来是一个宫女,后来嫁给少数民族的领袖作妻子。
52. 因为前面的路没有打通,我们只好在这儿拐弯儿。
53. 请你举个例子说明一下这个情况。
54. 他是一个杰出的学生代表,参加过大大小小很多会。
55. 世界最长的运河在哪儿?
56. 敌人被打败以后就不再来侵扰了。
57. 要建立一个强盛的国家必须要发展工业、商业、农业和交通等等。
58. 只有靠新的经济政策,国家才能繁荣。
59. 在历史上把公主嫁给少数民族领袖的政策叫做"和亲政策"。
60. 去年北方遭到水灾,不过农业生产并没有受到影响。

第六课翻译练习答案

1. 初期相当活跃
2. 踊跃地参加
3. 迁了两次都

4. 来自北方的外患

5. 受到匈奴的威胁

6. 一个腐败的政府

7. 打不过起义军

8. 解决根本问题

9. 解决的办法

10. 敌人占领的时期

11. 发展手工业

12. 把工业中心往西移

13. 历史上的英雄人物

14. 曾经发生过

15. 收复失去的土地

16. 首都附近的旅馆

17. 著名的宰相

18. 一连死了三个人

19. 宰相的命令

20. 被迫退兵

21. 强迫别人参加

22. 被一个贵族害死

23. 分成几个等级

24. 不得人心的政策

25. 推翻残暴的统治者

26. 促进对外关系

27. 节目正在进行。

28. 进行文化交流

29. 发展贸易关系

30. 学习航海技术

31. 工业高度集中。

32. 失去父母的痛苦

33. 政府跟老百姓的关系

34. 被迫交税给诸侯

35. 受老百姓拥护的政策

36. 结束分裂的时期

37. 镇压农民起义

38. 有作为的领袖

39. 采取新的经济政策

40. 恢复友好往来

41. 平定诸侯的叛乱

42. 制止敌人的侵略

43. 为以后的发展打下基础

44. 文学上的成就
45. 用戏曲的形式
46. 大批的翻译小说
47. 戏曲在元朝的时候很流行。
48. 诗词这种文学形式一直很受欢迎。
49. 现在哪一首民歌最流行？
50. 这几年以来台湾出现很多优秀的青年作家。
51. 在这些问题（之）中，哪个是最根本的？
52. 清朝的哪个皇帝先打败了来侵略的敌人，又平定了国内的叛乱？
53. 农民失去了土地，生活一天比一天痛苦。
54. 新的经济政策使商业得到高度的发展。
55. 我一连打了三个电话，可是都没（有）打通。
56. 那个地区被占领了不到一年，经济就遭到了破坏。
57. 恢复原来的办法是解决不了根本问题的。
58. 清朝本来很强盛，后来因为外患太多就衰落下去了。
59. 那个统治者先解决了土地高度集中的问题，接着又改变了旧的农业政策。
60. 一个安定繁荣的社会使青年人有机会作出贡献。

第七课翻译练习答案

1. 旅行团的导游
2. 纪念碑四周的游客
3. 浮雕上的英雄形象
4. 对世界近代史的研究
5. 一幅宋朝的山水画
6. 掠夺其他国家的财富
7. 禁止买卖鸦片的大臣
8. 主张和各国通商
9. 然后才派兵
10. 发动一场战争
11. 签订中日友好条约
12. 达到平等的目的
13. 赶走来侵扰的敌人
14. 被禁止的武器
15. 参加解放战争的战士
16. 发生在旧历十月
17. 辛亥年的起义
18. 十八世纪的工业革命
19. 发展社会主义的纲领

20. 推翻君主制
21. 完成民主革命
22. 拥护反帝反封建的主张
23. 革命任务尚未完成。
24. 临走以前说
25. 仍需联合各部落的领袖
26. 发动战争的军阀
27. 夺取了贵族的政权
28. 废除不平等条约
29. 在集会上演讲
30. 在街上散发传单
31. 在和约上签字的战胜国
32. 支持反战的主张
33. 反对的人请举手。
34. 产生深远的影响
35. 传播革命的思想
36. 违背父母的主张
37. 排斥反对他的人
38. 到前线去打仗
39. 作为游击战争的根据地

40. 终于建立了一个新政权
41. 向敌人冲过去
42. 长江以北的小麦产区
43. 渡江以前的准备
44. 旅行团的导游向游客介绍浮雕的内容。
45. 销烟并不是禁止鸦片的根本办法。
46. 十九世纪英国商人把鸦片卖到中国去的目的是为了掠夺中国的财富。
47. 那个皇帝临死的时候把政权给了他的儿子。
48. 北方的军阀在旧势力的支持下发动了战争。
49. 修缮古代建筑的工作正在进行。
50. 签订和平条约并没有制止那个国家发动战争。
51. 他从文盲变成了一个文学家。
52. 虽然我们已经有了一点儿成就,我们仍需认真地工作。
53. 鱼米之乡多半在长江以南,因为那儿的气候温和、雨量充足。
54. 孙中山先生去世的时候民主革命还没有完成。
55. 中国共产党把老百姓组织起来进行游击战争。
56. 参加集会的学生反对政府在条约上签字。
57. 新文化运动对中国文学的发展起了很大的作用。

58. 成立这个组织的目的是为了促进国际农业合作。
59. 我们支持这个主张,可是并不排斥其他的看法。
60. 辛亥革命并没有解决中国的土地问题。

中国历代纪元表

五帝（前2550—前2140）
　黄帝
　颛顼 [zhuānxū]
　帝喾 [kù]
　尧 [yáo]
　舜 [shùn]
夏（前2140—前1711）
商（前1711—前1066）
周（前1066—前256）
　西周（前1066—前771）
　东周（前770—前256）
秦〔秦帝国（前221—前206）〕
汉（前206—公元220）
　西汉（前206—公元25）
　东汉（25—220）
三国（220—280）
　魏（220—265）
　蜀汉（221—263）
　吴（222—280）
晋（265—420）
　西晋（265—317）
　东晋（317—420）
南北朝（420—589）
　南朝：宋（420—479）
　　　　齐（479—502）
　　　　梁（502—557）
　　　　陈（557—589）
　北朝：北魏（386—534）
　　　　东魏（534—550）
　　　　北齐（550—577）
　　　　西魏（535—556）
　　　　北周（557—581）
隋（581—618）
唐（618—907）
五代（907—960）
　后梁（907—923）
　后唐（923—936）
　后晋（936—947）
　后汉（947—950）
　后周（951—960）
宋（960—1279）
　北宋（960—1127）
　南宋（1127—1279）
辽（907—1125）
金（1115—1234）
元（1206—1368）
明（1368—1644）
清（1616—1911）
中华民国（1912—1949）
中华人民共和国
　1949年10月1日成立

第八课 你了解中国的政治制度吗?

(星期三,学校有个讨论会,内容是中国当代政治和政府组织。汤姆和约翰是东亚系四年级的学生,他们两个都要参加讨论会。星期二晚上,汤姆正在屋子里看书,约翰走了进来。)

约翰:汤姆,你看什么书呢?

汤姆:《中国概况》。

约翰:明天的发言准备好了吗?

汤姆:差不多了,你呢?

约翰:早准备好了,明天我争取第一个发言!

汤姆:那我先提两个问题考考你怎么样?

约翰:你随便问好啦!

汤姆:你说中国是一个什么样的国家?

约翰：这还不好回答？社会主义国家嘛！

汤姆：社会主义国家也不都一样，中国有中国的特点，你讲详细点好吗？

约翰：好吧。一九二一年，中国成立了共产党。中国共产党信仰马克思主义，要在中国建立社会主义制度。他们领导中国人民进行了长期的革命斗争，终于在一九四九年推翻了三座大山，建立了中华人民共和国……

汤姆：对不起，等一下儿！

约翰：怎么啦？

汤姆：依我看，历史背景就不用讲了。

约翰：好，不讲就不讲。一九四九年十月一日，中华人民共和国成立了。中国是共产党领导的社会主义国家，所以中国人常说，"没有共产党就没有新中国"、"只有社会主义才能救中国"。

中国实行人民代表大会制度，全国人民代

表大会既是最高立法机关,又是最高权力机关。一九五四年,中国召开了第一届全国人民代表大会,制定了中华人民共和国宪法。

中国的国家制度是人民民主专政,经济制度是社会主义公有制。工人、农民和知识分子都是国家的主人,人和人的关系是平等的,国家、集体和个人的利益是一致的。人民的民主权利得到国家法律的保护。

汤姆:依我看,中国的民主和法制都还不够健全。

约翰:我同意你的看法。不过,你也要看到发展和变化。近几年来,中国领导人特别重视民主和法制问题。我相信中国能成为高度文明、高度民主的国家。

汤姆:可是,中国是由一个党领导的国家,怎么能实现你说的高度民主呢?

约翰：不错，中国是一个党领导的国家，难道一个党领导的国家就不能实现高度民主吗？中国共产党代表了全中国各族人民的利益，中国人民享有广泛的民主权利。再说呀，中国还有很多民主党派。这些民主党派都拥护共产党的领导，在社会主义建设中作出了很大贡献。中国共产党对他们非常信任，和他们一起讨论国家大事。他们当中有些人还担任了国家领导职务，比如孙中山先生的夫人宋庆龄女士就当过全国人民代表大会常务委员会副委员长和国家副主席。

汤姆：这也是中国的一个特点吧？

约翰：可不！

汤姆：你再说说中国的根本任务是什么？

约翰：这要看什么时候了。建国初期，国家的根本任务是巩固政权，恢复经济，建立社会主义制度。一九五六年以后，国家的工作重点是经济建设。

汤姆：那现在呢？

约翰：现在的根本任务是实现四个现代化。到本世纪末，中国要成为一个社会主义强国，既有现代工业、现代农业，又有现代国防和现代科学技术。

汤姆：实现和平统一，是中国当前政治生活中的一件大事。你对中国统一问题有什么看法？

约翰：这个问题中国领导人讲得很清楚。台湾自古以来就是中国领土的一部分，海峡两岸的中国人都是炎黄子孙。过去，由于人为的原因，台湾和祖国分离了。现在实现和平统一，是中国人民的共同愿望。我认识不少华侨，他们也都盼着自己的祖国早日统一。

汤姆：（倒了两杯酒）我们两个都是中国人民的朋友，来，为他们的愿望早日实现，干杯！

约翰：好，干杯！

第八課 你了解中國的政治制度嗎？

（星期三，學校有個討論會，內容是中國當代政治和政府組織。湯姆和約翰是東亞系四年級的學生，他們兩個都要參加討論會。星期二晚上，湯姆正在屋子裏看書，約翰走了進來。）

約翰：湯姆，你看甚麼書呢？

湯姆：《中國概況》。

約翰：明天的發言準備好了嗎？

湯姆：差不多了，你呢？

約翰：早準備好了，明天我爭取第一個發言！

湯姆：那我先提兩個問題考考你怎麼樣？

約翰：你隨便問好啦！

湯姆：你說中國是一個甚麼樣的國家？

約翰：這還不好回答？社會主義國家嘛！

湯姆：社會主義國家也不都一樣，中國有中國的特點，你講詳細點好嗎？

約翰：好吧。一九二一年，中國成立了共產黨。中國共產黨信仰馬克思主義，要在中國建立社會主義制度。他們領導中國人民進行了長期的革命鬥爭，終於在一九四九年推翻了三座大山，建立了中華人民共和國……

湯姆：對不起，等一下兒！

約翰：怎麼啦？

湯姆：依我看，歷史背景就不用講了。

約翰：好，不講就不講。一九四九年十月一日，中華人民共和國成立了。中國是共產黨領導的社會主義國家，所以中國人常說，"沒有共產黨就沒有新中國"、"只有社會主義才能救中國"。

中國實行人民代表大會制度，全國人民代

表大會既是最高立法機關，又是最高權力機關。一九五四年，中國召開了第一屆全國人民代表大會，制定了中華人民共和國憲法。

中國的國家制度是人民民主專政，經濟制度是社會主義公有制。工人、農民和知識分子都是國家的主人，人和人的關係是平等的，國家、集體和個人的利益是一致的。人民的民主權利得到國家法律的保護。

湯姆：依我看，中國的民主和法制都還不夠健全。

約翰：我同意你的看法。不過，你也要看到發展和變化。近幾年來，中國領導人特別重視民主和法制問題。我相信中國能成為高度文明、高度民主的國家。

湯姆：可是，中國是由一個黨領導的國家，怎麼能實現你說的高度民主呢？

約翰：不錯，中國是一個黨領導的國家，難道一個黨領導的國家就不能實現高度民主嗎？中國共產黨代表了全中國各族人民的利益，中國人民享有廣泛的民主權利。再說呀，中國還有很多民主黨派。這些民主黨派都擁護共產黨的領導，在社會主義建設中作出了很大貢獻。中國共產黨對他們非常信任，和他們一起討論國家大事。他們當中有些人還担任了國家領導職務，比如孫中山先生的夫人宋慶齡女士就當過全國人民代表大會常務委員會副委員長和國家副主席。

湯姆：這也是中國的一個特點吧？

約翰：可不！

湯姆：你再說說中國的根本任務是甚麼？

約翰：這要看甚麼時候了。建國初期，國家的根

　　　　本任務是鞏固政權，恢復經濟，建立社會主義制度。一九五六年以後，國家的工作重點是經濟建設。

湯姆：那現在呢？

約翰：現在的根本任務是實現四個現代化。到本世紀末，中國要成為一個社會主義強國，既有現代工業、現代農業，又有現代國防和現代科學技術。

湯姆：實現和平統一，是中國當前政治生活中的一件大事。你對中國統一問題有甚麼看法？

約翰：這個問題中國領導人講得很清楚。台灣自古以來就是中國領土的一部分，海峽兩岸的中國人都是炎黃子孫。過去，由於人為的原因，台灣和祖國分離了。現在實現和平統一，是中國人民的共同願望。我認識不少華僑，他們也都盼着自己的祖國早日統一。

湯姆：（倒了兩杯酒）我們兩個都是中國人民的朋友，來，為他們的願望早日實現，乾杯！

約翰：好，乾杯！

Dìbákè   Nǐ liáojiě Zhōngguó de zhèngzhì zhìdù ma?

(Xīngqīsān, xuéxiào yǒu gè tǎolùnhuì, nèiróng shì Zhōngguó dāngdài zhèngzhì hé zhèngfú zǔzhī. Tāngmǔ hé Yuēhàn shì DōngYàxì sì niánjí de xuésheng, tāmen liǎng gè dōu yào cānjiā tǎolùnhuì. Xīngqī'èr wǎnshang, Tāngmǔ zhèng zài wūzili kàn shū, Yuēhàn zǒule jìnlai.)

Yuēhàn: Tāngmǔ, nǐ kàn shénme shū ne?

Tāngmǔ: «Zhōngguó Gàikuàng».

Yuēhàn: Míngtiān de fāyán zhǔnbèihǎo le ma?

Tāngmǔ: Chàbuduō le, nǐ ne?

Yuēhàn: Záo zhǔnbèihǎo le, míngtiān wǒ zhēngqǔ dìyí gè fāyán!

Tāngmǔ: Nà wǒ xiān tí liǎng gè wèntí kǎokao ni zěnmeyàng?

Yuēhàn: Nǐ suíbiàn wèn hǎola!

Tāngmǔ: Nǐ shuō Zhōngguó shì yí gè shénmeyàng de guójiā?

Yuēhàn: Zhè hái bù hǎo huídá? Shèhuìzhǔyì guójiā ma!

Tāngmǔ: Shèhuìzhǔyì guójiā yě bù dōu yíyàng, Zhōngguó yǒu

Zhōngguó de tèdiǎn, ní jiǎng xiángxìdiǎnr hǎoma?

Yuēhàn: Hǎo ba. 1921 nián, Zhōngguó chénglìle Gòngchándǎng. Zhōngguó Gòngchándǎng xìnyǎng Mǎkèsīzhǔyì, yào zài Zhōngguó jiànlì shèhuìzhǔyì zhìdù. Tāmen lǐngdǎo Zhōngguó rénmín jìnxíngle chángqī de gémìng dòuzhēng, zhōngyú zài 1949 nián tuīfānle sān zuò dà shān, jiànlìle Zhōnghuá Rénmín Gònghéguó......

Tāngmǔ: Duìbuqǐ, děng yíxiàr!

Yuēhàn: Zěnmela?

Tāngmǔ: Yī wǒ kàn, lìshǐ bèijǐng jiù bú yòng jiǎng le.

Yuēhàn: Hǎo, bù jiǎng jiù bù jiǎng. 1949 nián 10 yuè 1 rì, Zhōnghuá Rénmín Gònghéguó chénglì le. Zhōngguó shì Gòngchándǎng lǐngdǎo de shèhuìzhǔyì guójiā, suóyǐ, Zhōngguórén cháng shuō, "Méiyǒu Gòngchándǎng jiù méiyǒu xīn Zhōngguó", "Zhíyǒu shèhuìzhǔyì cái néng jiù Zhōngguó".

Zhōngguó shíxíng rénmín dàibiǎo dàhuì zhìdù, Quán guó Rénmín Dàibiǎo Dàhuì jì shì zuì gāo lìfǎ jīguān, yòu shì zuì gāo quánlì jīguān. 1954 nián, Zhōngguó zhāokāile Dìyíjiè Quánguó Rénmín Dàibiǎo Dàhuì, zhìdìngle Zhōnghuá Rénmín Gònghéguó Xiànfǎ.

Zhōngguó de guójiā zhìdù shì rénmín mínzhǔ zhuānzhèng, jīngjì zhìdù shì shèhuìzhǔyì gōngyǒuzhì. Gōngrén, nóngmín hé zhīshifènzǐ dōu shì guójiā de zhǔrén, rén hé rén de guānxi shì píngděng de, guójiā, jítǐ hé gèrén de lìyì shì yízhì de. Rénmín de mínzhǔ quánlì dédào guójiā fǎlǜ de bǎohù.

Tāngmǔ: Yī wǒ kàn, Zhōngguó de mínzhǔ hé fǎzhì dōu hái bú gòu jiànquán.

Yuēhàn: Wǒ tóngyì nǐ de kànfa. Búguò, nǐ yě yào kàndào fāzhǎn hé biànhuà. Jìn jǐ nián lái, Zhōngguó lǐngdǎorén tèbié zhòngshì mínzhǔ hé fǎzhì wèntí. Wǒ xiāngxìn Zhōngguó néng chéngwéi gāodù wénmíng, gāodù mínzhǔde guójiā.

Tāngmǔ: Kěshì, Zhōngguó shì yóu yí gè dǎng lǐngdǎo de guójiā, zěnme néng shíxiàn nǐ shuō de gāodù mínzhǔ ne?

Yuēhàn: Búcuò, Zhōngguó shì yí gè dǎng lǐngdǎo de guójiā, nándào yí gè dǎng lǐngdǎo de guójiā jiù bù néng shíxiàn gāodù mínzhǔ ma? Zhōngguó Gòngchándǎng dàibiǎole quán Zhōngguó gè zú rénmín de lìyì, Zhōngguó rénmín xiángyǒu guǎngfàn de mínzhǔ quánlì. Zài shuō ya, Zhōngguó hái yǒu hěn duō mínzhǔ dǎngpài. Zhèxiē mínzhǔ dǎngpài dōu yōnghù Gòngchándǎng de lǐngdǎo, zài shèhuìzhǔyì jiànshè zhōng zuòchūle hěn dà gòngxiàn. Zhōngguó Gòngchándǎng duì tāmen fēicháng xìnrèn, hé tāmen yìqǐ tǎolùn guójiā dàshì. Tāmen dāngzhōng yǒuxiē rén hái dānrènle guójiā lǐngdǎo zhíwù, bǐrú Sūn Zhōngshān xiānsheng de fūrén Sòng Qìnglíng nǚshì jiù dāngguo Quánguó Rénmín Dàibiǎo Dàhuì Chángwù Wěiyuánhuì fù wěiyuánzhǎng hé guójiā fù zhǔxí. .

Tāngmǔ: Zhè yě shì Zhōngguó de yí gè tèdiǎn ba?

Yuēhàn: Kěbù!

Tāngmǔ: Nǐ zài shuōshuo Zhōngguó de gēnběn rènwù shì shénme?

Yuēhàn: Zhè yào kàn shénme shíhou le. Jiànguó chūqī, guójiā de gēnběn rènwù shì gǒnggù zhèngquán, huīfù jīngjì, jiànlì shèhuìzhǔyì zhìdù. 1956 nián yǐhòu, guójiā de gōngzuò zhòngdiǎn shì jīngjì jiànshè.

Tāngmǔ: Nà xiànzài ne?

Yuēhàn: Xiànzài de gēnběn rènwù shì shíxiàn sì gè xiàndàihuà. Dào běn shìjì mò, Zhōngguó yào chéngwéi yí gè shèhuìzhǔyì qiáng guó, jì yǒu xiàndài gōngyè, xiàndài nóngyè, yòu yǒu xiàndài guófáng hé xiàndài kēxué jìshù.

Tāngmǔ: Shíxiàn hépıng tǒngyī, shì Zhōngguó dāngqián zhèngzhì shēnghuó zhōng de yí jiàn dàshì. Nǐ duì Zhōngguó tǒngyī wèntí yǒu shénme kànfǎ?

Yuēhàn: Zhè gè wèntí Zhōngguó lǐngdǎorén jiǎngde hěn qīngchu. Táiwān zìgúyǐlái jiù shì Zhōngguó lǐngtǔ de yí bùfen, hǎixiá liǎng'àn de Zhōngguórén dōu shì Yán-Huáng zǐsūn. Guòqù, yóuyú rénwéi de yuányīn, Táiwān hé zǔguó fēnlí le. Xiànzài, shíxiàn hépíng tǒngyī, shì Zhōngguó rénmín de gòngtóng yuànwàng. Wǒ rènshi bùshǎo huáqiáo, tāmen yě dōu pànzhe zìjǐ de zǔguó zǎorì tǒngyī.

Tāngmǔ: (Dàole liǎng bēi jiǔ) Wǒmen liǎng gè dōu shì Zhōngguó rénmín de péngyou, lái, wèi tāmen de yuànwàng zǎorì shíxiàn, gānbēi!

Yuēhàn: Hǎo, gānbēi!

生　　词

1. 讨论　　　tǎolùn　　　（动、名）　to discuss/discus-
　　　　　　　　　　　　　　(FV/N)　　sion

2. 当代　　　　dāngdài　　　　（名）(TW)　contemporary
3. （东亚）系　(Dōng Yà)xì　（名）(N)　the department of (East Asian Studies)
4. 发言　　　　fāyán　　　　（名、动）(N/FV)　speech to speak; to make a statement

(1) 你的发言真精彩！
　　Your speech is really marvellous.
(2) 他正在讨论会上发言呢。
　　He is taking the floor in the discussion.

5. 差不多　　　chàbuduō　　（形、副）(SV/MA)　similar / almost

(1) 约翰的发言准备得差不多了。
　　John is about to finish preparing his speech.
(2) 这两幅画儿差不多。
　　These two paintings are similar.
(3) 参加讨论会的人差不多都来了。
　　Almost all the participants of the discussion are here.

6. 争取　　　　zhēngqǔ　　　（动）(FV)　to strive for

(1) 这个机会不错，你去争取争取。
　　This is a good opportunity. You should go for it.
(2) 我们要争取世界和平。
　　We must strive for world peace.
(3) 中国人民争取早日实现祖国的和平统一。
　　The Chinese people are striving for an early realization of the peaceful unification of their country.
(4) 这本小说我争取三天看完。
　　I'll try to finish reading this novel in three days.

7. 考　　　　　kǎo　　　　　（动）(FV)　to examine; to give a test

8. 随便　　　　suíbiàn　　　（形、副）(SV/A)　casual; informal / randomly

（1）你随便说吧！
　　Just say anything you want!

（2）这个人说话太随便。
　　He makes remarks too casually.

9. 好（+动）　hǎo (+V)　　（副）(A)　easy (to do)

（1）这个问题好回答。
　　This question is easy to answer.

（2）那本书不好买。
　　That book is not easy to buy.

10. 社会主义　　shèhuìzhǔyì　（名）(N)　socialism

11. 信仰　　　　xìnyǎng　　　（动、名）(FV/N)　to have faith in; to believe / faith; belief

12. 制度　　　　zhìdù　　　　（名）(N)　system

13. 长期　　　　chángqī　　　（名）(AT)　long term; over a long period

发展工业是一个长期的任务。
To develop industry is a long-term task.

14. 斗争　　　　dòuzhēng　　　（名、动）(N/FV)　struggle / to struggle against

15. 对不起　　　duìbuqǐ　　　　I'm sorry; excuse me

16. 依我看　　　yī wǒ kàn　　　as I see it

| 17. | 背景 | bèijǐng | (名) (N) | background |
| 18. | 实行 | shíxíng | (动) (FV) | to implement; to carry out |

（1）只有在社会主义国家，计划经济才能实行。
Only in a socialist country can a planned economy be implemented.

（2）我们对广大人民实行民主。
Democracy is practiced within the ranks of the people.

19.	立法	lìfǎ		legislation
20.	机关	jīguān	(名) (N)	organization; office
	立法机关			legislature
21.	权力	quánlì	(名) (N)	power; authority
22.	召开	zhàokāi	(动) (FV)	to convene
23.	届	jiè	(量) (M)	session
24.	制定	zhìdìng	(动) (FV)	to draw up (a constitution); to work out (a plan); to make (laws); to formulate (methods)
25.	宪法	xiànfǎ	(名) (N)	constitution
26.	公有制	gōngyǒuzhì	(名) (N)	the system of public ownership
27.	知识分子	zhīshifènzǐ	(名) (N)	intellectual; the intelligentsia
28.	主人	zhǔrén	(名) (N)	master

29.	集体	jítǐ	(名) (N)	collective
30.	个人	gèrén	(名) (N)	individual (person)
31.	利益	lìyì	(名) (N)	benefit; interest
32.	一致	yīzhì	(形) (SV)	identical; unanimous

（1）我和你的意见是一致的。
　　My opinion is the same as yours.
（2）他们俩的看法不一致。
　　Their views are different.
（3）大家一致选他当班长。
　　He was unanimously elected class monitor.

33.	权利	quánlì	(名) (N)	right
34.	法律	fǎlǜ	(名) (N)	law
35.	保护	bǎohù	(动) (FV)	to protect
36.	法制	fǎzhì	(名) (N)	legal system
37.	够	gòu	(副、形) (A/SV)	enough; adequate
38.	健全	jiànquán	(形、动) (SV/FV)	perfect/to perfect; to strengthen
39.	看法	kànfǎ	(名) (N)	view(point); opinion

（1）我想听听你对这个问题的看法。
　　I would like to know your views on this issue.
（2）他们各有各的看法。
　　They all have their own views.

| 40. | 近（几年）来 | jìn(jǐnián)lái | | (in) recent (years); recently |

41. 重视　　　　zhòngshì　　（动）(FV)　to attach importance to; to value

系里的领导重视你的意见。
The leaders of the department value your opinion.

42. 相信　　　　xiāngxìn　　（动）(FV)　to believe; to have faith in

（1）我们必须相信科学。
　　We must have faith in science.
（2）他对你的话有点儿不相信。
　　He doesn't quite believe what you said.

43. 成为　　　　chéngwéi　　（动）(FV)　to become
（1）中国一定能成为发达的国家。
　　China will certainly become a well-developed country.
（2）他已经成为著名的作家了。
　　He has already become a famous writer.

44. 实现　　　　shíxiàn　　（动）(FV)　to realize
我们的愿望实现了。
Our wish has come true.

45. 文明　　　　wénmíng　　（形、名）(SV/N)　civilized/civilization

46. 由　　　　　yóu　　　　（介）(CV)　by; of; from

47. 享有　　　　xiǎngyǒu　　（动）(FV)　to enjoy (rights, prestige, etc.)

人民都享有管理国家大事的权利。
All the people enjoy the right to supervise their government.

48. 广泛　　　　guǎngfàn　　（形）(SV)　extensive; widespread

中国文化在亚洲有着广泛深远的影响。
The influence of Chinese culture in Asia has been far-reaching.

49. 党派　　　　dǎngpài　　　（名）(N)　(political) party
50. 信任　　　　xìnrèn　　　　（动、名）　to trust /
　　　　　　　　　　　　　　　(FV/N)　　confidence

领导只有得到人民的信任，才能有作为。
A leader can be successful only when he is trusted by his people.

51. 当中　　　　dāngzhōng　　（名）(N)　in the middle of; among

（1）他们当中有三个是华侨。
　　　There are three overseas Chinese among them.
（2）十个苹果当中有两个是坏的。
　　　Of the ten apples there are two bad ones.
（3）一年当中他到中国去了三次。
　　　He went to China three times in one year.

52. 担任　　　　dānrèn　　　　（动）(FV)　to assume the office of; hold the post of

明年谁担任学生会主席？
Next year who will be the chairman of the student union?

53. 职务　　　　zhíwù　　　　（名）(N)　post
他在政府里担任重要的职务。
He holds an important post in the government.

54. 比如　　　　bǐrú　　　　　（连）(AT/C) for example
55. 夫人　　　　fūren　　　　 （名）(N)　lady; madame

56.	女士	nǚshì	(名) (N)	lady or madame; Ms. (a polite form for a woman married or unmarried)
57.	当	dāng	(动) (FV)	to work as; to be
	当老师 to be a teacher		当校长 to be a principal	
	当演员 to be an actor		当总理 to be a prime minister	
58.	常务委员会	chángwù wěiyuánhuì	(名) (N)	a standing committee
59.	副	fù	(形) (AT)	deputy; vice-
	副校长 vice-president (of a college)		副总理 vice-premier	
	副经理 assistant manager		副总统 vice-president	
60.	委员长	wěiyuánzhǎng	(名) (N)	chairman of a committee
61.	主席	zhǔxí	(名) (N)	chairman
62.	可不	kěbù		indeed

1. A: 他要听我的话,一定能成功。
   If he had listened to me, he would have succeeded.
   B: 可不(可不嘛)!
   That's for sure.
2. A: 不重视知识分子,就不能实现四个现代化。
   If the intellectuals are not regarded as important, the four modernizations will not be realized.
   B: 可不是(可不是嘛)!
   That's true.

63.	重点	zhòngdiǎn	(名) (N)	key point

64.	现代化	xiàndàihuà	(名)(N)	modernization; to modernize
	⋯化	⋯huà	(尾)(BF)	(suffix) -ize; -ify
65.	本	běn	(形)(AT)	current; this
66.	国防	guófáng	(名)(N)	national defense
67.	领土	lǐngtǔ	(名)(N)	territory
68.	海峡	hǎixiá	(名)(N)	strait
69.	过去	guòqù	(名)(TW)	in the past

（1）我们不能忘记过去。
　　　We must not forget the past.

（2）他常常想起过去的生活。
　　　He often recalls his life in the past.

（3）老李过去不在这儿住。
　　　Lao Li did not live here before.

70.	人为的	rénwéide		man-made
71.	祖国	zǔguó	(名)(N)	motherland
72.	分离	fēnlí	(动)(FV)	to separate
73.	共同	gòngtóng	(形)(AT)	common
74.	愿望	yuànwàng	(名)(N)	hope; wish
75.	华侨	huáqiáo	(名)(N)	overseas Chinese
76.	盼（着）	pàn(zhe)	(动)(FV)	to look forward to
77.	早日	zǎorì	(副)(A)	at an early date; sooner

　　(1) 早日建成　　to complete at an early date
　　(2) 早日实现　　to be realized soon
　　(3) 早日统一　　to be united soon
　　(4) 早日解决　　to be solved quickly

78.	倒（酒）	dào(jiǔ)	（动）(FV)	to pour (wine)
79.	干杯	gānbēi	（动宾)(VO)	to drink a toast

专　名

1.	东亚	Dōng Yà	East Asia
2.	《中国概况》	《Zhōngguó Gàikuàng》	*A Survey of China*
2.	三座大山	sān zuò dà shān	the three great mountains which weighed on the backs of the Chinese people — imperialism, feudalism and bureaucrat-capitalism
4.	全国人民代表大会	Quánguó Rénmín Dàibiǎo Dàhuì	the National People's Congress
5.	人民民主专政	rénmín mínzhǔ zhuānzhèng	people's democratic dictatorship
6.	宋庆龄	Sòng Qìnglíng	Song Qingling

句型练习

一、随便（＋动）好啦　　to (do) whatever (you) want to (do)

例句：

1. 你随便问好啦。

You can ask whatever you want to.

2. 您随便拿好啦。

Take whatever you like.

3. 让他随便说好啦。

He can speak informally.

4. 你就随便画一幅好啦。

It doesn't matter, just draw any old picture.

解释：

"随便+动词+好啦"表示行为动作不受限制，怎么方便就怎么做，有"没关系"，"无所谓"的意思。其中的动词多是单音节及物动词，动词后边一般只带数量宾语（如例句4），而很少带其他成分。

练习：

1. 用"随便+动词+好啦"回答下列问题：

　　(1) A: 这些书我可以看吗？
　　　　B:

　　(2) A: 我的行李放在哪儿？
　　　　B:

　　(3) A: 这里的书我可以借吗？
　　　　B:

2. 用"随便+动词+好啦"完成句子：

　　（1）桌子上有很多菜，_____。

　　（2）这辆自行车是我的，_____。

　　（3）什么歌儿都可以，_____。

　　（4）什么样子的衣服都行，_____。

　　（5）多少钱都可以，_____。

二、(这)还不…(吗)?　　　how could this (be)

　　例句:

　　　1.这个问题那么容易,还不好回答?
　　　How could this simple question be difficult to answer?
　　　2.山那么陡,他又不小心,这还不摔下来?
　　　The mountain was so steep and he was so careless, how could he not fall?
　　　3.这个练习老师讲过了,还不会做?
　　　How could you not know how to do this exercise when the teacher has already explained it to us?

　　解释:

　　"(这)还不…(吗)?"是用反问的形式表示肯定的意思。往往表示"容易做到"或"肯定发生"。这种句子句尾语气词"吗"常常省略。

　　练习:

　　1.用"(这)还不…(吗)?"改写下列句子:
　　　(1)这个句子好做。
　　　(2)那本小说好借。
　　　(3)这个任务好完成。
　　　(4)这件事情很简单。
　　2.用"(这)还不…(吗)?"回答问题:
　　　(1) A: 这个字你会念吗?
　　　　　B:
　　　(2) A: 这首歌儿你会唱吗?
　　　　　B:
　　　(3) A: 这个句子好翻译吗?
　　　　　B:

(4) A：我的汽车坏了，你能修好吗？
　　B：　　　　　　　　　　　（用"容易"）
(5) A：请你给我画一幅画儿好吗？
　　B：　　　　　　　　　　　（用"好办"）

三、A有A的…，B有B的…　A has A's…, B has B's…

例句：

1．小说有小说的特点，诗歌有诗歌的特点。
Novel and poetry each has its own characteristics.

2．你有你的主张，我有我的主张。
You and I have different opinions.

3．成功有成功的经验，失败有失败的教训。
We can learn from either success or failure.

4．国家有大有小，大有大的优点，小有小的优点。
Regardless of its size, each country has its own merits.

解释：

"A有A的…"可以单说，也可以跟"B有B的…"一起说，表示A和B分别具有。这种句型中的A和B可以是名词、代词，也可以是动词（包括动词短语）或形容词。

练习：

1．用"A有A的…，B有B的…"改写句子：
　例：玛丽和琳达各有各的办法。
　　　玛丽有玛丽的办法，琳达有琳达的办法。
　（1）今年和明年各有各的任务。
　（2）在经济建设上，北京和上海各有各的重点。
　（3）平原和高原都有自己的景色。
　（4）去和不去都有原因。

2. 用"A有A的…，B有B的…"和所给的词语组成句子：
   (1) 你　　　我　　　看法
   (2) 张三　　李四　　目的
   (3) 火车　　飞机　　优点
   (4) 分裂　　原因　　统一　　条件
   (5) 苏州　　杭州　　特色

四、依(我)看　according to...; it seems to (me)

例句：

1. 依我看，这个问题好解决。
It seems to me that this question is easy to solve.

2. 依老师看，这些都不是重点词。
According to the teacher, none of these words is important.

3. 依我说，小李有小李的优点，小刘有小刘的优点。
As I see it, Xiao Li and Xiao Liu each has his own merits.

4. 依你说，他们俩谁的看法对呢？
Between the two of them, whose opinion do you think is the correct one?

解释：

"依+代(名)+看(说)"用在主语前，有停顿，表示按照某人的看法。

练习：

用"依…看(说)"回答下列问题：

1. A：依你看，谁去合适？
   B：

2. A：依你看，谁的办法好？
   B：
3. A：依你说，他们俩谁的汉语水平高？
   B：
4. A：依你说，他们学习汉语的目的是什么？
   B：

五、不A就不A　If not …, that is all right.

例句：

1. A：依我看，明天你就不要去了。
   I think you should not go tomorrow.
   B：不去就不去。
   That is all right with me.

2. A：李华说，他以后不再来了。
   Li Hua said he would not come again.
   B：不来就不来吧，人家不愿意来，那有什么办法呢？
   That is all right. Since he does not want to come, what can we do?

3. A：今天的比赛他不参加了。
   He will not participate in today's competition.
   B：不参加就不参加，这有什么了不起的。
   That is all right. It is not important.

4. A：她长得不怎么好看。
   She is not very pretty.
   B：不好看就不好看，不好看我也喜欢她。
   It does not matter, I like her anyway.

解释：

"不A就不A"在对话中表示勉强同意对方的意见，或者表示一种无所谓的态度。A是动词、动词短语或形容词。这一句型，句尾有时可带语气助词"吧"。

练习：

用"不A就不A"完成下列对话：

1. A：那件事你就别说了。
   B：

2. A：怎么办呢？大家的意见不一致。
   B：

3. A：你不让他去，他有点儿不高兴。
   B：

4. A：我不相信你的话。
   B：

5. A：依我说，这件衣服你穿有点儿不合适。
   B：

六、没有A就没有B without A there will not be B

例句：

1. 没有溪流就没有江河。
   Rivers come from streams and brooks.

2. 没有小麦就没有面包。
   Without wheat there can not be bread.

3. 没有大家的共同努力，就没有这么大的成就。
   If we had not all worked so hard, we would not have had such a great success.

4. 没有高山就没有平原。
   Without mountain there would not be plain.

解释：

"没有A就没有B"表示两种意思：a）A是B的前提和条

件,如例句1、2、3。 b）A和B互为条件,如例句4。
　　练习：
　　　　1.用"没有A就没有B"改写下列句子：
　　　　　（1）有了牛,才有牛奶。
　　　　　（2）有了科学技术的现代化,才有工业和农业的现代化。
　　　　　（3）由于大家的关心,我才有幸福的生活。
　　　　　（4）有东才有西,有南才有北。
　　　　2.用"没有A就没有B"完成下列句子：
　　　　　（1）_____,就没有森林 (forest)。
　　　　　（2）_____,就没有鱼。
　　　　　（3）没有鸡蛋,_____；没有鸡,_____。

七、够　enough
　　例句：
　　　　1.做这件事有三个人就够了。
　　　　It takes only three people to do this work.
　　　　2.每月一百块钱够（他）花了。
　　　　A hundred dollars a month is enough (for him).
　　　　3.这幅画儿画得够好（的）了。
　　　　The drawing of this painting is good enough.
　　　　4.这个办法不够科学。
　　　　This method is not scientific enough.
　　解释：
　　　　"够"表示达到某种数量或程度。肯定句常常带语气助词"了"。
　　练习：
　　　　1.完成下列对话：

(1) A：学完这本书，半年时间够吗？
   B：

(2) A：一瓶酒够喝吗？
   B：

(3) A：买汽车的钱你借够了吗？
   B：

(4) A：他说得清楚不清楚？
   B：

2.把肯定句改成否定句，把否定句改成肯定句：

(1) 写一篇文章有两天时间够了。
(2) 我们七个人，三间房子不够住。
(3) 两瓶汽水儿够他喝了。·
(4) 这件衣服洗得不够干净。
(5) 这首诗写得够生动了。

八、近（几年）来　for the past (time duration)...

例句：

1.近几天来，差不多天天下雨。
It has been raining for several days.

2.近几个月来，他的身体一直不太好。
He has not been well for the past few months.

3.近几年来，中国的经济发展比较快。
For the past few years, the economy in China has developed rather rapidly.

4.近百年来，中国历史发生了很大变化。
China has gone through great changes in the last century.

解释：

"近TW来"表示从过去到现在一段较短时间，一般在主语前边。

练习：

1. 用"近…来"和所给的词造句：

　（1）天　一天到晚　忙

　（2）月　生活　一直　安定

　（3）年　出现　大批　优秀　作家

　（4）百年　世界　发生　变化

2. 完成下列句子：

　（1）近几天来，_____。

　（2）近几个月来，_____。

　（3）近几年来，_____。

九、本　(the thing or person) in question

例句：

1. 本＋名词

　（1）这封信一定要交给他本人。

　This letter must be delivered into his hand.

　（2）我们班一半以上是本市的（人）。

　More than half of the students in our class are from this city.

　（3）本书一共二百页。

　This book has two hundred pages.

2. 本＋量词＋名词

　（1）本次列车由北京开往西安。

　This train is going from Beijing to Xi'an.

　（2）本届政府有四个副总理。

The present government has four vice-premiers.

3. 本＋时间词

(1) 我准备在本星期六到北京去。
I plan to go to Beijing this coming Saturday.

(2) 全国人大本月三十日召开第五次会议。
The National People's Congress will hold its fifth meeting on the thirtieth of this month.

练习：

完成下列对话：
1. A：他这封信交给我可以吗？
   B： 　　　　　　　　　　（本人）
2. A：你们学校哪天开始放暑假？
   B： 　　　　　　　　　　（本月）
3. A：中国要在什么时候实现四个现代化？
   B： 　　　　　　　　　　（本世纪）

听力练习

（听录音，听力问题附本单元后）

回答问题

1. 请你谈谈中国的社会主义有什么特点。
2. 中国共产党成立的原因是什么？
3. 请你说一说中国当代的政治制度和组织。

4. 请你谈一谈你对中国的民主和法制的看法。

5. 请你介绍一下中国共产党和其他民主党派的关系

6. 请你说一说四个现代化的内容。

7. 中国共产党建国初期的根本任务是什么？

8. 请你说一点儿你知道的关于台湾的情况。

9. 是什么人为的原因使台湾和中国大陆长期分离呢？这个问题怎么解决？

10. 中国为什么要实现四个现代化？

翻译练习

（英译汉，答案附本单元后）

1. to discuss current politics
2. to give one's opinion eagerly
3. Nearly all spoke.
4. to try to attend
5. not easy to prepare for
6. to believe in socialism
7. different social systems
8. a long-term task

9. ideological struggle
10. I don't think it will be a problem.
11. historical background
12. to carry out socialism
13. the jurisdiction of the legislature
14. to convene the first session of the People's Congress
15. to implement the constitution
16. a society that follows the system of public ownership
17. the policy concerning intellectuals
18. collective leadership
19. individual achievement
20. the interest of the workers
21. to share the same opinion
22. to protect the interests of the people
23. to strive for the right to participate in the competition
24. to draw up a basic law
25. the legal system of the United States
26. a solid system
27. to change one's opinion
28. occurred frequently in recent years

29. to be taken more and more seriously
30. to believe that all men are equal in front of the law
31. to become a base for liberation war
32. to realize the wish for unification
33. to have more power
34. the folktales that are widely told
35. the cooperation of all the parties
36. to have the confidence and support of the people
37. to hold for a long period the post of chairman of the committee
38. It isn't easy to be a college president.
39. the background of the establishment of the key universities
40. modern national defense
41. people on both sides of the straits
42. the same social background
43. the pain of leaving one's family
44. the overseas Chinese that are residing in the United States
45. hoping for the early realization of a strong and prosperous motherland

46. Almost all those who spoke at the discussion mentioned this problem.
47. Quite a few American students try hard to get a chance to go to China to teach English.
48. Take as much as you like; there is plenty.
49. The realization of a socialist society is the result of long-term struggle.
50. I feel that his opinions should be taken seriously.
51. The legislature should protect the people's rights.
52. Did the constitution mention the issue of public ownership?
53. Intellectuals of today are all eager to make a contribution to the country.
54. Only when the interests of the collective and the individual are the same can the country be strong and prosperous.
55. In recent years the government has paid attention to the development of science and technology.
56. Only when the legal system is adequate will the rights of the people be protected.
57. He had held such important posts as chairman and head of the committee.

58. Not only can the students of our department attend the discussion on contemporary Chinese politics, the students of other departments can also attend the meeting.
59. There are not as many overseas Chinese living in Japan as there are in Southeast Asia.
60. How can people's living standard not be high after a country has become prosperous?

第九课 谈谈中国的政府组织

（汤姆和约翰休息了一会儿，又接着讨论他们的发言。）

约翰：刚才你考了我半天，现在该我考你了。

汤姆：行啊！

约翰：一九五四年，中国召开了第一届全国人民代表大会。这次代表大会做了两件大事。你知道这两件大事是什么吗？

汤姆：这谁不知道哇？第一件，制定了中华人民共和国宪法；第二件，选举了国家领导人，组成了新的一届政府，也就是国务院。

约翰：第一届人大选举的领导人都是谁呀？

汤姆：国家主席是毛泽东，全国人大常务委员会委员长是刘少奇，国务院总理是周恩来。

约翰：全国人大和国务院是什么关系呢？

汤姆：刚才你已经说了，全国人民代表大会既是最高立法机关，又是最高权力机关。国务院是国家最高的行政机关，全国人大决定的国家大事由国务院来执行。

约翰：国务院是由哪些人组成的？

汤姆：每届国务院都有一些变化，不过大同小异。就拿六届人大组成的国务院来说吧，有总理、副总理、国务委员，还有各部部长、各委员会主任和秘书长。这届国务院，下设三十四个部和八个委员会，还有一些直属机构。

约翰：国务院总理能当几年？

汤姆：现在中国的干部制度正在进行改革，干部队伍要革命化、年轻化、知识化、专业化。国务院总理一届是五年，连续担任这个职务不能超过两届，也就是十年。

约翰：中国的国务院跟美国的国务院一样吗？

汤姆：不一样。中国的国务院是国家政府，美国的国务院只是美国政府中的一个部，美国的国务卿就相当于中国的外交部长。

约翰：中国政府的领导人叫总理，美国政府的领导人叫总统，可是有些国家政府的领导人叫首相，这是怎么回事呢？

汤姆：这有什么奇怪的？各国的情况不同嘛！有些国家，比如日本和英国，政府的领导人叫首相，因为那些国家还有皇帝或者国王。中国历史上也是这样，从秦汉到明清，每个朝代都有皇帝，管理国家行政事务的大臣叫宰相，也就是首相。

约翰：嗬，你还真行啊！

汤姆：那当然啦！

约翰：你说中国的地方政府分几级？

汤姆：我说了半天了，这个问题该你说了。

约翰：好吧，我说就我说。中国的地方政府一般分省、县、乡三级。北京、天津、上海由中央直接领导，叫直辖市。少数民族集中居住的地方实行民族自治，分自治区、自治州、自治县和民族乡四级，比如新疆和西藏就是这样。

汤姆：各级政府的领导人叫什么？

约翰：除了自治区，都叫什么什么长，比如省长啦、市长啦、县长啦等等。自治区人民政府的领导人叫主席。

汤姆：中国有多少省、市、自治区？

约翰：包括台湾省在内，一共有二十三个省、三个直辖市、五个自治区。

汤姆：你记得真清楚！

约翰：那还用说！

汤姆：上个月我去中国访问的时候，认识了两个中国朋友。一个是北京大学经济系的学生，他家在河南省新乡县七里营乡。一个是中央民族学院艺术系的学生，她是维吾尔族。

约翰：她家在新疆，对吗？

汤姆：对。新疆维吾尔自治区。噢，对啦！今天晚上我还要给他们写信呢，咱们就谈到这儿吧！

约翰：好吧。

第九課 談談中國的政府組織

（湯姆和約翰休息了一會兒，又接着討論他們的發言。）

約翰：剛才你考了我半天，現在該我考你了。

湯姆：行啊！

約翰：一九五四年，中國召開了第一屆全國人民代表大會。這次代表大會做了兩件大事。你知道這兩件大事是甚麼嗎？

湯姆：這誰不知道哇？第一件，制定了中華人民共和國憲法；第二件，選舉了國家領導人，組成了新的一屆政府，也就是國務院。

約翰：第一屆人大選舉的領導人都是誰呀？

湯姆：國家主席是毛澤東，全國人大常務委員會委員長是劉少奇，國務院總理是周恩來。

約翰：全國人大和國務院是甚麼關係呢？

湯姆：剛才你已經說了，全國人民代表大會既是最高立法機關，又是最高權力機關。國務院是國家最高的行政機關。全國人大決定的國家大事由國務院來執行。

約翰：國務院是由哪些人組成的？

湯姆：每屆國務院都有一些變化，不過大同小異。就拿六屆人大組成的國務院來說吧，有總理、副總理、國務委員，還有各部部長、各委員會主任和秘書長。這屆國務院，下設三十四個部和八個委員會，還有一些直屬機構。

約翰：國務院總理能當幾年？

湯姆：現在中國的幹部制度正在進行改革，幹部隊伍要革命化、年輕化、知識化、專業化。國務院總理一屆是五年，連續擔任這個職務不能超過兩屆，也就是十年。

約翰：中國的國務院跟美國的國務院一樣嗎？

湯姆：不一樣。中國的國務院是國家政府，美國的國務院只是美國政府中的一個部，美國的國務卿就相當於中國的外交部長。

約翰：中國政府的領導人叫總理，美國政府的領導人叫總統，可是有些國家政府的領導人叫首相，這是怎麼回事呢？

湯姆：這有甚麼奇怪的？各國的情況不同嘛！有些國家，比如日本和英國，政府的領導人叫首相，因為那些國家還有皇帝或者國王。中國歷史上也是這樣，從秦漢到明清，每個朝代都有皇帝，管理國家行政事務的大臣叫宰相，也就是首相。

約翰：嚇，你還真行啊！

湯姆：那當然啦！

約翰：你說中國的地方政府分幾級？

湯姆：我說了半天了，這個問題該你說了。

約翰：好吧，我說就我說。中國的地方政府一般分省、縣、鄉三級。北京、天津、上海由中央直接領導，叫直轄市。少數民族集中居住的地方實行民族自治，分自治區、自治州、自治縣和民族鄉四級，比如新疆和西藏就是這樣。

湯姆：各級政府的領導人叫甚麼？

約翰：除了自治區，都叫甚麼甚麼長，比如省長啦、市長啦、縣長啦等等。自治區人民政府的領導人叫主席。

湯姆：中國有多少省、市、自治區？

約翰：包括臺灣省在內，一共有二十三個省、三個直轄市、五個自治區。

湯姆：你記得真清楚！

約翰：那還用說！

湯姆：上個月我去中國訪問的時候，認識了兩個中國朋友。一個是北京大學經濟系的學生，他家在河南省新鄉縣七里營鄉。一個是中央民族學院藝術系的學生，她是維吾爾族。

約翰：她家在新疆，對嗎？

湯姆：對。新疆維吾爾自治區。噢，對啦！今天晚上我還要給他們寫信呢，咱們就談到這兒吧！

約翰：好吧。

Dìjiǔkè Tántan Zhōngguó de zhèngfǔ zǔzhī

(Tāngmǔ hé Yuēhàn xiūxile yíhuìr, yòu jiēzhe tǎolùn tāmen de fāyán.)

Yuēhàn: Gāngcái nǐ kǎole wǒ bàntiān, xiànzài gāi wǒ kǎo nǐ le.

Tāngmǔ: Xíng'a!

Yuēhàn: 1954 nián, Zhōngguó zhāokāile Dìyíjiè Quánguó Rénmín Dàibiǎo Dàhuì. Zhèi cì dàibiǎo dàhuì zuòle liǎng jiàn dàshì. Nǐ zhīdào zhè liǎng jiàn dàshì shì shénme ma?

Tāngmǔ: Zhè shéi bù zhīdào wa? Dìyí jiàn, zhìdìngle Zhōnghuá Rénmín Gònghéguó Xiànfǎ; Dì'èr jiàn, xuánjǔle guójiā língdǎorén, zǔchéngle xīnde yí jiè zhèngfǔ, yě jiù shì Guówùyuàn.

Yuēhàn: Dìyí jiè Réndà xuánjǔ de língdǎorén dōu shì shéi ya?

351

Tāngmǔ: Guójiā zhǔxí shì Máo Zédōng, Quánguó Réndà Chángwù Wěiyuánhuì wěiyuánzhǎng shì Liú Shàoqí, Guówùyuàn zǒnglǐ shì Zhōu Ēnlái.

Yuēhàn: Quánguó Réndà hé Guówùyuàn shì shénme guānxi ne?

Tāngmǔ: Gāngcái nǐ yǐjīng shuō le, Quánguó Rénmín Dàibiǎo Dàhuì jì shì zuì gāo lìfǎ jīguān, yòu shì zuì gāo quánlì jīguān. Guówùyuàn shì guójiā zuì gāo de xíngzhèng jīguān, Quánguó Réndà juédìng de guójiā dàshì yóu Guówùyuàn lái zhíxíng.

Yuēhàn: Guówùyuán shì yóu nǎxiē rén zǔchéng de?

Tāngmǔ: Měi jiè Guówùyuàn dōu yǒu yìxiē biànhuà, búguò dàtóngxiǎoyì. Jiù ná Liù jiè Réndà zǔchéng de Guówùyuàn lái shuō ba, yǒu zǒnglǐ, fù zǒnglǐ, guówù wěiyuán, hái yǒu gè **bù** bùzhǎng, gè wěiyuánhuì zhǔrèn hé mìshūzhǎng. Zhè jiè Guówùyuàn, xiàshè sānshísì gè bù hé bá gè wěiyuánhuì, hái yǒu yìxiē zhíshǔ jīgòu.

Yuēhàn: Guówùyuàn zǒnglǐ néng dāng jǐ nián?

Tāngmǔ: Xiànzài Zhōngguó de gànbù zhìdù zhèngzài jìnxíng gǎigé, gànbù duìwu yào gémìnghuà, niánqīnghuà, zhīshihuà, zhuānyèhuà. Guówùyuàn zónglǐ yí jiè shì wǔ nián, liánxù dānrèn zhèi gè zhíwù bù néng chāoguò liǎng jiè, yějiùshi shí nián.

Yuēhàn: Zhōngguó de Guówùyuàn gēn Měiguó de Guówùyuàn yíyàng ma?

Tāngmǔ: Bù yíyàng. Zhōngguó de Guówùyuàn shì guójiā zhèngfǔ, Měiguó de Guówùyuàn zhǐ shì Měiguó zhèngfǔ zhōng de yí gè bù, Měiguó de guówùqīng jiù xiāngdāngyú Zhōngguó de wàijiāo bùzhǎng.

Yuēhàn: Zhōngguó zhèngfǔ de lǐngdǎorén jiào zónglǐ, Měiguó zhèngfǔ de lǐngdǎorén jiào zóngtǒng, kěshì yǒuxiē guójiā zhèngfǔ de lǐngdǎorén jiào shǒuxiàng, zhè shì zěnmehuíshì ne?

Tāngmǔ: Zhè yǒu shénme qíguài de? Gèguó de qíngkuàng bùtóng ma! Yǒuxiē guójiā, bǐrú Rìběn hé Yīngguó, zhèngfǔ de lǐngdǎorén jiào shǒuxiàng, yīnwèi nàxiē guójiā hái yǒu huángdì huòzhě guówáng. Zhōngguó lìshǐshang yě shì zhèyàng, cóng Qín-Hàn dào Míng-Qīng, měi gè cháodài dōu yǒu huángdì, guánlǐ guójiā xíngzhèng shìwù de dàchén jiào zǎixiàng, yějiùshì shǒuxiàng.

Yuēhàn: Hē! nǐ hái zhēn xíng'a!

Tāngmǔ: Nà dāngrán la!

Yuēhàn: Nǐ shuō Zhōngguó de dìfāng zhèngfǔ fēn jǐ jí?

Tāngmǔ: Wǒ shuōle bàntiān le, zhèi gè wèntí gāi nǐ shuō le.

Yuēhàn: Hǎo ba, wǒ shuō jiù wǒ shuō. Zhōngguó de dìfāng zhèngfǔ yìbān fēn shěng, xiàn, xiāng sān jí. Běijīng, Tiānjin, Shànghǎi yóu zhōngyāng zhíjiē lǐngdǎo, jiào zhíxiáshì. Shǎoshùmínzú jízhōng jūzhù de dìfang shíxíng mínzú zìzhì, fēn zìzhìqū, zìzhìzhōu, zìzhìxiàn hé mínzúxiāng sì jí, bǐrú Xīnjiāng hé Xīzàng jiù shì zhèyàng.

Tāngmǔ: Gè jí zhèngfǔ de lǐngdǎorén jiào shénme?

Yuēhàn: Chúle zìzhìqū, dōu jiào shénme shénme zhǎng, bǐrú shéngzhǎng la, shìzhǎng la, xiànzhǎng la déngděng. Zìzhìqū rénmín zhèngfǔ de lǐngdǎorén jiào zhǔxí.

Tāngmǔ: Zhōngguó yǒu duōshao shěng, shì, zìzhìqū?

Yuēhàn: Bāokuò Táiwān shěng zài nèi, yígòng yǒu èrshí sān gè shěng, sān gè zhíxiáshì, wǔ gè zìzhìqū.

Tāngmǔ: Nǐ jìde zhēn qīngchu!

Yuēhàn: Nà hái yòng shuō!

Tāngmǔ: Shànggeyuè wǒ qù Zhōngguó fǎngwèn de shíhòu,

rènshile liǎng gè Zhōngguó péngyou. Yí gè shì Běijīng Dàxué jīngjìxì de xuésheng, tā jiā zài Hénán Shěng Xīnxiāng Xiàn Qīlǐyíng Xiāng. Yí gè shì Zhōngyāng Mínzú Xuéyuàn yìshùxì de xuésheng, tā shì Wéiwú'ěrzú.

Yuēhàn: Tā jiā zài Xīnjiāng, duì ma?

Tāngmǔ: Duì. Xīnjiāng Wéiwú'ěr Zìzhìqū. Ò, duìla! jīntiān wǎnshang wǒ hái yào gěi tāmen xiě xìn ne, zánmen jiù tándao zhèr ba!

Yuēhàn: Hǎo ba.

生　　词

1. 半天　　　bàntiān　　　(名) (TW) for quite a while; for a long time

   (1) 我等了你半天了，你怎么才来呀？
       I have been waiting for you for quite a while, why are you so late?
   (2) 他好象有点儿不高兴，半天没说一句话。
       He seems a bit unhappy and has not spoken a word for a long time.

2. 该　　　　gāi　　　　　(动、助动) to be somebody's
   　　　　　　　　　　　(FV/AV) turn/should; ought to

(1) 我说了半天了，现在该你说了。
I have talked for quite a while and now it's your turn.
(2) 这件事你不该告诉他。
You should not have told him about this.

3. 行　　　　xíng　　　　　（形）(SV)　satisfactory; all right

   (1) A：这本书我看一下儿行吗？
   May I have a look at this book?

   B：行。
   Of course.

   (2) A：我一人去行不行？
   Can I go alone?

   B：不行。
   Oh, no.

4. 选举　　　xuǎnjǔ　　　　（动）(FV)　to elect
5. 组成　　　zǔchéng　　　（动）(FV)　to form; make up
6. 国务院　　guówùyuàn　　（名）(N)　the State Council
7. 总理　　　zǒnglǐ　　　　（名）(N)　prime minister; premier
8. 行政　　　xíngzhèng　　 （名）(N)　administration
9. 决定　　　juédìng　　　 （动、名）(FV/N)　to decide/decision

   (1) 老师决定让我去。
   The teacher has decided to send me.

   (2) 会上作出了新的决定。
   A new decision was made at the meeting.

10. 由…来　　yóu…lái　　　　　　　　to be (done) by…

11. 执行　　　　zhíxíng　　　　（动）(FV) to carry out; to implement

(1) 昨天执行这个任务的是李明。
　　It was Li Ming who carried out this task yesterday.
(2) 他当执行委员会的主席。
　　He holds the post of the Chairman of the Executive Committee.

12. 大同小异　　dàtóngxiǎoyì　　　　alike except for slight differences; very much the same

他们两个人的发言大同小异。
Their speeches were very much alike.

13. 拿…来说　　ná…láishuō　　　　to take...for example
14. 国务委员　　guówù wěiyuán　　（名）(N) member of the State Council
15. 部　　　　　bù　　　　　　　　（名）(N) ministry

　　国防部　　Ministry of Defense
　　教育部　　Ministry of Education

16. 部长　　　　bùzhǎng　　　　　（名）(N) minister
17. 主任　　　　zhǔrèn　　　　　　（名）(N) chairman; director
18. 秘书长　　　mìshūzhǎng　　　　（名）(N) secretary general
19. 下设　　　　xiàshè　　　　　　　　under its jurisdiction

	设	shè	(动) (FV)	to set up; establish
20.	直属	zhíshǔ	(动) (FV/AT)	directly subordinate to

那个机关直属文化部。
That organization is directly subordinate to the Ministry of Culture.

| 21. | 干部 | gànbù | (名) (N) | cadre |

我们机关里的干部常常参加劳动。
The cadres of our organization often participate in physical labor.

| 22. | 改革 | gǎigé | (动) (FV) | reform |

土地改革是什么时候开始的？
When did the land reform begin?

23.	队伍	duìwu	(名) (N)	ranks; troops
24.	年轻	niánqīng	(形) (SV)	young
25.	知识	zhīshi	(名) (N)	knowledge
26.	专业	zhuānyè	(名) (N)	speciality
27.	连续	liánxù	(副) (A)	continuously

（1）运动员连续进行了三天比赛。
The athletes competed continuously for three days.

（2）他连续担任两届政府总理。
He held the post of Prime Minister continuously for two sessions.

28.	超过	chāoguò	(动) (FV)	to surpass; exceed
29.	国务卿	guówùqīng	(名) (N)	secretary of state
30.	相当于	xiāngdāngyú		equal to

（1）美国的人口相当于中国的五分之一。

The population of the United States is one-fifth of the population of China.

（2）这本书适合相当于中学水平的学生读。
This book is suitable for students at high school level.

31.	外交	wàijiāo	(名)(N)	foreign affairs
32.	总统	zǒngtǒng	(名)(N)	president (of a country)
33.	首相	shǒuxiàng	(名)(N)	prime minister
34.	怎么回事	zěnmehuíshì		What has happened?

（1）他本来说来，可是到现在还没来，这是怎么回事？
He said he was coming, but he still has not arrived yet. I wonder what has happened.

（2）她一进门就哭，谁也不知道(是)怎么回事。
She burst into tears as soon as she came in and nobody knew what had happened.

35.	奇怪	qíguài	(形)(SV)	strange
36.	或者	huòzhě	(连)(C/MA)	or/maybe; perhaps
37.	国王	guówáng	(名)(N)	king
38.	管理	guǎnlǐ	(动)(FV/N)	to manage; management
39.	事务	shìwù	(名)(N)	business; work
40.	大臣	dàchén	(名)(N)	minister (of a monarchy)
41.	宰相	zǎixiàng	(名)(N)	prime minister (in feudal China)

42. 嗬　　　　　hē　　　　　（叹）(I)　　ah; oh
43. 真行　　　　zhēn xíng　　　　　really competent; terrific
44. 地方　　　　dìfāng　　　（名）(AT/N)　local
45. 级　　　　　jí　　　　　（量）(M)　　rank
46. 一般　　　　yībān　　　（形、副）　ordinary; usually
　　　　　　　　　　　　　　　(SV/A)

（1）我说的是一般情况。
　　　I am talking about the general situation.
（2）这篇文章的语言很一般。
　　　The writing of this article is mediocre.
（3）晚上我一般都在家。
　　　I usually stay at home in the evening.

47. 省　　　　　shěng　　　（名）(N)　　province
48. 县　　　　　xiàn　　　　（名）(N)　　county
49. 乡　　　　　xiāng　　　（名）(N)　　township
50. 直接　　　　zhíjiē　　　（副、形）
　　　　　　　　　　　　　　(A/AT)　directly/direct

（1）他不直接管理这些事务。
　　　He is not directly in charge of these matters.
（2）有话你就直接说，不用拐弯儿。
　　　Please say whatever you want to say and don't beat around the bush.
（3）这件事很重要，你直接去找校长吧。
　　　This is a very important matter; you had better go to see the president yourself.

51. 直辖市　　　zhíxiáshì　　　（名）(N)　a city directly un-

					der the jurisdiction of the central government
52.	居住	jūzhù	(动)	(FV)	to reside
53.	自治	zìzhì	(动)	(FV)	to have autonomy
54.	自治区	zìzhìqū	(名)	(N)	autonomous region
55.	自治州	zìzhìzhōu	(名)	(N)	autonomous prefecture
	州	zhōu	(名)	(N)	prefecture
56.	长	zhǎng	(名)	(N)	chief; head
57.	省长	shěngzhǎng	(名)	(N)	governor
58.	县长	xiànzhǎng	(名)	(N)	county magistrate
59.	乡长	xiāngzhǎng	(名)	(N)	head of a township
60.	包括…在内	bāokuò...zàinèi			to include
61.	记得	jìde	(动)	(FV)	to remember
62.	那还用说	nà hái yòng shuō			it goes without saying

(1) A: 你记得真清楚啊！
How clearly you remember it!

B: 那还用说！
Of course!

(2) A: 冬天北京比广州冷吧？
Isn't it colder in Beijing than it is in Guangzhou?

B: 那还用说！
It certainly is!

63.	艺术	yìshù	(名) (N)	art
64.	噢	ò	(叹) (I)	ah; oh
65.	对啦	duìla	(叹) (I)	That's right.

(1) A: 这个词你不是学过了吗?
Haven't you learned this word before?
B: 噢, 对啦, 我想起来了。
Oh, yes, now I remember.

(2) A: 玛丽, 你的书包呢?
Mary, where is your schoolbag?
B: 噢, 对啦, 忘在图书馆了。
Oh, no! I left it in the library.

66.	咱们	zánmen	(代) (PN)	we; us (including hearer)

专　　名

1.	周恩来	Zhōu Ēnlái	Zhou Enlai
2.	刘少奇	Liú shàoqí	Liu Shaoqi
3.	河南省	Hénán Shěng	Henan Province
4.	新乡县	Xīnxiāng Xiàn	Xinxiang County
5.	七里营乡	Qīlǐyíng Xiāng	the Township of Qiliying
6.	中央民族学院	Zhōngyāng Mínzú Xuéyuàn	the Central Academy for the Nationalities
7.	维吾尔族	Wéiwú'ěrzú	the Uygur nationality

8. 新疆维吾尔自治区　Xīnjiāng Wéiwú'ěr Zìzhìqū　Xinjiang Uygur Autonomous Region

句型练习

一、由…来…　　(something) to be done by …

例句：

1. 这个字由我来写。
I shall write this character.
2. 今天的课由马老师来上。
Today's class will be taught by Professor Ma.
3. 这个职务由老李来担任。
This position will be filled by Lao Li.
4. 这个任务由你们工厂来完成。
This task is for your factory to complete.
5. 明天由校长来介绍各系的情况。
Tomorrow the president will talk about each department.

解释：

在"由…来…"这一格式中，介词"由"与名词或代词组合，引出施动者。"来+动词"表示要做某事。受事者可以作动词的宾语，也可以在"由…"前边作主语，比如，"由你来担任外交部长"，也可以说"外交部长由你来担任。"其格式为：

a) 受事者+由（施事者）来+动词；

b) 由（施事者）来+动词+受事者。

练习：
1. 回答问题：
(1) A: 这个问题由谁来解决？
    B:
(2) A: 这个任务由谁来执行？
    B:
(3) A: 国务院各部由谁来领导？
    B:
(4) A: 人民的利益由谁来保护？
    B:
(5) A: 中国的四个现代化由谁来实现？
    B:

2. 用"由…来…"和所给的词语造句：
（1）辛亥革命　　　领导
（2）办公室主任　　担任
（3）去不去长城　　决定
（4）行政事务　　　管理

二、由…组成　　to be formed by

例句：

1. 这个句子是由五个词组成的。
This sentence consists of five words.
2. 我们班是由美国学生和日本学生组成的。
Our class is formed by students from Japan and the United States.
3. 这个委员会是由十三个人组成的。
This committee is formed by thirteen people.
4. 那个省的干部队伍是由年轻人组成的。

The cadre team in that province is formed by young people.

解释：

"由…组成"表示由部分、个体组成为整体。个体在"由…组成"之间，整体可以是主语，也可以是宾语。其格式有二：a）整体＋由（部分、个体）组成。b）由（部分、个体）组成＋整体。

练习：

1. 填空：

    （1）这个足球队是由_____组成的。

    （2）中国的国务院是由_____组成的。

    （3）我们班是由_____组成的。

    （4）艺术系由_____组成一个演出团。

2. 回答问题：

    （1）A：你们那个旅行团是由多少人组成的？

    　　B：

    （2）A：这个代表团是由哪些人组成的？

    　　B：

    （3）A："漂亮"的"漂"是由哪几部分组成的？

    　　B：

    （4）A：由"愿"和"望"组成的词是什么？

    　　B：

三、拿…来说　　to take (something) as an example

例句：

1. 拿你来说，就比我唱得好。

For example, you sing better than I do.

2. 拿现在的生活来说，比过去好多了。

For example, life today is much better than before.

3.拿昨天的事情来说,你不该那样做。

To take yesterday's instance for example, you should not have acted that way.

4.拿这次比赛来说吧,你们队就不够团结。

To use this competition as an example, it shows your team did not work closely together.

5.汉语有些词不只一个意思,拿这个词来说吧,就有三个意思。

Some of the words in the Chinese language have more than one meaning; for example, this term has three meanings.

解释:

"拿…来说"表示从某个方面提出话题,并有举例、打比方的意思。

练习:

1.填空:

(1)依我看,汉字很难写,拿____来说,就很复杂。

(2)中国的名胜古迹很多,拿____来说,就有故宫、长城和颐和园等。

(3)近几年来,在中国各大学学汉语的美国人越来越多,拿____来说,就有七八十人。

2.用"拿…来说"改写下列句子:

(1)上海在经济上占有重要地位,比如工业,就比西安发达。

(2)他每天晚上都学习很长时间,比如昨天晚上,十二点了还在看书。

(3) 有些方面你比我好，比如唱歌，我就不如你。

(4) 到北京大学来参观的外国朋友相当多，比如今年四月和五月，就有一千多人。

(5) 他们的汉语水平都不错，比如琳达，都能当翻译了。

四、这有什么…的？　　What's so ... about that?

例句：

1. A: 这个句子有点儿难。
   This sentence is rather difficult.

   B: 这有什么难的，我来做。
   What's so difficult about it? Let me do it.

2. A: 这个问题太复杂。
   This problem is too complicated.

   B: 这有什么复杂的？我看很好解决。
   What's so complicated about it? I think it is easy to solve.

3. A: 你说我写得不好，你来试试。
   Since you say that I cannot write well, you try it.

   B: 试试就试试，这有什么了不起的！
   OK, I will try it. It is nothing.

4. A: 我看总统不太好当。
   It seems to me that it is not easy to be a president.

   B: 这有什么不好当的，大家选我，我就能当。
   What's so difficult about that; if I am elected, I can do it.

解释：

"这有什么…的"；是用问话的形式，表示与此相反的意思。比如"这有什么奇怪的"，意思是"不奇怪"。"这有什么不合适的"，意思是"合适"。

练习：

1. 用"这有什么…的"改写句子：

（1）这个问题很好回答。

（2）这件事不难解决。

（3）这没什么了不起。

（4）这没什么可高兴的。

2. 用"这有什么…的"完成下列对话：

（1）A：我看这样做不合适。
　　　B：

（2）A：我不给你，你一定不高兴。
　　　B：

（3）A：我有一件事，可是又不好说。
　　　B：

（4）A：这句话很重要。
　　　B：

五、或者　or

例句：

1. 这件事你问小张或者小李都可以。

You can ask either Xiao Zhang or Xiao Li about this matter.

2. 我想到中国去学汉语，一年或者两年都行。

I want to go to China to study Chinese. It does not matter whether for one year or two years.

3. 咱俩当中去一个,或者你去,或者我去。
One of us, either you or I, will go.

4. 或者去上海,或者去杭州,或者去西安,都由你自己来决定。
It is up to you to decide whether to go to Shanghai, or to Hangzhou, or to Xi'an.

5. 必须会一门外语,英语、法语,或者日语都行。
One foreign language is required; it could be English, French or Japanese.

解释:

"或者"在叙述句里表示选择。用"或者…或者…"连接两个小句,主语不同时,"或者"只能在主语前,如例句3。连接多项成分,"或者"可在每一项成分前,如例句4,也可在最后一项成分前,如例句5。

练习:

用"或者"和所给的词语完成句子:

1. 请你给我借一本小说,_____。(当代、古代)
2. _____到我这儿来一下。(今天、明天)
3. 这篇文章咱俩谁写都行,_____。(你写、我写)

六、我说就我说　　It's all right...

例句:

1. A: 明天我没时间,你去吧!
   I am busy tomorrow. Would you mind going?
   B: 行,我去就我去。
   All right, I will go.

2. A: 今天的电影票我买。
   Let me get the tickets for today's movie.

B： 你买就你买。
　　　　All right.
3. A： 这篇文章让他写吧！
　　　　Let him write this article.
　　B： 我没意见，他写就他写。
　　　　I have no objections; let him write it.

解释：
"我说就我说"，"就"的前后是相同的主谓结构，主语多是人称代词，谓语多是单音节动词。这种句型多在对话中表示同意对方意见，只有肯定形式，没有否定形式。

练习：
用"…就…"完成下列对话：

（1）A：今天的课你讲吧！
　　　B：

（2）A：你把衣服放这儿吧，我来洗。
　　　B：

（3）A：你休息一会儿，中午饭我来做。
　　　B：

（4）A：我念完了，该你念了。
　　　B：

（5）A：这次旅行让他去吧！
　　　B：

（6）A：你不用管了，饭钱我给。
　　　B：

（7）A：这封信我来写。
　　　B：

（8）A：我连着演了三个节目了，该你演了。
　　　　B：

七、包括…在内　　to include
例句：

1.老马、小高包括在内，才五个人。
There are only five persons, including Lao Ma and Xiao Gao.

2.包括你在内，一共二十人。
Including you, there are all together twenty persons.

3.包括杭州在内，我参观了五个城市。
I have visited five cities, including Hangzhou.

4.酒钱包括在内，一共五十元。
Including the wine, the bill comes to fifty dollars.

5.一桌菜三十元，酒钱不包括在内。
The whole meal cost thirty dollars, not including the wine.

6.他把你也包括在老师之内了。
He counted you as a teacher.

解释：

"包括…在内"或者列举各部分（如例1），或者着重指某一部分（如例2、3）。有时着重指出的部分可以提到"包括"之前变成"…包括在内"（如例4），"包括…在内"有时变作"包括在…（之）内"的形式（如例6）。

练习：

1.用"包括…在内"和所给的词语回答问题：

（1）A：你们代表团一共多少人？
　　　B：　　　　（翻译）

（2）A：你们在中国参观了几个学校？
　　　B：　　　　（民族学院）
（3）A：中国一共有多少个省？
　　　B：　　　　（台湾）
（4）A：你在北京住了几年了？
　　　B：　　　　（今年）

2．用"包括…在内"及其变化形式完成句子：

（1）_____，他一共写了五部小说。
（2）_____，我一共买了三样东西。
（3）_____，中国有三个直辖市。
（4）_____，一顿饭才花了十块钱。
（5）这次只考前四课，第五课_____。

听力练习

（听录音，听力问题附本单元后）

回答问题

1. 解放以后第一届全国人民代表大会是什么时候召开的？在会上作了什么重大决定？

2. 全国人民代表大会是一个什么样的机关？这些代表是由谁选举的？

3. 请你说一说国务院的组织，它和全国人大有什么关系？

4. 美国的国务院和中国的国务院有什么不同？
5. 近年来中国政府对干部制度进行了什么改革？为什么要改革？
6. 请你简单地说一说中国地方政府的组织。
7. 直辖市和其他的城市有什么不同？
8. 自治区是怎么样产生的？为什么要成立自治区？
9. 请你说一说现在世界上还有哪些国家实行君主制？谁是它们政府的最高领导人？
10. 请你介绍一下贵国政府的组织。

翻译练习

（英译汉，答案附本单元后）

1. to elect the chairman of the student union
2. to broadcast the election results
3. to form a delegation
4. formed by members of the standing committee
5. to hold the post of the premier of the State Council
6. the ranks of the administrative cadres
7. to come to a decision at the meeting

8. to be carried out by the State Council
9. to carry out the emperor's order
10. similar views
11. to take China's situation as an example
12. the vice-minister of the Ministry of Education
13. the Chairman of the History Department
14. Secretary General of the United Nations
15. the departments under the jurisdiction of the State Council
16. factories that are directly subordinate to the Ministry of Defense
17. to reform the economic system
18. the ranks of the intellectuals
19. a very knowledgeable cadre
20. young combat hero
21. to take one's discipline seriously
22. went on for a whole week
23. to exceed the original achievement
24. the visit of the Secretary of State of the United States
25. equal to college level
26. to establish diplomatic relationship

27. the election of the American president
28. to hold the post of Prime Minister of Great Britain
29. Her proposition is a bit strange.
30. an odd incident
31. Maybe it would not take half a day.
32. the king who idled his time away all day long in pleasure-seeking
33. the minister in charge of trade
34. a famous prime minister of the Tang Dynasty
35. His skill in driving a car is remarkable.
36. the organizations of the central and local governments
37. the level of elementary Chinese
38. the results of direct election
39. the tribes that lived on the grassland
40. including autonomous regions and prefectures
41. I recall such a decision was made.
42. to achieve great success in artistry
43. After lengthy discussion, they have not yet come to a decision on that issue.
44. This year it is again the time to elect a president of the United States.

45. Has it been decided who will be in charge of this?
46. The ways in which they carry out the task are similar.
47. Agriculture in the United States is highly developed; for example, its wheat production is the highest in the world.
48. After the State Council had been established, he was a member of the State Council for two consecutive sessions.
49. After liberation, many intellectuals participated in the land reform.
50. In recent years, the Chinese government has carried out reform in the educational system.
51. To lower the age of the revolutionary ranks, many young cadres were given leading positions.
52. What is so difficult about learning technology? If you study it conscientiously you will surely master it.
53. Nobody spoke at the discussion, what was the matter?
54. He has been to many big cities in the United States, for example New York, Boston, etc.
55. The leaders of the United States, including the President, visited China recently.
56. Who elected the leaders of the county and township?

57. The ordinary people support this policy.
58. He had been interested in painting since childhood, so he decided to study in the art department.
59. Chinese opera is a very popular folk performing art.
60. This year the production volume in this bicycle factory exceeded that of last year.

第十课 在李教授家里作客

李教授：啊！老朋友，欢迎欢迎！路上辛苦了吧？

史密斯：还好。在上海呆了几天，去复旦大学讲了一次课，还看了几个老朋友，有的三十多年没见面了。

李教授：我们也是三十多年没见面了。

史密斯：可不是嘛！这次见到你真高兴！怎么样，身体好吗？

李教授：你看，我这不是很好吗？就是头发白了。

史密斯：不错，不错。我看你精神挺好。虽然头发白了，还不像六十来岁的人。不过，"文化大革命"那几年，我真替你担心哪！受了不少苦吧？

李教授：过去的事就别提了。我向来是个乐观的人，一切都应该向前看嘛。

史密斯：其实，那时候，你不回国就好了。

李教授：不错，国外的工作条件和生活条件是比国内好，可是新中国成立以后，许多在国外的知识分子还是满腔热情地回来了。为什么呢？因为我们都是中国人，想把自己学到的一点知识贡献给国家，希望祖国早日富强起来。像李四光、钱学森这样一些人，都是世界著名的科学家，他们回国以后，都对中国的建设事业作出了重大贡献。

史密斯：中国的知识分子真好，可是中国的政府对他们……

李教授：我们的政府对知识分子还是很关心的。1950年我一回来，就受到党和国家领导人的接见。1956年提出了"百花齐放,百家争鸣"的方针,提倡科学上的不同学派自由争论,艺术上的不同风格自由发展,目的是调动大家的积极性,促进科学的发展和文化艺术的繁荣。

史密斯:这不是很好吗?

李教授:可惜1957年反右派斗争扩大化了,影响了一部分知识分子的积极性。到了"文化大革命","四人帮"甚至连科学、文化都不要了,知识分子的情况就可想而知了。

史密斯:现在情况不同了吧?

李教授:最近几年,我们国家领导人多次谈到知识分子的重要作用。知识分子跟工人、农民一样,也是劳动者,他们的政治地位是平等的。这方面的情况,我想你多少知道一些吧!就拿我来说,现在担任了这个大

　　　　学外国文学研究所的领导工作，生活上也
　　　　受到了许多照顾。
史密斯：你的房子就不错嘛！
李教授：跟一般同志相比，那好多了。
史密斯：你夫人也好吧？
李教授：谢谢，她很好。本来应该在家等你，可
　　　　是她今天有一个重要的会。
史密斯：她作什么工作？
李教授：在一个工厂当厂长，新提升的。
史密斯：听说现在好多知识分子都当了干部。
李教授：现在国家要求干部知识化、专业化，不
　　　　少知识分子都担任了领导工作，还有当省
　　　　长、市长的呢。

　　（李夫人推门进来）

李教授：回来了。我来介绍一下，这是史密斯先
　　　　生、美国国会议员。这是我爱人。
李夫人：你好！

史密斯：你好！工作挺忙吧？

李夫人：是忙一点儿，这不，刚从市里开会回来。市里又要检查各单位落实知识分子政策的情况了。

史密斯：你们工厂落实得挺好吧？

李夫人：我们厂车间以上的干部，百分之五十都是科技人员。

李教授：现在中国的知识分子都不再是英雄无用武之地了。

李夫人：你们先谈着，我去看看饭准备好了没有。

史密斯：又打扰你们了。

李夫人：别客气，都是老朋友啦！

（李夫人走了出去）

史密斯：现在你们有几个孩子？

李教授：两个。大的是女孩儿，在电视机厂工作。小的是个男孩子，正念研究生呢。现

　　　　在考研究生的人很多。
史密斯：很好嘛！实现四个现代化，是得有很多掌握专门知识的人才。
　　　　（李夫人又走了进来）
李夫人：你们谈得真热闹。时间不早了，还是先吃饭吧。
李教授：好，那我们就边吃边谈。来，请这边坐。（斟酒举杯）祝你旅行愉快！
史密斯：祝你们二位健康长寿！
李夫人：为我们的友谊干杯！
李教授：干杯！
史密斯：干杯！

第十課 在李教授家裏作客

李教授：啊！老朋友，歡迎歡迎！路上辛苦了吧？

史密斯：還好。在上海呆了幾天，去復旦大學講了一次課，還看了幾個老朋友，有的三十多年沒見面了。

李教授：我們也是三十多年沒見面了。

史密斯：可不是嘛！這次見到你真高興！怎麽樣，身體好嗎？

李教授：你看，我這不是很好嗎？就是頭髮白了。

史密斯：不錯，不錯。我看你精神挺好。雖然頭髮白了，還不像六十來歲的人。不過，"文化大革命"那幾年，我真替你担心哪！受了不少苦吧？

李教授：過去的事就別提了。我向來是個樂觀的人，一切都應該向前看嘛。

史密斯：其實，那時候，你不回國就好了。

李教授：不錯，國外的工作條件和生活條件是比國內好，可是新中國成立以後，許多在國外的知識分子還是滿腔熱情地回來了。為甚麼呢？因為我們都是中國人，想把自己學到的一點知識貢獻給國家，希望祖國早日富強起來。像李四光、錢學森這樣一些人，都是世界著名的科學家，他們回國以後，都對中國的建設事業作出了重大貢獻。

史密斯：中國的知識分子真好，可是中國的政府對他們……

李教授：我們的政府對知識分子還是很關心的。1950年我一回來，就受到黨和國家領導人的接見。1956年提出了"百花齊放，百家爭鳴"的方針，提倡科學上的不同學派自由爭論，藝術上的不同風格自由發展，目的是調動大家的積極性，促進科學的發展和文化藝術的繁榮。

史密斯：這不是很好嗎？

李教授：可惜1957年反右派鬥爭擴大化了，影響了一部分知識分子的積極性。到了"文化大革命"，"四人幫"甚至連科學、文化都不要了，知識分子的情況就可想而知了。

史密斯：現在情況不同了吧？

李教授：最近幾年，我們國家領導人多次談到知識分子的重要作用。知識分子跟工人、農民一樣，也是勞動者，他們的政治地位是平等的。這方面的情況，我想你多少知道一些吧！就拿我來說，現在担任了這個大學外國文學研究所的領導工作，生活上也受到了許多照顧。

史密斯：你的房子就不錯嘛！

李教授：跟一般同志相比，那好多了。

史密斯：你夫人也好吧？

李教授：謝謝，她很好。本來應該在家等你，可是她今天有一個重要的會。

史密斯：她作甚麼工作？

李教授：在一個工廠當廠長，新提升的。

史密斯：聽說現在好多知識分子都當了幹部。

李教授：現在國家要求幹部知識化、專業化，不少知識分子都擔任了領導工作，還有當省長、市長的呢。（李夫人推門進來）

李教授：回來了。我來介紹一下，這是史密斯先生、美國國會議員。這是我愛人。

李夫人：你好！

史密斯：你好！工作挺忙吧？

李夫人：是忙一點兒，這不，剛從市里開會回來。市里又要檢查各單位落實知識分子政策的情況了。

史密斯：你們工廠落實得挺好吧？

李夫人：我們廠車間以上的幹部，百分之五十都是科技人員。

李教授：現在中國的知識分子都不再是英雄無用武之地了。

李夫人：你們先談着，我去看看飯準備好了沒有。

史密斯：又打擾你們了。

李夫人：別客氣，都是老朋友啦！

（李夫人走了出去）

史密斯：現在你們有幾個孩子？

李教授：兩個。大的是女孩兒，在電視機廠工作。小的是個男孩子，正念研究生呢。現在考研究生的人很多。

史密斯：很好嘛！實現四個現代化，是得有很多掌握專門知識的人才。

（李夫人又走了進來）

李夫人：你們談得真熱鬧。時間不早了，還是先吃飯吧。

李教授：好，那我們就邊吃邊談。來，請這邊坐。（斟酒舉杯）祝你旅行愉快！

史密斯：祝你們二位健康長壽！

李夫人：為我們的友誼乾杯！

李教授：乾杯！

史密斯：乾杯！

Dìshíkè   Zài Lǐjiàoshòu jiāli zuòkè

Lǐjiàoshòu: Ā! Lǎo péngyou, huānyíng huānyíng! Lùshang xīnkǔ le ba?

Shǐmìsī: Hái hǎo. Zài Shànghǎi dāile jǐ tiān, qù Fùdàn Dàxué jiǎngle yí cì kè, hái kànle jǐ gè lǎo péngyou, yǒude sānshí duō nián méi jiànmiàn le.

Lǐjiàoshòu: Wǒmen yě shì sānshí duō nián méi jiànmiàn le.

Shǐmìsī: Kěbúshì ma? Zhèi cì jiàndào nǐ zhēn gāoxìng! Zěnmeyàng, shēntǐ hǎo ma?

Lǐjiàoshòu: Nǐ kàn, wǒ zhè bú shì hén hǎo ma? jiùshì tóufa bái le.

Shǐmìsī: Búcuò, búcuò. Wǒ kàn nǐ jīngshen tǐng hǎo. Suīrán tóufa bái le, hái bú xiàng liùshí lái suì de rén. Búguò, "wénhuà dàgémìng" nà jǐ nián, wǒ zhēn tì nǐ dānxīn na! shòule bùsháo kǔ ba?

Lǐjiàoshòu: Guòqù de shì jiù bié tí le. Wǒ xiànglái shì ge lèguānde rén, yíqiè dōu yīnggāi xiàng qián kàn ma.

Shǐmìsī: Qíshí, nà shíhou, nǐ bù huíguó jiù hǎo le.

Lǐjiàoshòu: Búcuò, guówài de gōngzuò tiáojiàn hé shēnghuó tiáojiàn shì bǐ guónèi hǎo, kěshì, Xīn Zhōngguó chénglì yǐhòu, xǔduō zài guówài de zhīshifènzǐ hái shì mǎnqiāng-rèqíngde huílai le. Wèishénme ne? Yīnwèi wǒmen dōu shì Zhōngguórén, xiáng bǎ zìjǐ xuédào de yìdiǎnr zhīshi gòngxiàn gěi guójiā, xīwàng zǔguó zǎorì fùqiángqilai. Xiàng Lǐ Sìguāng, Qián Xuésēn zhèyàng yìxiē rén, dōu shì shìjiè zhùmíngde kēxuéjiā, tāmen huíguó yǐhòu, dōu duì Zhōngguó de jiànshè shìyè zuòchūle zhòngdà gòngxiàn.

Shǐmìsī: Zhōngguó de zhīshifènzǐ zhēn hǎo, kěshì Zhōngguó de zhèngfǔ duì tāmen ......

Lǐjiàoshòu: Wǒménde zhèngfǔ duì zhīshifènzǐ hái shì hěn guānxīnde. 1950 nián wǒ yì huílai, jiù shòudào dǎng hé guójiā lǐngdǎorén de jiējiàn. 1956 nián tíchūle "bǎi huā qí fàng, bǎi jiā zhēngmíng" de fāngzhēn, tíchàng kēxué-shang de bù tóng xuépài zìyóu zhēnglùn, yìshùshang de bù tóng fēnggé zìyóu fāzhǎn, mùdì shì diàodòng dàjiā de jījíxìng, cùjìn kēxué de fāzhǎn hé wénhuà yìshù de fánróng.

Shǐmìsī: Zhè búshì hěn hǎo ma?

Lǐjiàoshòu: Kěxī 1957 nián fǎn yòupài dòuzhēng kuòdàhuà le, yíngxiǎngle yí bùfen zhīshifènzǐ de jījíxìng. Dàole "wénhuà dàgémìng", "Sìrénbāng" shènzhì lián kēxué, wénhuà dōu bú yào le, zhīshifènzǐ de qíngkuàng jiù kéxiǎng'érzhī le.

Shǐmìsī: Xiànzài qíngkuàng bù tóng le ba?

Lǐjiàoshòu: Zuìjìn jǐ nián, wǒmen guójiā lǐngdǎorén duō cì tándào zhīshifènzǐ de zhòngyào zuòyòng. Zhīshifènzǐ gēn gōngrén, nóngmín yíyàng, yě shì láodòngzhě, tāmende zhèngzhì dìwèi shì píngděng de. Zhèi fāngmiàn de qíngkuàng, wó xiáng ni duōshǎo zhīdào yìxiē ba! Jiù ná wǒ lái shuō, xiànzài dānrènle zhèi gè dàxué wàiguó wénxué yánjiūsuǒ de lǐngdǎo gōngzuò, shēnghuóshang yě shòudàole xǔduō zhàogù.

Shǐmìsī: Nǐde fángzi jiù búcuò ma!

Lǐjiàoshòu: Gēn yìbān tóngzhì xiāngbǐ, nà hǎoduōle.

Shǐmìsī: Ni fūren yé hǎo ba?

Lǐjiàoshòu: Xièxie, tā hén hǎo. Běnlái yīnggāi zài jiā děng ni, kěshì tā jīntiān yǒu yí gè zhòngyào de huì.

Shǐmìsī: Tā zuò shénme gōngzuò?

Lǐjiàoshòu: Zài yí gè gōngchǎng dāng chǎngzhǎng, xīn tísheng de.

Shǐmìsī: Tīngshuō xiànzài hǎoduō zhīshifènzǐ dōu dāngle gànbù.

Lǐjiàoshòu: Xiànzài guójiā yāoqiú gànbù zhīshihuà, zhuānyèhuà, bùshǎo zhīshifènzǐ dōu dānrènle lǐngdǎo gōngzuò, hái yǒu dāng shéngzhǎng shìzhǎng de ne.

(Lǐfūren tuī mén jìnlai)

Lǐjiàoshòu: Huílái le. Wǒ lái jièshào yíxiàr, zhè shì Shǐmìsī xiānsheng, Měiguó Guóhuì yìyuán, zhè shì wǒ àiren.

Lǐfūren: Níhǎo!

Shǐmìsī: Níhǎo! gōngzuò tǐng máng ba?

Lǐfūren: Shì máng yìdiǎnr, zhèbū, gāng cóng shìlǐ kāihuì huílai. Shìlǐ yòu yào jiǎnchá gè dānwèi luòshí zhīshifènzǐ zhèngcè de qíngkuàng le.

Shǐmìsī: Nǐmen gōngchǎng luòshíde tǐng hǎo ba?

Lǐfūren: Wǒmen chǎng chējiān yǐshàng de gànbù, bǎifēnzhīwǔshí dōu shì kējì rényuán.

Lǐjiàoshòu: Xiànzài Zhōngguó de zhīshifènzǐ dōu bú zài shì yīngxióng wú yòngwǔzhīdì le.

Lifūren: Nǐmen xiān tánzhe, wǒ qù kànkan fàn zhǔnbèihǎole méiyǒu.

Shǐmìsī: Yòu dáráo nǐmen le.

Lifūren: Bié kèqi, dōu shì lǎo péngyou la!

(Lifūren zǒule chūqu)

Shǐmìsī: Xiànzài nǐmen yóu jǐ gè háizi?

Lǐjiàoshòu: Liǎng gè, dàde shì nǚháir, zài diànshìjī cháng gōngzuò, xiǎode shì ge nánháizi, zhèng niàn yánjiūshēng ne. Xiànzài kǎo yánjiūshēng de rén hěn duō.

Shǐmìsī: Hén hǎo ma! shíxiàn sì ge xiàndàihuà, shì déi yóu hěn duō zhǎngwò zhuānmén zhīshi de réncái.

(Lifūren yòu zǒule jìnlai)

Lifūren: Nǐmen tánde zhēn rènao. Shíjiān bù zǎo le, háishì xiān chīfàn ba!

Lǐjiàoshòu: Hǎo, nà wǒmen jiù biān chī biān tán. Lái, qǐng zhèibian zuò. (Zhēn jiú jǔ bēi) Zhù ní lǚxíng yúkuài!

Shǐmìsī: Zhù nǐmen èr wèi jiànkāng chángshòu!

Lifūren: Wèi wǒmende yǒuyì gānbēi!

Lǐjiàoshòu: Gānbēi!

Shǐmìsī: Gānbēi!

生　　词

1. 教授　　　jiàoshòu　　　（名）(N)　professor
2. 作客　　　zuòkè　　　　（动宾）(VO) to pay a visit
3. 辛苦　　　xīnkǔ　　　　（形）(SV)　tired
4. 呆　　　　dāi　　　　　（动）(FV)　to stay

   （1）昨天下雨，我在家呆了一天。

   It rained yesterday and I stayed at home all day.

   （2）快干活儿吧，别呆着了！

   Hurry up and start work. Don't procrastinate.

5. 头发　　　tóufa　　　　（名）(N)　hair
6. 精神　　　jīngshen　　　（名）(N)　spirit
7. 挺　　　　tǐng　　　　　（副）(A)　quite; fairly

   挺好看　quite pretty　　挺忙　fairly busy
   挺有意思　quite interesting　挺冷　quite cold

8. （六十）来　(liùshí) lái　　　（助）(P)　around (sixty
   （岁）　　(suì)　　　　　　　　　　　 years old)

   （1）这个人二十来岁。

   This person is about twenty years old.

   （2）这个班有三十来个学生。

   There are about thirty students in this class.

   （3）他有二百来斤重。

   He weighs about 200 jin.

9. 替　　　　tì　　　　　　（介、动）for; on behalf of
   　　　　　　　　　　　　　(CV/FV)

10. 担心　　　dānxīn　　　　（动）(FV)　to worry

    （1）他今天怎么没来？我担心他是不是病了。

Why didn't he come today? I am worried that he might be sick.

（2）没事儿，你不用替她担心。

It's all right. You don't have to worry about her.

11. 受苦　　　shòukǔ　　　（动宾）(VO) to suffer
12. 其实　　　qíshí　　　（副）(MA) actually; in fact
13. 条件　　　tiáojiàn　　　（名）(N) condition

（1）这里学习条件不错。

Here the studying conditions are good.

（2）他小时候生活很苦，没有条件上学。

He had a difficult time when he was a child and did not have an opportunity to go to school.

14. 满腔热情　　mǎnqiāng rèqíng　　　to be full of enthusiasm
15. 希望　　　xīwàng　　　（动、名）(FV/N) to hope/wish; hope

（1）希望你努力学习。

I hope you will study hard.

（2）我的希望是学好汉语。

My wish is to learn Chinese well.

16. 向来　　　xiànglái　　　（副）(A) always

（1）他工作向来认真努力。

He always works conscientiously and diligently.

（2）我向来不爱哭。

I never cry.

17. 乐观　　　lèguān　　　（形）(SV) optimistic; hopeful

(1) 他总是非常乐观。
   He is always optimistic.
(2) 这件事不太乐观吧!
   This matter doesn't look promising.

18. 一切　　yīqiè　　　　　(代) (PN)　all
   (1) 这里的一切都很好。
       Everything here is fine.
   (2) 一切问题都解决了。
       All the problems have been solved.

19. 向前看　xiàngqiánkàn　　　　　to look to the future

20. 事业　　shìyè　　　　　(名) (N)　cause

21. 重大　　zhòngdà　　　　(形) (SV)　great; significant
   重大(的)问题　　major issue
   重大(的)成就　　significant achievement
   重大(的)胜利　　great victory

22. 接见　　jiējiàn　　　　　(动) (FV)　to receive somebody

23. 方针　　fāngzhēn　　　　(名) (N)　policy; guiding principle

24. 提倡　　tíchàng　　　　　(动) (FV)　to advocate; promote
   (1) 提倡认真读书。
       to advocate diligence in one's studies
   (2) 提倡积极开展科学研究。
       to advocate actively carrying out scientific research

25. 学派　　xuépài　　　　　(名) (N)　school (of thought)

26. 自由　　　　zìyóu　　　　（形、名）
　　　　　　　　　　　　　　（SV/N）　free/freedom
27. 争论　　　　zhēnglùn　　（动、名）　to debate/contro-
　　　　　　　　　　　　　　（FV/N）　versy

他们的看法不同，所以常常发生争论。
Their views are quite different, so they often debate.

28. 风格　　　　fēnggé　　　（名）(N)　style
29. 调动　　　　diàodòng　　（动）(FV)　to transfer; to mobilize

　　调动工作　　to transfer to a new job
　　调动军队　　to move troops
　　调动一切力量　to mobilize all forces

30. 可惜　　　　kěxī　　　　（副、形）
　　　　　　　　　　　　　　（MA/SV）　it's a pity
31. 扩大化　　　kuòdàhuà　　（动）(FV)　to magnify; to get out of bounds

　　扩大　　　　kuòdà　　　（动）(FV)　to enlarge; expand
　　扩大面积　　to expand the area
　　扩大影响　　to extend the influence

32. 甚至　　　　shènzhì　　　（副、连）
　　　　　　　　　　　　　　（MA/C）　even; go so far as
33. 连　　　　　lián　　　　（介）(CV)　even
34. 积极性　　　jījíxìng　　（名）(N)　initiative; enthusiasm

大家学习汉语的积极性很高。
Everyone is very enthusiastic about studying Chinese.

　　…性　　　　…xìng　　　（尾）(BF)　nature; disposition

艺术性	artistic quality	
革命性	revolutionary character	
复杂性	complexity	

35. 可想而知　kěxiǎng'érzhī　　　　　easy to imagine
36. 多少　　　duōshǎo　　（副）(A)　more or less
37. 研究所　　yánjiūsuǒ　（名）(N)　research institute
38. 照顾　　　zhàogù　　（动）(FV) to take care of; to look after

（1）你要好好（地）照顾这位老人。
　　You must take good care of this elderly person.

（2）谢谢你对我的照顾。
　　Thank you for looking after me.

39. 本来　　　běnlái　　（副）(MA) originally
40. 提升　　　tíshēng　　（动）(FV) to promote
41. 好（多）　hǎo(duō)　（副）(A)　a good (many)

　　好多年　a good many years　　好多天　many days
　　好远　　quite far　　　　　　好长　　very long
　　好热　　very hot

42. 要求　　　yāoqiú　　（动、名）to require / de-
　　　　　　　　　　　　(FV/N)　mand

（1）他们要求工作。
　　They are asking for jobs.

（2）他向领导提出一个要求。
　　He put forward a request to the leader.

43. 推　　　　tuī　　　　（动）(FV) to push
44. 国会　　　guóhuì　　（名）(N)　Congress

45. 议员　　　　yìyuán　　　　（名）(N)　　Congressman
46. 检查　　　　jiǎnchá　　　　（动、名）　to inspect; to
　　　　　　　　　　　　　　　　 (FV/N)　 check up/inspection

（1）你要检查一下儿身体。
　　　You must get a physical examination.
（2）我们对工作进行了认真的检查。
　　　We carried out a thorough inspection of the work.

47. 单位　　　　dānwèi　　　　（名）(N)　　unit (as an organization, department, etc.)

农业部是不是国务院的直属单位？
Is the Ministry of Agriculture directly under the State Council?

48. 落实　　　　luòshí　　　　（动）(FV)　　to carry out; to implement

（1）各单位要落实知识分子政策。
　　　Every organization must conscientiously implement the policy regarding intellectuals.
（2）生产计划已经落实了。
　　　The production plan has been put into effect.

49. 车间　　　　chējiān　　　　（名）(N)　　workshop (in a factory)
50. 科技人员　　kējì rényuán　　　　　　　science and technology personnel
51. 英雄　　　　yīngxióng　　　　　　　　a hero with no
　　无用武之地　wú yòngwǔ zhī dì　　　　place to display his prowess

52. 打扰　　　dǎrǎo　　　　（动）(FV)　to disturb
对不起，打扰你了。
I am sorry to disturb you.
53. 客气　　　kèqi　　　　（形）(SV)　polite; courteous
（1）你这么说，就太客气了。
　　You are too kind to say so.
（2）随便吃，别客气。
　　Eat whatever you like. Don't be so polite.
54. 研究生　　yánjiūshēng　（名）(N)　graduate student
55. 掌握　　　zhǎngwò　　（动）(FV)　to grasp; master
掌握知识　to grasp the knowledge
掌握政权　to control the political power
掌握规律　to master the rules
56. 专门　　　zhuānmén　　（形）(AT)　specialized
57. 人才　　　réncái　　　（名）(N)　qualified personnel
58. 斟　　　　zhēn　　　　（动）(FV)　to pour
斟酒　to pour wine
斟茶　to pour tea
59. 举杯　　　jǔbēi　　　（动宾）(VO)　to raise (one's wine) glass to toast
60. 位　　　　wèi　　　　（量）(M)　measure word for person (polite form)
61. 长寿　　　chángshòu　　（形）(SV/N)　to be advanced in years / longevity

专　名

1. 复旦大学　　　　Fùdàn Dàxué　　　Fudan University
2. "文化大革命"　"wénhuà dàgémìng"　the "cultural revolution"
3. 李四光　　　　　Lǐ Sìguāng　　　　Li Siguang
4. 钱学森　　　　　Qián Xuésēn　　　Qian Xuesen
5. 百花齐放　　　　bǎi huā qí fàng　　Let a hundred flowers
   百家争鸣　　　　bǎi jiā zhēngmíng　bloom and a hundred schools of thought contend.
6. 反右派　　　　　fǎn yòu pài　　　　the Anti-Rightist Movement
7. "四人帮"　　　　"Sìrénbāng"　　　 the Gang of Four

句型练习

一、…，就是…　　except; only

例句：

1. 我的发言准备得差不多了，就是最后怎么结束，还没想好。

I have almost finished preparing for my speech, except that I have not yet finalized the conclusion.

2. 那个地方风景很好，就是交通太不方便。

The scenery there is very beautiful, only it is not convenient to get there.

解释：
这里"就是"是"只是"的意思，带有转折的语气。

练习：
用"就是…"完成下面的对话：

（1）A：《中国概况》这本书，你都看懂了吗？
　　B：……，就是……

（2）A：中国有多少省？多少市？多少自治区？这些名字你还记得吗？
　　B：……，就是……

（3）A：昨天的讨论会开得怎么样？
　　B：……，就是……

（4）A：他介绍美国的地理环境，介绍得详细不详细？
　　B：……，就是……

（5）A：你同意不同意我对这个问题的看法？
　　B：……，就是……

二、**替** for

例句：

1. 我妹妹考上了北京大学经济系的研究生，我们全家都替她高兴。

My younger sister passed the entrance examination for the Economics Department in the graduate school of the Beijing University. My whole family is very happy for her.

2. 我正要到邮局去，这封信我替你去寄。

I am going to the post office; I will mail this letter for you.

3.张老师病了,今天的课谁来替她?
Professor Zhang is sick. Who will be teaching her class today?

4.今天李老师替张老师上课。
Today Professor Li is going to substitute for Professor Zhang.

5.见到老朋友,替我向他们问好。
Please give my regards to our old friends when you see them.

解释:
介词"替"有"为"或"给"的意思,如例句1、2、5。"替"又是动词,有"代替"的意思,如例句3、4。

练习:
1. 下列句中的"替"字,哪些是"代替"的意思?哪些是"为"或"给"的意思?
   (1)你休息一下,我替你干一会儿。
   (2)我们的工作不同,你怎么能替我呢?
   (3)你能替他画一张像吗?
   (4)他叫我替他请假。
   (5)他需要这本书,我替他买到了。
   (6)旧社会,我父亲替人家干活儿。

2. 从"担心、高兴、着急、管理、问好、去买"里选择适当的词填空:
   (1)见到他,请你替我向他_____。
   (2)他的病快好了,请不必再替他_____了。
   (3)他被选举为人大代表,我们真替他_____。
   (4)在中国历史上,国家的行政事务一般都由宰相替皇帝_____。

(5) 我正要去商店，你要什么，我替你_____。

(6) 明天就要考试了，你怎么还不快准备？我真替你_____。

你不用替我_____，学过的东西我都掌握了。

三、别提了　　do not mention it

例句：

1. 这件小事，以后你就别提了。

This matter is not important. Do not mention it anymore.

2. 别提了，跑了好多地方也没买到那本书。

Don't you ever mention that book. I have been to so many places but couldn't find it.

3. 别提了，我去了三次也没找到他。

Hell, I have been to see him three times, but could'nt find him.

解释：

"别"用于否定命令句，是"不要"的意思。如："别走""别客气"。"别提了"本来是"不要再谈""不值得提"的意思，引申有"因为事情结果不理想，不愿再提"的感叹意味。

练习：

用"别提了"完成下面的对话：

(1) A：听说这次考试你成绩不太好，难道这是真的吗？

　　B：

(2) A：你父亲最近身体好些了吧？

　　B：

（3）A：你在那儿呆了几天？游览了什么地方？
　　　B：
（4）A：要是没有你的关心和照顾，我真不知道怎么办了！
　　　B：
（5）A：这件事你办得怎么样了？
　　　B：
（6）A：后来你找到他没有？
　　　B：

四、其实　　actually

例句：

1．他像个三十来岁的人，其实，他已经四十多了。
He looks as if he were in his thirties, but actually he is in his forties.

2．他以为这件事相当复杂，其实还是比较简单的。
He thought that this matter would be very complicated, but actually it was rather simple.

3．你只知道他会讲英语，其实他的汉语也挺好。
You only know that he can speak English. In fact, his Chinese is also very good.

4．我说有家，其实家里只有我一个人。
I say I have a family, but actually I am the only one in my family.

解释：

"其实"，说明事物的实质和真相，往往有转折的意思，如例句1、2。有的则表示对上文的修正和补充，如例句3、4。

练习：

用"其实"完成句子：

(1) 你以为他是英国人，_____。
(2) 看起来他很年轻，_____。
(3) 这座山看起来不高，_____。
(4) 你只知道他爱唱歌，_____。
(5) 你觉得他身体很好，_____。
(6) 我觉得时间还早，_____。
(7) 我看他头发都白了，以为他六十来岁了，_____。
(8) 我本来以为他是经济系的教授，_____。

五、一…就…　　as soon as

例句：

1. 这句话一学就会。
This sentence is a snap to learn.
2. 他一有时间就学习英语。
Whenever he has time, he will study English.
3. 老师一讲，我们就清楚了。
It became clear to us after the teacher explained it.
4. 他一进来，我就走了。
I left as soon as he walked in.

解释：

"一…就…"表示一种动作或情况出现后，紧接着又发生另一种动作或情况。可以是同一个主语，也可以是不同的主语。

练习：

用"一…就…"完成下面的句子：

(1) 他一下课，_____。

（2）暑假一开始，_____。
（3）李教授一回到祖国，国家的领导人_____。
（4）李夫人一进来，李教授_____。
（5）两位老朋友一见面，_____。
（6）这个研究所一成立，_____。
（7）_____，他就满腔热情地参加了新中国的建设事业。
（8）_____，我们就吃饭。

六、可惜　It's a pity; It's too bad that…

例句：

1. 昨天晚上的节目精采极了，可惜你没去看。
Last night's program was really wonderful. It's a shame you didn't go.

2. 可惜我去晚了，没见着他。
Unfortunately I went too late, so I didn't get to see him.

3. 上月我因为工作忙，失去了一次旅游的机会，真可惜。
I was so busy last month that I missed out on a tour. It's such a pity!

4. 这件衣服还可以穿，你把它扔掉太可惜了。
This garment can still be worn. It'd be a shame to throw it away.

解释：

"可惜"作为副词，表示对下面所说的事情感到惋惜或遗憾，多半用在主语之前，如例句1、2。作为形容词谓语，"可惜"常见于"太可惜了""真可惜""很可惜"等，表示对上面所说的事情感到惋惜和遗憾,前面的主语一般都是小句或动词短语。

练习:

请把下列使人感到惋惜或遗憾的事,用"可惜"表示出来(用"可惜"在句前和句后两种格式):

1. 我新买的钢笔丢了。
2. 我很希望看那个电影,但没买到电影票。
3. 那个花瓶(flower vase)特别好看,可是被他摔坏了。
4. 我们辛辛苦苦进行了一整年的实验失败了。
5. 这位科学家才五十多岁就病死了。
6. 他的儿子学习一直很努力,但是今年没考上研究生。
7. 小王是个有作为的青年,但是身体不太好。

七、甚至　even

例句:

1. 他激动得甚至流下了眼泪。

He was so moved that he actually shed tears.

2. 几年不见,这孩子长成了大人,我甚至不认识他了。

It's been years now and the child has grown up. I couldn't even recognize him.

3. 他忙得甚至连饭也忘了吃了。

He's so busy that he's even forgotten to eat!

4. 在大城市,在农村,甚至在山区,人们都常看电视了。

Not only in the city and country, but even in the mountain areas people watch a lot of TV.

5. 那里的人不只是大人(会游泳),甚至连小孩也会游泳。

In that place, not only the adults, but even the children can swim.

6. 他不爱看书,不爱看报,甚至连小人书(他)也不爱看。

He reads neither books nor newspapers, why, he doesn't even look at picture books.

解释:

"甚至"作副词,强调所达到的极端情况,如例句1、2、3。作为连词,它连接并列成分(包括名词、动词短语、小句等),用在最后一个成分前,突出那一成分,如例句4、5、6。用"甚至"时,句子后面常有"也"或"都"和它呼应。有时,"甚至"和"连"合用,成为"甚至连…也(都)…"的格式,如例句3、5、6。("连"的用法见句型八。)

练习:

用"甚至(连)…"完成句子:

1. 小张今天起晚了,他急急忙忙跑去上课,_____忘带了。
2. 全市的男人、女人、老人_____踊跃参加了这届全市游泳比赛。
3. 他特别不喜欢运动。他不会跑、不会跳,_____。
4. 这次考试题太难了,不只我不会,_____。
5. 他一天到晚忙着作科学实验,_____。
6. 从前这里是一片荒山,山上没有人,没有房子,_____。
7. 会上的发言要求越短越好,_____超过_____。
8. 这箱子里都是书,重极了,_____搬不动。

八、连　even

例句：

1. 连小学生都认识这个字。
Even elementary school students can recognize this word.

2. 刚学了两年，现在他连中文小说都能看了。
After studying Chinese for only two years now, he can even read Chinese novels.

3. 他很忙，刚才连饭也没吃就走了。
He is very busy. Just now he left without even having his meal.

4. 他连打球都不会。
He does not even know how to play ball.

5. 他连中国历史上有多少朝代还不清楚，哪里能说了解中国的历史呢？
He does not even know how many dynasties there are in Chinese history. How can he be considered to have a good understanding of Chinese history?

解释：

"连"强调表示包括在内，后面常有"都""也""还"等和它呼应。"连"后的名词可能是主语，如例句1，可能是前置宾语，如例句2、3、4、5。

练习：

改写句子，用"连"强调带点的成分：

（1）他不懂这个字的意思。

（2）她不会洗衣服。

(3)难道他忘了上课吗?
(4)他没作业。
(5)中国现在的根本任务是实现四个现代化。可是他不知道四个现代化是什么。
(6)中国人民的朋友盼着中国早日强盛起来,实现和平统一。
(7)他不了解中国革命的历史背景,怎么研究中国革命史呢!
(8)中国现在很重视知识分子的作用。我也担任了一个研究所的领导工作。

九、多少　more or less

例句:

1. 他的情况,我多少了解一些。
I know a little about his situation.
2. 你多少吃一点儿,别客气。
Do eat something, don't be so polite.
3. 中国人民是怎样推翻三座大山,取得革命胜利的,请你多少给我们讲一讲吧!
Please tell us something about how the Chinese people overthrew the "three big mountains" and won victory in the revolution.

解释:

"多少"是"或多或少"的意思,用在动词前面。句子里常有表示少量的"一些""一点儿""几个"等。

练习:

用"多少"结合下面的词语造句:
(1)汉字、认识、几个

（2）喝酒、身体、影响
（3）关于、中国历史、知道
（4）为祖国建设事业、贡献、力量
（5）分给、小孩、几个
（6）生活上、受到、照顾

十、（好）多了 A(比B) + SV + 多 + 了 A is much (better) (than B)

例句：

1. 骑自行车比走路快多了。
To go by bicycle is much faster than to go on foot.

2. 几年不见，这个小孩就高多了。
I have not seen this child for a few years. He has become much taller now.

3. 这几天天气凉快多了。
The weather has become a lot cooler in the past few days.

4. 颐和园离北京大学比香山近多了。
The Summer Palace is much closer to Beijing University than it is to the Fragrant Hills.

解释：

"A（比B）+(形)+多+了"表示相差的程度大。句中"比B"可以不说出来，如例句2、3。

练习：

1. 用"A（比B）+(形)+多+了"回答问题：

（1）今天天气比前两天怎么样？（热）
（2）他写的汉字比你怎么样？（整齐）
（3）这儿的学习条件比你原来的学校怎么样？（好）
（4）美国离中国近，还是日本离中国近？（近）

2.用"A（比B）+(形)+多+了"完成句子：
（1）这儿的天气_____。
（2）飞机比汽车_____。
（3）这个苹果比那个_____。
（4）城里比城外_____。
（5）近几年来，我们的生活比过去_____。
（6）依我看，这里的工作条件_____。

十一、这不　　You see!

例句：

1. A：你的汉英词典呢？
   Where is your Chinese-English dictionary?
   B：这不！
   Right here.

2. 他的健康情况一直不太好。这不，最近又生病了。
   He has been in poor health for a long time. You see, he became ill again recently.

3. 他每天都到我们图书馆来看书。这不，他不是又来了吗？
   He comes to read in our library every day. You see, here he comes again.

解释：

"这不"是"这不是吗"的紧缩形式，意思是"这就是"。在本课里的意思是确认、证实前面的话。

练习：

1.用"这不"回答问题：
（1）我的本子呢？
（2）你工作挺忙吧？

(3)你们每天都有作业吗？
  (4)你家里客人很多吧？
2.完成句子：
  (1)他学习汉语的积极性很高，这不，_____。
  (2)这孩子整天在外面打球，这不，_____。
  (3)他最爱喝酒，这不，_____。
  (4)我认识不少华侨都希望回国看看，这不，_____。

听力练习

（听录音，听力问题附本单元后）

回答问题

1．为什么史密斯先生会到李教授家作客？
2．李教授家里有些什么人？新中国成立的时候他为什么要回国？
3．五十年代后期知识分子的情况怎么样？
4．文化大革命发生在什么时候？那时知识分子的情况怎么样？
5．请你简单地说一说近年来中国政府对知识分子的政策。
6．为什么现在很多知识分子都担任了领导工作？
7．知识分子在实现四个现代化中起什么作用？

8. 请你谈一谈你对中国现在知识分子政策的看法。
9. 请你讲一讲你知道的中国著名的知识分子：科学家、文学家、艺术家等等。
10. 请你介绍一下贵国知识分子的情况。

翻译练习

（英译汉，答案附本单元后）

1. the professor of the East Asia Department
2. the professor who teaches art history
3. to visit a friend
4. after staying for three days
5. with short and neat hair
6. to seem in low spirits
7. a fairly successful young man
8. only in his twenties
9. to work it out for somebody else
10. There is nobody to replace you.
11. Don't worry about him.
12. the elderly person who suffered many hardships

13. actually not difficult
14. The living conditions were rather poor.
15. to join in very eagerly
16. the wish to be a man of letters
17. It has always been decided by the premier.
18. to have always been optimistic
19. to be in charge of all matters
20. the cause of establishing a new society
21. to develop education
22. to implement an important resolution
23. to be received by the prime minister
24. to discuss the guiding principles in education
25. to advocate the spirit of democracy
26. the philosophies of different schools of thought
27. the spirit of striving for freedom and equality
28. A new style came into being.
29. to mobilize the enthusiasm of the people
30. Even the secretary did not know about it.
31. to understand the complexity of the problem
32. It's easy to imagine the aftermath of the flood.

33. to have learned a little
34. after establishing the research institute
35. sometimes overlooked
36. not to have enough from the beginning
37. All have the possibility of being promoted.
38. to demand the strengthening of the legal system
39. to have a rich knowledge of one's speciality
40. to elect a congressman
41. to go to different units to make an inspection
42. to hope for an early realization of the policy
43. many scientific and technological workers
44. to master a special technique
45. to wish that elderly person a long life
46. Not all of the graduate students in our institute do research in Chinese history.
47. How can such a requirement be difficult to fulfill?
48. The tour group from Taiwan actually arrived yesterday afternoon.
49. He has always been an optimistic person who is interested in everything.

50. Although the conditions here are not ideal, everything is in the process of development.
51. I have no opinion on this matter, so you go ahead and make the decision.
52. With great enthusiasm he went back to his own country to work.
53. He should have been promoted to director of the factory last year.
54. Many congressmen from the United States have visited this institute of economics.
55. Even those students who have studied Chinese for four years might not be able to read it.
56. Whenever he returned to the countryside, he always received a warm welcome from the peasants.
57. Although he is in his seventies, he is still in high spirits.
58. As soon as he arrived at the workshop he began to work.
59. It's getting late, I won't trouble you anymore. Good-bye.
60. The lady who is pouring the wine is a congresswoman.

美国的政治

让我们来谈谈美国的政治和政府组织。

美利坚合众国是一个由五十个州联合组成的联邦制国家。她的体制是联邦共和政体,政治原则是主张民主政治。美国老百姓认为自由、平等、人权是上帝给的,因此就用民主作手段来达到民有、民治、民享的理想。

美国的政府组织也和一些国家不同。美国本来是好几个强国的殖民地。独立以后,好多领袖为人民担心,怕不容易实现真正的民主。所以,在制定宪法的时候,规定中央政府是一个立法、行政、司法三权分立的联邦政府。同时还规定各州在不和宪法发生冲突的条件下,可以制定符合本州人民利益的法规。

国会是最高的立法机关，负责制定法律、审查预算、法案，通过总统对高级官员的任命。国会是由参议院和众议院组成的。参议院议长由副总统担任，众议院议长由议员选举，参众两院的议员都是由本州人民直接选举出来的，参议员任期六年，众议员任期两年，都可以连选连任。一个州不管面积大小，人口多少，都可以选出两个参议员。这样各州地位一样重要，少数人同样有发表意见的权利。参众两院下设的委员会负责审查各种法案。不管什么法案都必须由两院的议员通过，才能发生效力。参众两院互相合作，又互相制约。这样，既保证立法程序正常进行，又保证人民的愿望得到实现。

美国不但实行两院制，而且也是两党政治。近百年来，美国的两大政党就是民主党和共和党。每届政府的总统、副总统和议员的候选人，都是由这两个党提名的。哪个政党选出的人多，哪个政党就控制了美国的政治。虽然有时也有第三政党，但是从来没起过什么大作用。

总统是国家的行政领导，任期四年，可以连选连任一次。每到总统选举那年，先由两个政党提出总统、副总统的候选人，再由全国选民按规定的程序进行选举。美国总统既是行政上的最高领导，又是海、陆、空三军的最高统帅。因此，他的权力非常大、责任也非常重。在联邦政府下面，虽然设立了管理各种事务的直属机关，但是总统有权指挥并协调这些机关的工作。这一点和内阁制的国家差不多，但和中国就很不一样了。中国政府有总理，而美国没有这个职务。

司法是三权分立中的另一权。司法机关的作用非常重要，它有独立执行各种法规的权力，总统和国会都不能干涉它的决定。司法的最高机关是最高法院。最高法院设大法官一人，法官八人。这九个人由总统提名，参议院通过，任期是终身的。第二级是巡回上诉法院，全国十三个司法区，每区设巡回上诉法院一所。第三级是地方法院。美国的司法制度是双重的，联邦政府有宪法和法律，各州政府也有自己的宪法和法律。美国人民既得受联邦宪法和法律的管理，又得按州宪法和法律办事。美国人民认为，这两种立法原则基本上没有冲突，而且只有彻底实行法制，才能作到人民和政府官员在法律面前完全平等。

简单地说来，美国是一个民主的国家，实行三权分立的政体。国会是最高立法机关，负责制定法律。总统是最高的行政领导，按国会制定的法律来制定具体政策，执行任务。最高法院和其它各级法院的任务是解释法律条文，执行法律。这三种权力既是独立的，又是互相合作，互相制约的。这样，每个部门的权力都不会太大。

生 词

1.	联邦制	liánbāngzhì	federal system
2.	体制	tǐzhì	system (political)
3.	原则	yuánzé	principle
4.	人权	rénquán	human rights
5.	手段	shǒuduàn	means
6.	民有	mínyǒu	of people
7.	民治	mínzhì	by people
8.	民享	mínxiǎng	for people
9.	担心	dānxīn	to worry
10.	司法	sīfǎ	judicature; judicial
11.	冲突	chōngtū	to conflict
12.	符合	fúhé	to accord with; tally with
13.	法规	fǎguī	regulation; legislation
14.	负责	fùzé	to undertake; be responsible for
15.	审核	shěnhé	to check; examine; investigate
16.	预算	yùsuàn	budget
17.	通过	tōngguò	to pass
18.	法案	fǎ'àn	bills
19.	官员	guānyuán	officer

20.	任命	rènmìng	to appoint; to assign
21.	效力	xiàolì	effectiveness; efficiency
22.	制约	zhìyuē	to hold up; to impede
23.	议长	yìzhǎng	Speaker of the House
24.	程序	chéngxù	procedure
25.	提名	tímíng	to nominate; nomination
26.	控制	kòngzhì	to control
27.	任期	rènqī	term of service
28.	连选连任	liánxuǎnliánrèn	to run for reelection
29.	候选人	hòuxuǎnrén	candidate
30.	选民	xuǎnmín	electorate
31.	指挥	zhǐhuī	to conduct; conductor
32.	协调	xiétiáo	to coordinate
33.	内阁	nèigé	cabinet
34.	最高法院	zuìgāo fǎyuàn	supreme court
35.	大法官	dà fǎguān	chief justice
36.	终身	zhōngshēn	lifetime
37.	巡回上诉法院	xúnhuí shàngsù fǎyuàn	circuit court of appeals

专　　名

美利坚合众国　　　Měilìjiān Hé-　　　the United States of
　　　　　　　　　　zhòngguó　　　　America

第八课听力问题

1. 汤姆和约翰是哪个系的学生？是几年级的学生？
2. 汤姆看《中国概况》干什么？
3. 约翰早已把讨论会的发言准备好了吗？
4. 约翰说争取第一个发言，这说明他对这个讨论会感兴趣，还是不感兴趣？
5. 中国共产党信仰什么主义？要在中国建立什么制度？
6. 中国人民在一九四九年推翻了三座大山，这是什么意思？
7. 中华人民共和国是哪年成立的？
8. 中国的全国人民代表大会是不是最高立法机关和最高权力机关？
9. 中国的国家制度是人民民主专政吗？经济制度是不是社会主义公有制？
10. 汤姆对中国的民主和法制有什么看法？在这个问题上，约翰的看法和汤姆一样不一样？

11. 在中国，工人、农民和知识分子都是国家的主人吗？人和人都是平等的吗？
12. 中国的民主党派和共产党的关系怎么样？
13. 民主党派也能担任国家领导职务吗？请举个例子说明。
14. 中华人民共和国建国初期，国家的根本任务是不是实现四个现代化？
15. 1956年以后，国家工作的重点有什么变化？
16. 现在中国的根本任务是实现四个现代化，请你讲讲四个现代化的具体内容。
17. 依你看，当前中国政治生活中的大事是什么？
18. 实现和平统一是不是中国人民的共同愿望？
19. 住在美国的华侨也都盼望中国早日实现和平统一吗？
20. 汤姆和约翰对中国和平统一问题是什么态度？

第九课听力问题

1. 汤姆和约翰休息了一会儿，又接着讨论什么问题？
2. 他们两个人是不是用互相提问题的方法进行讨论？
3. 这次该谁问谁了？
4. 约翰问汤姆的问题好回答吗？汤姆都回答出来了吗？

5. 中国最高行政机关叫什么？宪法是由它制定的吗？
6. 全国人大决定的国家大事由哪个机关来执行？
7. 请你说说看，国务院是由哪些人组成的？
8. 为什么说中国的国务院跟美国的国务院不一样？
9. 美国的国务卿相当于中国政府中的什么职务？
10. 中国政府的领导人叫总理，美国政府的领导人叫什么？
11. 日本和英国的首相是不是也相当于中国的总理？
12. 中国国务院总理一届五年，最多能连续担任两届。美国总统一届几年？最多能连续担任几届？
13. 自治区、自治州等是不是少数民族集中居住的地方？
14. 省的领导人叫什么？市和县的领导人呢？
15. 中国一共有二十三省，这包括台湾在内吗？
16. 汤姆曾经去中国访问过吗？
17. 约翰并没有说他也去过中国，是不是？
18. 汤姆认识的那位维吾尔族朋友，家住在哪儿？是哪个学校的学生？
19. 他认识的另外一个中国朋友是哪个学校的学生？是学法律的吗？
20. 怎么知道汤姆很愿意和中国青年建立友好关系？

第十课听力问题

1. 李教授和史密斯先生有多少年没见面了?
2. 李教授现在担任什么工作?
3. 我们怎么知道史密斯先生是美国国会议员?
4. 史密斯先生在上海呆了多久?除了看老朋友以外,史密斯先生在上海还作了什么事情?
5. 为什么史密斯先生在"文化大革命"那几年很替李教授担心?
6. 新中国成立以后,李教授决心回到祖国。这是不是因为国内生活条件比国外好?为什么他还是回来了?
7. 从李教授和史密斯先生的谈话,你觉得李教授是不是一个比较乐观的人?他现在精神愉快不愉快?
8. 很多著名的科学家在新中国成立以后回到了中国,并且对祖国建设事业作出了很大的贡献。请你举两个科学家作例子。
9. "百花齐放,百家争鸣"的方针是什么时候提出来的?这个方针的目的是什么?
10. 1957年反右派斗争的扩大化产生了什么不好的影响?
11. "四人帮"对科学、文化是什么态度?他们掌握权力的时候知识分子的情况怎么样?

12. 打倒"四个帮"以后，中国知识分子的情况发生了什么变化？

13. 李教授家里一共有几口人？都是谁？

14. 李教授的爱人现在担任什么工作？他们的儿子、女儿都在干什么？

15. 中国现在有不少知识分子当了干部，这说明什么问题？

16. 李夫人的工厂是不是也在落实知识分子政策？从哪里可以看出来？

17. 现在那个工厂车间以上的干部里，科技人员占百分之多少？

18. 现在中国的知识分子不再是英雄无用武之地了，这句话是什么意思？

19. 现在中国念研究生的人是不是越来越少了？

20. 掌握专门知识的人才和实现四个现代化有什么关系？

第八课翻译练习答案

1. 讨论当前政治
2. 踊跃发言
3. 差不多都发言了
4. 争取参加

5. 不好准备

6. 信仰社会主义

7. 不同的社会制度

8. 长期的任务

9. 思想斗争

10. 依我看，问题不大。

11. 历史背景

12. 实行社会主义

13. 立法机关的权力

14. 召开第一届人民代表大会

15. 实行宪法

16. 公有制的社会

17. 关于知识分子的政策

18. 集体领导

19. 个人的成就

20. 工人的利益

21. 意见一致

22. 保护人民的利益

23. 争取参加比赛的权利

24. 制定基本的法律

25. 美国的法制

26. 一个健全的制度

27. 改变自己的看法

28. 近几年来常常发生

29. 越来越受到重视

30. 相信法律面前人人平等

31. 成为解放战争的根据地

32. 实现统一的愿望

33. 享有更多的权利

34. 广泛流传的民间故事

35. 各党派的合作

36. 受人民的信任和拥护

37. 长期担任委员会主席的职务

38. 大学校长的职务不好当。

39. 重点大学产生的背景

40. 现代国防建设

41. 海峡两岸的人民

42. 共同的社会背景

43. 和亲人分离的痛苦

44. 住在美国的华侨

45. 盼着祖国早日富强
46. 在讨论会上发言的人差不多都提到这个问题。
47. 不少美国学生争取到中国去教英文。
48. 你随便拿好啦，不会不够的。
49. 实现社会主义是长期斗争的结果。
50. 依我看他的意见应该受到重视。
51. 立法机关应该保护人民的权利。
52. 宪法里有没有提到公有制的问题？
53. 当代的中国知识分子都愿意为国家作出贡献。
54. 个人和集体的利益一致的时候，国家才能富强。
55. 近年来政府重视发展科学技术。
56. 只有法制健全，人民的权利才能受到保护。
57. 好几个重要的职务，比如主席、委员长，他都担任过。
58. 那个当代中国政治讨论会除了本系学生以外，其他系的学生也都可以参加。
59. 住在日本的华侨不如住在东南亚的那么多。
60. 国家富强以后，人民生活水平还能不高吗？

第九课翻译练习答案

1. 选举学生会主席

2. 广播选举结果
3. 组成代表团
4. 由常务委员组成
5. 担任国务院总理的职务
6. 行政干部的队伍
7. 在会上作出决定
8. 由国务院来办
9. 执行皇帝的命令
10. 看法大同小异
11. 拿中国的情况来说
12. 教育部副部长
13. 历史系主任
14. 联合国的秘书长
15. 国务院下设的机关
16. 直属国防部的工厂
17. 改革经济制度
18. 知识分子的队伍
19. 知识丰富的干部
20. 年轻的战斗英雄
21. 重视个人的专业

22. 连续进行了一个星期
23. 超过原来的成就
24. 美国国务卿的访问
25. 相当于大学水平
26. 建立外交关系
27. 美国总统的选举
28. 担任英国首相
29. 他的主张有点儿奇怪。
30. 一件奇怪的事情
31. 或者不需要半天的时间
32. 整天吃喝玩乐的国王
33. 管理通商事务的大臣
34. 唐朝有名的宰相
35. 他开车的技术真行。
36. 中央和地方政府的组织
37. 初级汉语水平
38. 直接选举的结果
39. 居住在草原上的部落
40. 包括自治区和自治州在内
41. 我记得曾经作过这么一个决定。

42. 在艺术上有很高的成就
43. 那个问题他们讨论了半天，还没有作出决定。
44. 今年美国又该选举总统了。
45. 这件事情由谁来办，决定了吗？
46. 他们执行任务的方法大同小异。
47. 美国的农业很发达，拿小麦来说，产量就占世界第一位。
48. 国务院成立以后，他连续担任过两届国务委员。
49. 解放以后，很多知识分子参加了土地改革。
50. 近年来，中国政府对教育制度进行了改革。
51. 为了让革命队伍年轻化，不少青年干部参加了领导工作。
52. 学习技术有什么难的，只要认真学一定学得会。
53. 讨论会上没有人发言，这是怎么回事？
54. 美国的好几个大城市他都去过，比如纽约啦，波士顿啦等等。
55. 包括总统在内的美国领导人最近访问了中国。
56. 县级和乡级的领导是由谁选举的？
57. 一般的老百姓都拥护这个政策。
58. 他从小对画画儿很感兴趣，所以决定去念艺术系。
59. 中国戏曲是一种相当流行的民间表演艺术。
60. 这个自行车工厂今年的产量超过了去年。

第十课翻译练习答案

1. 东亚系的教授
2. 教艺术史的教授
3. 到朋友家作客
4. 呆了三天以后
5. 头发又短又整齐。
6. 看起来没有精神
7. 挺有作为的青年
8. 只有二十来岁
9. 替别人想办法
10. 没人替你
11. 别替他担心
12. 受过很多苦的老人
13. 其实并不难
14. 生活条件比较差。
15. 带着满腔热情去参加
16. 要当文学家的希望
17. 向来由总理决定
18. 向来都很乐观

19. 管理一切事务
20. 建立新社会的事业
21. 发展教育事业
22. 执行重大的决定
23. 受到总理的接见
24. 讨论教育方针
25. 提倡民主的精神
26. 不同学派的主张
27. 争取自由平等的精神
28. 产生一种新的风格
29. 调动人民的积极性
30. 连秘书都不知道
31. 了解问题的复杂性
32. 水灾以后的情况就可想而知了。
33. 多少学过一点儿
34. 研究所成立以后
35. 有时(候)照顾不到
36. 本来就不够
37. 都有提升的希望
38. 要求健全法制

39. 丰富的专业知识

40. 选举国会议员

41. 到各单位作检查

42. 希望政策早点儿落实

43. 大量的科技人才

44. 掌握专门的技术

45. 祝那位老人长寿

46. 本所的研究生不都是研究中国历史的。

47. 象这样的要求还不容易达到吗?

48. 由台湾来的旅行团,其实昨天就已经到了。

49. 他向来就是一个乐观的人,对什么都感兴趣。

50. 这儿的条件虽然不理想,可是一切都正在发展中。

51. 对这件事,我没有意见,你随便决定好啦。

52. 他带着满腔热情回祖国工作去了。

53. 他本来去年就该提升厂长了。

54. 好多美国国会议员到过这个经济研究所参观。

55. 就是学过四年中文的学生也不一定能看懂。

56. 他每次一回到农村就受到农民的热烈欢迎。

57. 他虽然已经七十来岁了,可是精神还挺好。

58. 他一到车间就立刻开始工作。

59. 时间不早了，我不再打扰您了，再见。
60. 斟酒的那位女士是个国会议员。

中华人民共和国行政区划图表

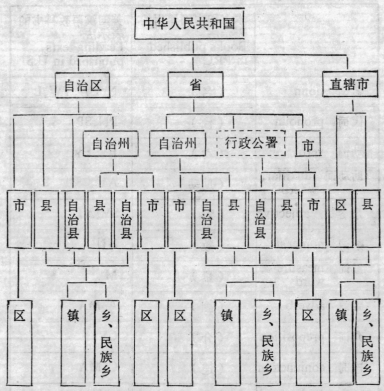

注：（一）中国的地方政权基本上实行省、县、乡（民族乡、镇）三级体制。
（二）直辖市和较大的市 分为区、县。
（三）行政公署是省人民政府的派出机构，不是一级政权，故用虚线表示。
（四）乡、民族乡、镇是基层政权组织。
（五）县下面如果设区，也不是一级政权，而是县人民政府的派出机构。

词类名称对照表

A Comparative Chart of Parts Speech

	本书和中国通用的表示法 Books published in PRC	美国汉语教科书的表示法 Leading texts published in U.S.
名词 noun	（名）	N、PW、TW、L
代词 pronoun	（代）	PN、SP
动词 verb	（动）	FV、EV
助动词 auxiliary verb	（助动）	AV
形容词 adjective	（形）	SV、AT
数词 numeral	（数）	NU
量词 measure word	（量）	M
副词 adverb	（副）	A、MA
介词 preposition	（介）	CV
连词 conjunction	（连）	C、MA
助词 particle	（助）	P
叹词 interjection	（叹）	I
象声词 imitative word	（象声）	P

词头 prefix	（头）	SP (As specifier) AT (As Attributive)
词尾 suffix	（尾）	P、BF
动宾短语 verb-object phrase	（动宾）	VO
动补短语 verb-complement-phrase	（动补）	RV

注：以上词头、词尾是小于词的单位。动宾短语、动补短语是大于词的单位。其他结构的短语、成语等在生词表中一律不注。

词类简称说明

N:	Noun
PW:	Place Word e.g. 西方
TW:	Time Word e.g. 后期
L:	Locator e.g. 上面
PN:	Personal Pronoun
SP:	Specifier (Demonstrative Pronoun) e.g. 这、那
FV:	Functive Verb
EV:	Equative Verb e.g. 是
AV:	Auxiliary Verb
SV:	Stative Verb (Adjective)
AT:	Attributive e.g. 大量
NU:	Numerical Expression
M:	Measure Word
A:	Adverb
CV:	Co-verb (preposition)
MA:	Movable Adverb e.g. 当然
C:	Conjunction
P:	Particle
I:	Interjection
BF:	Bound Form
VO:	Verb-Object
RV:	Resultative verb

词汇总表

Glossary

àn 岸 (名) N	bank; coast	1
āndìng 安定 (形) SV	stable; settled	5
ànzhào 按照 (介) CV	according to	3
bǎ…bǐzuò 把…比作	to liken to	3
bǎifēn zhī 百分之	percentage	2
bān 搬 (动) FV	to move	4
bànfǎ 办法 (名) N	means; measure	6
bàntiān 半天 (名) TW	for quite a while; for a long time	9
bǎodǎo 宝岛 (名) N	treasure island	2
bàofā 爆发 (动) FV	to break out	4
bǎohù 保护 (动) FV	to protect	8
bāokuò…zàinèi 包括…在内	to include	9
bèi 被 (介) CV	indicator of the passive voice	4
bèijǐng 背景 (名) N	background	8
bèipò 被迫	to be forced	5
běn 本 (形) AT	current; this	8

445

běnlái 本来 (副) MA	originally	10
biànchéng 变成 (动) FV	to turn into	1
biànhuà 变化 (名、动) N/FV	change/to change	4
biǎoshì 表示 (动) FV	to express	3
biézhì 别致 (形) SV	uniquely elegant	3
bīng 兵 (名) N	soldier	4
bǐrú 比如 (连) (AT/C)	for example	8
bówùguǎn 博物馆 (名) N	museum	3
bù 部 (量) M	measure word for books, etc.	5
bù 部 (名) N	ministry	9
-bù 部 (尾) BF	part	1
bùdàn...érqiě... 不但…而且…	not only...but also	3
bùdérénxīn 不得人心	not enjoy popular support; unpopular	6
bùguò 不过 (连) MA	yet; but; however	5
bùluò 部落 (名) N	tribe	4
bùyuǎnwànlǐ 不远万里	to go to the trouble of travelling a long distance	5
bùzhǎng 部长 (名) N	minister	9
bùzhǐ...érqiě... 不只…而且…	not only...but also...	1
cáifù 财富 (名) N	wealth	7

cǎiqǔ 采取 (动) FV	to adopt	6
cánbào 残暴 (形) SV	cruel; ruthless	4
cǎoyuán 草原 (名) N	grassland	2
céngjīng 曾经 (副) A	once; before	6
chàbuduō 差不多 (形、副) SV/MA	similar / almost	8
cháng 长 (形) SV	long; length	1
chángqī 长期 (名) AT	long term; over a long period	8
chángshòu 长寿 (形) SV/N	to be advanced in years / longevity	10
chángwù wěiyuánhuì 常务委员会 (名) N	a standing committee	8
chǎnshēng 产生 (动) FV	to come into being; to produce	4
cháo, cháodài/dài 朝,朝代/代 (名) N	dynasty	3
chāoguò 超过 (动) FV	to surpass; to exceed	9
chējiān 车间 (名) N	workshop (in a factory)	10
chéngjiù 成就 (名) N	accomplishment; success	6
chénglì 成立 (动) FV/N	to establish	7
chéngwéi 成为 (动) FV	to become	8
chī hē wán lè 吃、喝、玩、乐	to eat, drink and be merry — idle away one's time in pleasure-seeking	5

chōng 冲 (动) FV	to charge; to rush	7
chōngzú 充足 (形) SV	abundant; ample	1
chuánbō 传播 (动) FV	to disseminate; to spread	7
chuándān 传单 (名) N	leaflet	7
chuánduì 船队 (名) N	fleet	6
chuàngzào 创造 (动) FV/N	to create / creation	1
chuánshuō 传说 (名) N	legend; folklore	3
chúle...yǐwài 除了…以外	in addition to	1
chūqī 初期 (名) TW	early period; initial stage	6
chūxiàn 出现 (动) FV	to appear	4
cí 词 (名) N	a form of poetry writing, fully developed in tne Song Dynasty	6
cóng...(jiǎng)qǐ 从…(讲)起	to begin with	1
cùjìn 促进 (动) FV	to promote	4
dǎbài 打败 (动补) RV	to defeat	5
dàbùfen 大部分 (名) N	greater part; most	1
dǎbuguò 打不过 (动补) RV	incapable of defeating	6
dàchén 大臣 (名) N	minister (of a monarchy)	9
dádào 达到 (动) FV	to reach	4
dàdàxiǎoxiǎo 大大小小 (形) AT	large and small; of all sizes	1

dāi 呆 (动) FV	to stay		10
dài 代 (名) N	dynasty; historical period; generation		3
dàibiǎo 代表 (动、名) FV/N	to represent/delegate		5
dǎjī 打击 (动、名) FV/N	to strike; attack		7
dàliàng 大量 (形) AT	large amount of		1
dàlù 大陆 (名) N	continent; mainland		2
dāng 当 (动) FV	to work as; to be		8
dāngdài 当代 (名) TW	contemporary		8
dǎngpài 党派 (名) N	(political) party		8
dāngrán 当然 (副) MA	of course		2
dāngshí 当时 (名) TW	at that time		4
dāngzhōng 当中 (名) N	in the middle of; among		8
dānrèn 担任 (动) FV	to assume the office of; to hold the post of		8
dānwèi 单位 (名) N	unit (as an organization, department, etc.)		10
dānxīn 担心 (动) FV	to worry		10
dào (jiǔ) 倒(酒)(动) FV	to pour (wine)		8
dǎoyóu 导游 (名) N	a tour guide		7
dàpī 大批 (形) AT	large quantities of		6
dǎrǎo 打扰 (动) FV	to disturb		10
dǎtōng 打通 (动补) RV	to get through; to open up		5
dàtóngxiǎoyì 大同小异	alike except for slight differ-		

		ences; very much the same	9
dǎxià jīchǔ	打下基础	to lay foundation	6
dàyuē 大约	（副）A	approximately; generally	2
dǎzhàng 打仗	(动宾) VO	to fight a battle	4
dēng 登	（动）FV	to climb (up)	2
déng 等	（代）BF	and others; etc.	2
děngděng 等等	（代）BF	and others; etc.	2
děngjí 等级	（名）N	class; rank	6
dēngshàng 登上	(动补) RV	to climb up on	2
diǎn (qǐ) 点（起）	（动）FV	to light	4
diàodòng 调动	（动）FV	to transfer; to mobilize	10
diàosǐ 吊死	(动补) RV	to hang by the neck; hang oneself	5
dìfāng 地方	（名）AT/N	local	9
dìlǐ 地理	（名）N	geography	1
dìngjū 定居	（动）FV	to settle down; to reside permanently	4
dìqū 地区	（名）N	area; region	2
dírén 敌人	（名）N	enemy	4
dìwèi 地位	（名）N	position; status	3
dìxíng 地形	（名）N	topography	2
dòngluàn 动乱	（名）N	disturbance; upheaval	5

(Dōngyǎ)xì （东亚）系 (名) N	the department of (East Asian Studies)	8
dǒu 陡 (形) SV	steep	3
dòuzhēng 斗争 (名、动) N/FV	struggle/to struggle against	8
duìbuqǐ 对不起	I'm sorry; excuse me	8
duìla 对啦 (叹) I	That's right.	9
duì wài guānxi 对外关系	foreign relations	6
duìwu 队伍 (名) N	ranks; troops	9
dùjiāng 渡江 (动宾) VO	to cross a river	7
duóqǔ 夺取 (动) FV	to seize	7
duōshǎo 多少 (副) A	more or less	10
è 饿 (形、动) SV/FV	hungry/to cause hunger	4
èsǐ 饿死 (动补) RV	to die of hunger	4
fādá 发达 (形) SV	developed; flourishing	1
fādiàn 发电 (动宾) VO	to generate electricity	1
fādòng 发动 (动) FV	to launch; to mobilize	7
fǎlǜ 法律 (名) N	law	8
fǎndì fǎnfēngjiàn 反帝反封建	anti-imperialism and anti-feudalism	7
fǎnduì 反对 (动) FV	to oppose	4
fāngmiàn 方面 (名) N	aspect	3
fàngmù 放牧 (动) FV	to herd	2
fāngxiàng 方向 (名) N	direction	7
fāngzhēn 方针 (名) N	policy; guiding principle	10

fánróng 繁荣 (形、动) SV/FV	flourishing/to make something prosper	5
fāshēng 发生 (动) FV	to occur	1
fāyán 发言 (名、动) N/FV	speech/ to speak; to make a statement	8
fāzhǎn 发展 (动、名) FV/N	to develop/development	1
fǎzhì 法制 (名) N	legal system	8
fèichú 废除 (动) FV	to abolish	7
féiwò 肥沃 (形) SV	fertile	1
fēn 分 (动) FV	to divide	4
fēnbù 分布 (动) FV	to be distributed	2
fēng 峰 (名) N	peak	2
fēngěi 分给 (动补) RV	to distribute	4
fēngfù 丰富 (形) SV	abundant; rich	1
fēnggé 风格 (名) N	style	10
fēnghuǒ 烽火 (名) N	beacon-fire	4
huǒ 火 (名) N	fire	4
fēngjǐng 风景 (名) N	scenery	1
fēnlí 分离 (动) FV	to separate	8
fēnliè 分裂 (动) FV	to split; to divide	5
fù 副 (形) AT	deputy; vice-	8
fú 幅 (量) M	(for paintings, etc.) piece	7
fǔbài 腐败 (形) SV	corrupt; decayed	6
fúdiāo 浮雕 (名) N	relief (sculpture)	7
fùjìn 附近 (名) PW	nearby; vicinity	6
fùqiáng 富强 (形) SV	prosperous and strong	6

fūren 夫人 (名) N	lady; madame	8
gāi 该 (动、助动) FV/AV	to be somebody's turn/should; ought to	9
gǎigé 改革 (动) FV	to reform	9
gānbēi 干杯 (动宾) VO	to drink a toast	8
gànbù 干部 (名) N	cadre	9
gǎngkǒu 港口 (名) N	port; harbor	3
gānglǐng 纲领 (名) N	guiding principle	7
gānhàn 干旱 (形) SV	dry	2
gǎnxiè 感谢 (名、动) N/FV	gratitude/to thank	3
gǎn xìngqù 感兴趣 (动宾) VO	to be interested in	1
gǎnzǒu 赶走 (动补) RV	to drive away	7
gāodù 高度 (副、名) A/N	a high degree of; highly/altitude; height	6
gāofēng 高峰 (名) N	high peak	2
gāoyuán 高原 (名) N	plateau	2
gè 各 (代、副) SP	each; every	3
gémìng 革命 (名) N	revolution	7
gēnběn 根本 (形、副) SV/A	fundamental/ thoroughly	6
gēngdì 耕地 (名) N	arable land	2
gēnjùdì 根据地 (名) PW	base area	7
gèrén 个人 (名) N	individual (person)	8
gōngdiàn 宫殿 (名) N	palace	3
gǒnggù 巩固		

	(动、形) FV/SV	to consolidate/solid; stable	4
gōnglǐ 公里	(量) M	kilometer	2
gōngnǚ 宫女	(名) N	a maid in an imperial palace	5
gòngtóng 共同	(形) AT	common	8
gōngyǒuzhì 公有制 (名) N		the system of public ownership	8
gōngyuán 公元	(名) N	A.D., the Christian era	3
gōngzhǔ 公主	(名) N	princess	5
gòu 够	(副、形) A/SV	enough; adequate	8
guǎiwān 拐弯	(动宾) VO	to turn a corner	3
guàngài 灌溉	(动) FV	to irrigate	1
guǎngchǎng 广场	(名) N	public square	3
guǎngfàn 广泛	(形) SV	extensive; widespread	8
guǎnlǐ 管理	(动) FV/N	to manage; management	9
guānxi 关系	(名) N	relation; relationship	5
guānyú 关于	(介) CV	about; concerning	4
gǔdài 古代	(名) N	antient times	1
guìzú 贵族	(名) N	noble; nobility; aristocrat	4
guódū 国都	(名) N	national capital	3
guófáng 国防	(名) N	national defense	8
guóhuì 国会	(名) N	Congress	10
guòqù 过去	(名) TW	in the past	8
guǒrán 果然	(副) MA	sure enough	4
guówáng 国王	(名) N	king	9
guówù wěiyuán 国务委员 (名) N		member of the State Council	9

guówùqīng 国务卿 (名) N	secretary of state	9
guówùyuàn 国务院 (名) N	the State Council	9
hǎi 海 (名) N	sea	1
hǎidǎo 海岛 (名) N	island	2
hǎishàng jiāotōng 海上交通	marine transportation	1
hàisǐ 害死 (动补) RV	to murder	6
hǎixiá 海峡 (名) N	strait	8
hánghǎi 航海 (动宾) VO	navigation	6
hǎo+V 好+动 (副) A	easy (to do)	8
hǎo (duō) 好(多) (副) A	a good (many)	10
hǎoxiàng 好象 (副) MA	to seem; to be like	3
hē 嗬 (叹) I	ah; oh	9
hé 盒 (名) N	box	3
hèn 恨 (动) FV	to hate; to regret	5
héqīn zhèngcè 和亲政策	(of some feudal dynasties) a policy of appeasement by marrying daughters of the Han imperial family to minority rulers	5
zhèngcè 政策 (名) N	policy	5
héshang 和尚 (名) N	monk	5
hé…xiāngbǐ 和…相比	to compare with	1

héyuē 和约 (名) N	peace treaty	7
hézuò 合作 (动、名) FV/N	to cooperate / collaboration	7
hǒu 火 (名) N	fire	4
hòulái 后来 (副) MA	later on; afterwards	3
hú 湖 (名) N	lake	1
-huà 化 (尾) BF	(suffix) -ize; -ify	8
huángdì 皇帝 (名) N	emperor	4
huāngmáng 慌忙 (形) SV	in a great rush	5
huánjìng 环境 (名) N	environment	1
huáqiáo 华侨 (名) N	overseas Chinese	8
huīfù 恢复 (动) FV	to restore; to renew; to regain	6
huóyuè 活跃 (形) SV	active; lively	4
huòzhě 或者 (连) C/MA	or/maybe; perhaps	9
hùxiāng 互相 (副) A	mutual; each other	4
jí 级 (量) M	rank	9
jí 急 (形) SV	swift (current); anxious; urgent	3
jiā 家 (名) BF	a specialist in a certain field	4
jià 嫁 (动) FV	to marry (a man)	5
jiǎnchá 检查 (动、名) FV/N	to inspect/ checkup ; inspection	10
jiǎndān 简单 (形) SV	simple	2
jiāngmiàn 江面 (名) N	the surface of a river	3
jiǎngyǎn 讲演 (动、名) FV/N	to lecture/ speech	7

yǎnjiǎng 演讲 (动、名) FV/N	to lecture/speech	7
jiànkāng 健康 (名、形) N/SV	health/healthy	3
jiànlì 建立 (动) FV	to establish	4
jiànmiàn 见面 (动宾) VO	to meet	3
jiànquán 健全 (形、动) SV/FV	perfect/to perfect; to strengthen	8
jiànzào 建造 (动) FV	to build	3
jiànzhù 建筑 (动、名) FV/N	to build; to construct/building; architecture	3
jiàodǎo 教导 (名、动) N/FV	teaching/to teach	3
jiàoshòu 教授 (名) N	professor	10
jiāoshuì 交税 (动宾) VO	to pay tax	6
jiāotōng 交通 (名) N	transportation	1
jiàoxùn 教训 (名、动) N/FV	lesson/to teach somebody a lesson	5
jiàoyù 教育 (动、名) FV/N	to educate/education	4
jìde 记得 (动) FV	to remember	9
jīdì 基地 (名) N	base	2
jiè 届 (量) M	session	8
jiéchū 杰出 (形) SV	prominent; remarkable	5
jiéguǒ 结果 (副、名) MA/N	consequently/result	4
jiējiàn 接见 (动) FV	to receive somebody	10

jiějué 解决 (动) FV	to solve; to settle	6
jiéshù 结束 (动) FV	to end; to conclude	6
jiēzhe 接着 (动、副) FV/MA	to follow; to carry on / then	6
jīguān 机关 (名) N	organization; office	8
jíhuì 集会 (动) FV	to hold a mass rally	7
jīhuì 机会 (名) N	opportunity; chance	2
jījíxìng 积极性 (名) N	initiative; enthusiasm	10
jìndài 近代 (名) TW	modern times	1
jīngguò 经过 (动、名) FV/N	through, as a result of / process	1
jīngjì 经济 (名) N	economy; financial condition	1
jǐngsè 景色 (名) N	scenery	2
jīngshén 精神 (名) N	spirit	10
jìn(jǐnián)lái 近(几年)来	(in) recent (years); recently	8
jìnxíng 进行 (动) FV	to carry out; to go on	6
jìnyībú 进一步 (副) MA	further; to go a step further	3
jìnzhǐ 禁止 (动) FV	to prohibit; to ban	7
jíquán 集权 (动宾) VO	concentration of political power	4
jìshù 技术 (名) N	technique	4
jítǐ 集体 (名) N	collective	8
jiùlì 旧历 (名) N	the lunar calendar	7
jì...yòu... 既…又…	both...and; as well as	5
jìzǎi 记载 (动、名) FV/N	to record / records	5

jízhōng	集中 (动) FV	to concentrate	2
jǔ	举 (动) FV	to raise	7
jǔbēi	举杯 (动宾) VO	to raise (one's wine) glass to toast	10
juéde	觉得 (动) FV	to think; to feel	3
juédìng	决定 (动、名) FV/N	to decide/decision	9
jǔ lìzi	举例子 (动宾) VO	to give an example	5
lìzi	例子 (名) N	example	5
jūnfá	军阀 (名) N	warlord	7
jūnzhǔzhì	君主制 (名) N	monarchy	7
jūzhù	居住 (动) FV	to reside	9
kànfǎ	看法 (名) N	view (point); opinion	8
kàng(Jīn)	抗 (金) (动) FV	to resist (the Jin)	6
kǎo	考 (动) FV	to examine; to give a test	8
kào	靠 (动) FV	near; by/to lean on	1
kào …(shēnghuó)	靠…(生活)	to rely on … (for a living)	2
kē	棵 (量) M	measure word for plant	6
kěbù	可不	indeed	8
kějiǎngde	可讲的	worth mentioning	1
kējì rényuán	科技人员 (名) N	science and technology personnel	10
kèqi	客气 (形) SV	polite; courteous	10
kěxī	可惜 (副、形) MA/SV	it's a pity	10

kěxiǎng'érzhī 可想而知	easy to imagine	10
kuàngchǎn 矿产 (名) N	minerals	2
kuòdàhuà 扩大化 (动) FV	to magnify; to get out of bounds	10
kuòdà 扩大 (动) FV	to enlarge; to expand	
lǎobǎixìng 老百姓 (名) N	commoner; ordinary people	6
lèguān 乐观 (形) SV	optimistic; hopeful	10
lǐ 里 (量) M	a Chinese unit of length (=1/2 km)	3
lián 连 (介) CV	even	10
lián (zhe) 连(着) (动) FV	to connect; in succession	3
Liǎng'àn yuánshēng tíbúzhù, qīngzhōu yǐguò wànchóngshān 。 两岸猿声啼不住，轻舟已过万重山。	Yet monkeys are still calling on both banks behind me, To my boat these ten thousand mountains away.	3
liánhé 联合 (动) FV	to unite	4
liánxù 连续 (副) A	continuously	9
liǎobuqǐ 了不起 (形) SV	terrific; wonderful	3
liáokuò 辽阔 (形) SV	vast	2
lìfǎ 立法 (名) N	legislation	8
lìliang 力量 (名) N	power; strength	5
lǐngtǔ 领土 (名) N	territory	8
lìngwài 另外 (代、副) MA	in addition; moreover	3

lǐngxiù	领袖 （名）N	leader; chieftain	4
línzhōng	临终	on one's deathbed; just before one dies	7
lìshǐ	历史 （名）N	history	1
liú	流 （动）FV	to flow	1
liúchuán	流传 （动）FV	to circulate; to hand down	5
(liùshí)lái(suì)	（六十）来（岁）（助）P	around; about (sixty)	10
liúxíng	流行 （动）FV	prevalent; fashionable	6
liúyù	流域 （名）N	river valley	1
lìyì	利益 （名）N	benefit; interest	8
lìzi	例子（名）N	example	5
lüèduó	掠夺 （动）FV	to plunder; to pillage	7
lǚguǎn	旅馆 （名）N	hotel	3
luòshí	落实 （动）FV	to carry out; to implement	10
lǚxíngtuán	旅行团 （名）N	tour group	3
ma	嘛 （助）P	used with a tone of assurance	2
mǎnqiāngrèqíng	满腔热情	to be full of enthusiasm	10
màoyì	贸易 （名）N	trade	6
méi	煤 （名）N	coal	2
miànji	面积 （名）N	area	2
mièdiào	灭掉 （动补）RV	to eliminate	4
mièwáng	灭亡 （动）FV	to be destroyed	4
míngē	民歌 （名）N	folksong	2

míngshènggǔjì 名胜古迹 (名) N	scenic spot and historical site	1
mínjiān 民间 (名) AT	folk	3
mínzú 民族 (名) N	nationality	2
mìshūzhǎng 秘书长 (名) N	secretary general	9
mònián 末年 (名) TW	last years of a dynasty or a reign	6
mùdì 目的 (名) N	purpose; objective	7
nà hái yòng shuō 那还用说	It goes without saying.	9
ná...láishuō 拿…来说	to take...for example	9
nándào...ma 难道…吗	is it not...	1
nèiróng 内容 (名) N	content	1
néngyuán 能源 (名) N	energy resources	2
niánqīng 年轻 (形) SV	young	9
níshā 泥沙 (名) N	mud and sand	1
nóngyèqū 农业区 (名) N	agricultural area	1
nóngzuòwù 农作物 (名) N	agricultural produce; crops	2
nǚshì 女士 (名) N	lady; madame; Ms. (a polite form for a woman married or unmarried)	8
nǚzǐ 女子 (名) N	woman	3
ō 噢 (叹) I	ah; oh	9
pài 派 (动) FV	to send; to assign	5
páichì 排斥 (动) FV	to repel; to exclude	7
pànluàn 叛乱 (名) N	rebellion	6

pàn(zhe) 盼（着）(动) FV		to look forward to	8
péndì 盆地 （名）N		basin	1
piàoliang 漂亮 （形）SV		pretty; beautiful	3
pǐncháng 品尝 （动）FV		to taste	3
píng 平 （形）SV		flat; level	1
píngděng 平等 （形）SV		equal/ equality	7
píngdìng 平定 （动）FV		to put down; to calm down	6
píngfāng gōnglǐ 平方公里 （名）N		square kilometer	2
píngjūn 平均 （形、动）SV/FV		average; even	2
píngyuán 平原 （名）N		plain	1
pòhuài 破坏 （动）FV		to destroy; to damage	4
qí 旗 （名）N		flag; banner	7
qiāndìng 签定 （动）FV		to conclude and sign (a treaty, etc.)	7
qiāndū 迁都 （动宾）VO		to move the capital to another place	6
qiángdà 强大 （形）SV		big and powerful	5
qiǎngpò 强迫 （动）FV		to force	6
qiángshèng 强盛 （形）SV		(of a country) powerful and prosperous	5
qiánjìn 前进 （动）FV		to go forward; to advance	5
qiānwàn 千万 （数）NU		innumerable (thousands and thousands)	7
qiánxiàn 前线 （名）N		frontline	7

qiānzì 签字（动宾）VO	to sign; to affix one's signature	7
qíguài 奇怪（形）SV	strange	9
qìhòu 气候（名）N	climate	2
qīn'àide 亲爱的（形）AT	dear	3
qīnlüè 侵略（动、名）FV/N	to invade/invation	6
qīnrǎo 侵扰（动）FV	to invade and harass	5
qīnyǎn 亲眼（副）A	to see with one's own eyes	3
qíshí 其实（副）MA	actually; in fact	10
qítā 其他（代）PN	other	2
qǐyì 起义（名、动）N/FV	uprising/ to revolt	4
qízhōng 其中（名）N	among which; in which	2
qīzi 妻子（名）N	wife	4
qǐ...zuòyòng 起…作用	to have effect on	1
qǔ 娶（动）FV	to marry (a woman)	5
quán 全（形）A	entire	1
quánlì 权力（名）N	power; authority	8
quánlì 权利（名）N	right	8
què 却（副）A	yet; but	2
qǔjīng 取经（动宾）VO	to go on a pilgrimage for Buddhist scriptures; learn from somebody else's experience	5
qū 区（名）BF	area	1
qùshì 去世（动）FV	to pass away; to die	7
qūzhé 曲折（形）SV	winding	3
ránhòu 然后（副）A	afterwards	7

rènao 热闹 （形）SV	lively	3
réncái 人才 （名）N	qualified personnel	10
réng(xū) 仍（需）（副）A	(must) still	7
rénkǒu 人口 （名）N	population	1
rènshidào 认识到 （动补）RV	to realize	5
rénshù 人数 （名）N	number of people	2
Rén wàng gāochù zǒu, shuǐ wàng dīchù liú. 人往高处走，水往低处流。	The nature of people is to move upward, just as the nature of water is to flow downward.	2
rénwéide 人为的	man-made	8
rénwù 人物 （名）N	character; figure	5
rènwù 任务 （名）N	mission; task	7
ruò 弱 （形）SV	weak	4
sànfā 散发 （动）FV	to distribute; to send forth	7
sān miàn huán shān 三面环山	with mountains on three sides	3
shā 杀 （动）FV	to kill	4
shāndì 山地 （名）N	mountainous region; hilly area	1
shānfēng 山峰 （名）N	mountain peak	2
shàngwèi 尚未	not yet; remain to be	7
shàng (zhōng, xià) yóu 上(中，下)游 （名）PW	upper (middle, lower) reaches (of a river)	1
shǎoshù 少数 （名）N	minority	2
shè 设 （动）FV	to set up; to establish	9
shèhuìzhǔyì 社会主义		

(名) N	socialism	8
shěng 省 (名) N	province	1
shēngdòng 生动 (形) SV	vivid; lively	5
shènglì 胜利 (动、名) FV/N	to win a victory / triumph	7
shèngxia 剩下 (动补) RV	to be left	4
shěngzhǎng 省长 (名) N	governor	9
shēnyuǎn 深远 (形) SV	far-reaching	7
shènzhì 甚至 (副、连) MA/C	even; to go so far as	10
shǐ 使 (动) FV	to cause; to enable	6
shī/shīrén 诗/诗人 (名) N	poem/poet	3
shíbēi 石碑 (名) N	stone tablet	7
shífēn 十分 (副) A	extremely	2
shìhé 适合 (形) SV	suitable	2
shìjì 世纪 (名) N	century	3
shìli 势力 (名) N	force; power	4
shíqī 时期 (名) N	period	4
shīqù 失去 (动) FV	to lose	6
shìshi 试试 (动) FV	to try	2
shìwù 事务 (名) N	business; work	9
shíxiàn 实现 (动) FV	to realize	8
shíxíng 实行 (动) FV	to implement; to carry out	8
shìyè 事业 (名) N	cause	10
shíyóu 石油 (名) N	petroleum	2
shǒu 首 (量) M	measure word for poem	2

shǒudū	首都 (名) N	capital (of a country)	3
shōufù	收复 (动) FV	to recover; to recapture	6
shǒugōngyè	手工业 (名) N	handicraft industry	6
shòukǔ	受苦 (动宾) VO	to suffer	10
shǒuxiàng	首相 (名) N	prime minister	9
shòu...yǐngxiǎng	受…影响	to be influenced by	2
shuāi	摔 (动) FV	to fall down	2
shuāiluò	衰落 (动) FV	to decline	5
shuāixialai	摔下来 (动补) RV	to fall off	2
shuǐdào	水稻 (名) N	paddy-rice	2
shuǐzāi	水灾 (名) N	flood	1
shǔjià	暑假 (名) N	summer vacation	3
shùnliúérxià	顺流而下	to flow downstream	3
shuōmíng	说明 (动、名) FV/N	to explain; to illustrate/directions	5
sǐ	死 (动) FV	to die	4
sīchóu	丝绸 (名) N	silk	5
sīxiǎng	思想 (名) N	thought; idea, ideology	4
sìzhōu	四周 (名) N	all around	7
suíbiàn	随便 (形、副) SV/A	casual; informal/ randomly	8
táo	逃 (动) FV	to flee; to escape	5
tǎolùn	讨论 (动、名) FV/N	to discuss/discussion	8

tèdiǎn 特点 (名) N	characteristics	2
tèquán 特权 (名) N	privilege	7
tèsè 特色 (名) N	special feature; characteristics	3
tì 替 (介、动) CV/FV	for; on behalf of	10
Tiān cāngcāng, yiě mángmáng, fēng chuī cǎodī jiàn niúyáng. 天苍苍，野茫茫，风吹草低见牛羊。	"Blue, blue, the sky, vast, vast, the field, the grasses are blown, the cattle are shown".	2
tiāntáng 天堂 (名) N	paradise	1
tiáojiàn 条件 (名) N	condition	10
tiáoyuē 条约 (名) N	treaty	7
tíchàng 提倡 (动) FV	to advocate; to promote	10
tígāo 提高 (动) FV	to raise	3
tǐng 挺 (副) A	quite; fairly	10
tíshēng 提升 (动) FV	to promote	10
tōng 通 (动) FV	to open; through	5
tòngkǔ 痛苦 (形、名) SV/N	pain; suffering	6
tōngshāng 通商 (动宾) VO	(of nations) have trade relations	5
tǒngyī 统一 (动、形) FV/SV	to unify/uniform	4
tǒngzhìzhě 统治者 (名) N	ruler	4
tǒngzhì 统治 (动) FV	to rule	4
tóufa 头发 (名) N	hair	10

tuánjié 团结 (动、形) FV/SV	to unite; be united	2
tuī 推 (动) FV	to push	10
tuìbīng 退兵 (动宾) VO	to retreat; the withdrawal of a military force	6
tuīfān 推翻 (动) FV	to overthrow	6
wàihuàn 外患 (名) N	foreign aggression	6
wàijiāo 外交 (名) N	foreign affairs	9
wánchéng 完成 (动) FV	to fulfill; to complete	7
wǎnglái 往来 (名、动) N/FV	contact/ to come and go	5
wèi 位 (量) M	a measure word for person (polite form)	10
wéibèi 违背 (动) FV	to disobey	7
wèile 为了 (介) CV	in order to	4
wēixié 威胁 (动、名) FV/N	to threaten/ menace	6
wěiyuánzhǎng 委员长 (名) N	chairman of a committee	8
wēnhé 温和 (形) SV	mild (weather; temperament)	2
wénhuà 文化 (名) N	culture	1
wénmíng 文明 (形、名) SV/N	civilized/civilization	8
wénzì 文字 (名) N	written language	4
wùchǎn 物产 (名) N	products	1
wǔqì 武器 (名) N	weapon	7
xì(+FV) 细(+动)(副) A	carefully; in detail	3

xiá 峡 （名）N		gorge	3
xiàmìnglìng 下命令 （动宾）VO		to send down an order	6
xiàn 县 （名）N		county	9
xiàndàihuà 现代化 （名）N		modernization; to modernize	8
xiànfǎ 宪法 （名）N		constitution	8
xiàng 象 （介、动）CV/FV		such as / to be like	2
xiāng 乡 （名）N		township	9
xiāngdāng 相当 （副）MA		considerably; quite	3
xiāngdāngyú 相当于		equal to	9
xiànglái 向来 （副）A		always	10
xiàngqiánkàn 向前看		to look to the future	10
xiángxì 详细 （形）SV		detailed	2
xiāngxìn 相信 （动）FV		to believe; to have faith in	8
xiàng...yīyàng 象…一样		to be like	1
xiǎngyǒu 享有 （动）FV		to enjoy (rights; prestige; etc.)	8
xiāngzhǎng 乡长 （名）N		head of a township	9
xiānhòu 先后 （副）MA		early or late/priority/one after another	6
xiànzhǎng 县长 （名）N		county magistrate	9
xiǎomài 小麦 （名）N		wheat	2
xiǎoqiǎo 小巧 （形）SV		small and exquisite	3
xiǎoshuō 小说 （名）N		novel; fiction	6
xiǎoxīn 小心			

	(形、动) SV/FV	careful/to watch out	2
xiāoyān 销烟	(动宾)VO	to destroy the opium	7
xiàshè 下设		under its jurisdiction	9
xíng 行	(形) SV	satisfactory; all right	9
-xìng -性	(尾) BF	of nature; disposition	10
xíngchéng 形成	(动) FV	to form	4
xìngqù 兴趣	(名) N	interest	1
xíngshì 形式	(名) N	form; shape	6
xíngxiàng 形象 (形、名) SV/N		vivid; /image; form	5
xíngzhèng 行政	(名) N	administration	9
xīnhàinián 辛亥年 (名) TW		the year of Xinhai (specif. 1911)	7
xīnkǔ 辛苦	(形) SV	tired	10
xìnrèn 信任 (动、名) FV/N		to trust / confidence	8
xìnyǎng 信仰 (动、名) FV/N		to have faith in; to believe/faith; belief	8
xióngwěi 雄伟	(形) SV	grand	3
xīqǔ 吸取	(动) FV	to absorb; to draw	5
xìqǔ 戏曲	(名) N	traditional opera	6
xiū 修	(动) FV	to fix; to repair	4
xiùlì 秀丽	(形) SV	beautiful; pretty	3
xīwàng 希望 (动、名) FV/N		to hope/wish; hope	10
xuǎnjǔ 选举	(动) FV	to elect	9

xǔduō 许多 (数) NU	many	3
xuépài 学派 (名) N	school (of thought)	10
yánhǎi 沿海 (名) N/AT	along the coast	2
yánjiū 研究 (动、名) FV/N	to research; to consider	1
yánjiūshēng 研究生 (名) N	graduate student	10
yánjiūsuǒ 研究所 (名) N	research institute	10
yáolán 摇篮 (名) N	cradle	1
yāoqiú 要求 (动、名) FV/N	to require / demand	10
yāpiàn 鸦片 (名) N	opium	7
yí 移 (动) FV	to remove; to shift	6
yībān 一般 (形、副) SV/A	ordinary; usually	9
yǐběi 以北	north of	7
yīdài 一带 (名) N	area; region	2
yìjiàn 意见 (名) N	opinion	5
yīlián 一连 (副) A	in a row; in succession	6
yǐngxiǎng 影响 (名、动) N/FV	influence; to have an effect on	2
yīngxióng 英雄 (名) N	hero	6
yīngxióng wú yòngwǔzhīdì 英雄无用武之地	a hero with no place to display his prowess	10
yínzi 银子 (名) N	silver	6
yīqiè 一切 (代) PN	all	10
yìshù 艺术 (名) N	art	9

yītiāndàowǎn	一天到晚	from morning to night	3
yǐwéi	以为 (动) FV	to think, believe	4
yī wǒ kàn	依我看	as I see it	8
yìyuán	议员 (名) N	congressman	10
yīzhī	一直 (副) A	straight; continuously	6
yīzhì	一致 (形) SV	identical; unanimous	8
yōnghù	拥护 (动) FV	to support; to endorse	6
yǒngyuè	踊跃 (形) SV	eagerly; enthusiastically	6
yóu	由 (介) CV	by; of; from	8
yōudiǎn	优点 (名) N	merit; strong point	5
yǒuhǎo	友好 (形) SV	friendly; amicable	5
yōujiǔ	悠久 (形) SV	long; age-old	1
yóujī zhànzhēng	游击战争	guerrilla war	7
yóukè	游客 (名) N	tourist	7
yóu...lái...	由…来…	to be (done) by...	9
yóulǎn	游览 (动) FV	to go sightseeing	3
yōuměi	优美 (形) SV	beautiful; graceful	3
yǒumíng	有名 (形) SV	famous	1
yóu...wàng...	由…往…	from...to...	1
yōuxiù	优秀 (形) SV	excellent; outstanding	5
yóuyú	由于 (介) CV	due to; because	2
yǒu zuòwéi	有作为	to have achievement	6
yuánlái	原来 (副、形、连) A/SV/MA	originally; former	5
yuánlínzhīchéng	园林之城	a city of gardens	3

yuànwàng	愿望 (名) N	hope; wish	8
yúmǐzhīxiāng	鱼米之乡 (名) N	land of fish and rice	1
yùnhé	运河 (名) N	canal	5
yǔqí...bùrú...	与其…不如…	it's better ... than ...	4
yúshì	于是 (连) MA	therefore	4
yǔshuǐ	雨水 (名) N	rain; rainfall	1
zāinàn	灾难 (名) N	disaster; catastrophe	5
zǎixiàng	宰相 (名) N	prime minister (in feudal China)	9
zánmen	咱们 (代) PN	we; us (including hearer)	9
zāodào	遭到 (动补) RV	to suffer; to encounter	5
zàofǎn	造反 (动宾) VO	to rebel	4
zǎorì	早日 (副) A	at an early date; sooner	8
zěnmehuíshì	怎么回事	What has happened?	9
zhǎi	窄 (形) SV	narrow	3
zhàn	占 (动) FV	to constitute	2
zhàndòu	战斗 (动、名) FV/N	to fight / battle	7
zhǎng	长 (名) N	chief; head	9
zhǎngwò	掌握 (动) FV	to grasp; to master	10
zhànlǐng	占领 (动) FV	to occupy	6
zhànshèngguó	战胜国 (名) N	victorious nation	7
zhànshi	战士 (名) N	soldier; fighter	7
zhànzhēng	战争 (名) N	war	7
zhàogù	照顾 (动) FV	to take care of; to look after	10

zhàokāi	召开 (动) FV	to convene	8
-zhě	-者 (尾) BF	agent of an action; -er	4
zhēn	斟 (动) FV	to pour	10
zhèngcè	政策 (名) N	policy	5
zhèngfǔ	政府 (名) N	government	6
zhēnglùn	争论 (动、名) FV/N	to debate/controversy	10
zhēngqǔ	争取 (动) FV	to strive for	8
zhèngquán	政权 (名) N	political power; regime	4
zhēngquánduólì	争权夺利	scramble for power and profit	4
zhěngtiān	整天 (名) TW	the whole day; all day long	5
zhèngzhì	政治 (名) N	politics	1
zhēn xíng	真行	really competent; terrific	9
zhènyā	镇压 (动) FV	to oppress	6
zhéxué	哲学 (名) N	philosophy	4
zhīchí	支持 (动、名) FV/N	to support / support	7
zhìdìng	制定 (动) FV	to draw up (a constitution); to work out (a plan); to make (laws); to formulate (methods)	8
zhìdù	制度 (名) N	system	8
zhǐhǎo	只好 (副) MA	to be forced to; to have to	4
zhíjiē	直接 (副、形) A/AT	directly/direct	9
zhìlǐ	治理 (名、动) N/FV	control/to bring under control	1
zhīliú	支流 (名) N	a tributary (of a river)	1

zhīshi 知识 (名) N	knowledge		9
zhīshifènzi 知识分子 (名) N	intellectual; the intelligentsia		8
zhíshǔ 直属 (动) FV/AT	directly subordinate to		9
zhíwù 职务 (名) N	post		8
zhíxiáshì 直辖市 (名) N	a city directly under the jurisdiction of the central government		9
zhíxíng 执行 (动) FV	to carry out; to implement		9
zhiyǒu...cái... 只有…才…	only; only if...then		1
zhìzhǐ 制止 (动) FV	to curb; to stop		6
zhòngdà 重大 (形) SV	great; significant		10
zhòngdiǎn 重点 (名) N	key point		8
zhòngshì 重视 (动) FV	to attach importance to; to value		8
zhōngxiàyóu 中下游 (名) PW	middle and lower reaches (of a river)		1
zhōngxīn 衷心 (副) AT	heartfelt		3
zhōngxīn 中心 (名) N	center		1
zhōngyāng 中央 (名) N	center		4
zhòngyào 重要 (形) SV	important		3
zhōngyú 终于 (副) MA	at (long) last; finally		7
zhōu 州 (名) N	prefecture		9
zhù 祝 (动) FV	to wish; to express good wishes		3
zhuàn 转 (动) FV	to turn		3
zhuàng 撞 (动) FV	to run into		3
zhuàngguān 壮观 (形) SV	grand; magnificent		3

zhuànjì 传记 (名) N	biography	5
zhuānmén 专门 (形) AT	specialized	10
zhuānyè 专业 (名) N	speciality	9
zhūhóu 诸侯 (名) N	vassal	4
zhùmíng 著名 (形) SV	well-known	6
zhǔrèn 主任 (名) N	chairman; director	9
zhǔrén 主人 (名) N	master	8
zhǔxí 主席 (名) N	chairman	8
zhǔyào 主要 (副、形) A	mainly	2
zhǔzhāng 主张 (动、名) FV/N	to advocate; stand for/view; stand	7
zhùzuò 著作 (名) N	work; writings	5
zìgǔyǐlái 自古以来	since ancient times	2
zìjǐ 自己 (代) PN	self; oneslef	2
zìrán 自然 (名) N	nature	2
zǐsūn 子孙 (名) N	descendents	4
zìyóu 自由 (形、名) SV/N	free/freedom	10
zīyuán 资源 (名) N	natural resources	2
zìzhì 自治 (动) FV	to have autonomy	9
zìzhìqū 自治区 (名) N	autonomous region	9
zìzhìzhōu 自治州 (名) N	autonomous prefecture	9
zǒnglǐ 总理 (名) N	prime minister; premier	9
zǒngtǒng 总统 (名) N	president (of a country)	9
zǔchéng 组成 (动) FV	to form; to make up	9
zǔguó 祖国 (名) N	motherland	8
zuìhòu 最后		

477

	(副、形) MA/SV	lastly; last; in the end	1
zuòjiā	作家 (名) N	writer	6
zuòkè	作客 (动宾) VO	to pay a visit	10
zuòpǐn	作品 (名) N	works (of literature and art)	5
zǔxiān	祖先 (名) N	ancestor	1
zǔzhī	组织 (动、名) FV/N	to organize / organization	7

专　名

Proper Nouns

bǎi huā qí fàng bǎi jiā zhēng míng	百花齐放 百家争鸣	Let a hundred flowers bloom and a hundred schools of thought contend.	10
bàn zhímíndì bàn fēngjiàn shèhuì	半殖民地半封建社会	semi-feudal, semi-colonial society	7
Bāosì	褒姒	Baosi	4
Běifá	北伐	the Northern Expedition	7
Běiyáng Jūnfá	北洋军阀	the Northern Warlords	7
Chángjiāng	长江	the Yangtze River	1
Cháoxiǎn	朝鲜	Korea	5
Chóngqìng	重庆	Chongqing	3
Chūnqiū	春秋	the Spring and Autumn Period	4
Dōngběi	东北	the Northeast of China	1

Dōng Yà 东亚	East Asia	8
Dù Fǔ 杜甫	Du Fu	5
fǎn yòupài 反右派	the Anti-Rightist Movement	10
Fēizhōu 非洲	Africa	6
Fùdàn Dàxué 复旦大学	Fudan University	10
Guǎngzhōu 广州	Guangzhou	1
Gùgōng 故宫	the Palace Museum	3
Guìlín 桂林	Guilin	1
Guómíndǎng 国民党	Kuomintang; the Nationalist Party	7
Hàn Cháo 汉朝	the Han Dynasty	3
Hàn Wǔdì 汉武帝	Emperor Wudi of the Han Dynasty	5
Hànzú 汉族	the Han nationality	2
Hénán Shěng 河南省	Henan Province	9
Hóng Xiùquán 洪秀全	Hong Xiuquan	7
《Hónglóumèng》《红楼梦》	*A Dream of Red Mansions*	6
Huángdì 黄帝	the Yellow Emperor	4
Huánghé 黄河	the Yellow River	1
Huángtǔ Gāoyuán 黄土高原	the Loess Plateau	1
Hǔmén 虎门	Humen	7
Jiāngnán 江南	south of the Yangtze River	6
Jiāngxī 江西	Jiangxi (Province)	7
Jīn 金	the Jin Dynasty	6
Jǐnggāngshān 井冈山	Jinggang Mountains	7

479

Kāifēng 开封	Kaifeng	6
Kàng Rì (Zhànzhēng) 抗日（战争）	(the War of) Resistance Against Japan	7
Kāngxī 康熙	Emperor Kangxi	6
Kǒngzǐ 孔子	Confucius	4
Lǐ Bái 李白	Li Bai (Li Po)	5
Lǐ Sìguāng 李四光	Li Siguang	10
Lǐ Zìchéng 李自成	Li Zicheng	6
"lián É lián Gòng fúzhù nóng gōng" sān dà zhèngcè "联俄联共扶助农工" 三大政策	the Three Great Policies of alliance with Russia, cooperation with the Communist Party and assistance to the peasants and workers	7
Liǎngwàn-wǔqiān-lǐ Chángzhēng 两万五千里长征	the 25,000-*li* Long March	7
Lín Zéxú 林则徐	Lin Zexu	7
Liú Shàoqí 刘少奇	Liu Shaoqi	9
Lóngjǐngchá 龙井茶	*Longjing*, a famous green tea produced in Hangzhou	3
Luòyáng 洛阳	Luoyang	4
Mǎkèsī Zhǔyì 马克思主义	Marxism	7
Máo Zédōng 毛泽东	Mao Zedong (Mao Tsetung)	7
Míng Cháo 明朝	the Ming Dynasty	3
Nánchāng 南昌	Nanchang	7
Nánjīng 南京	Nanjing	2

Nányáng	南洋	an old name for Southeast Asia	6
Nèiměng	内蒙	Inner Mongolia	2
Niǔyuēshì	纽约市	New York City	3
Qián Xuésēn	钱学森	Qian Xuesen	10
Qīlǐyíng Xiāng	七里营乡	the Township of Qiliying	9
Qín Cháo	秦朝	the Qin Dynasty	3
Qīng Cháo	清朝	the Qing Dynasty	3
Qīngzàng Gāoyuán	青藏高原	the Qinghai-Tibet Plateau	2
Qín Huì	秦桧	Qin Hui	6
Qín Shǐhuáng	秦始皇	the First Emperor of the Qin Dynasty	4
Qín Shǐhuáng Bīngmǎyǒng Bówùguǎn	秦始皇兵马俑博物馆	Museum of Emperor Qin Shihuang's Terra Cotta Cavalry	3
Quánguó Rénmín Dàibiǎo Dàhuì	全国人民代表大会	the National People's Congress	8
Rìběn	日本	Japan	5
rénmín mínzhǔ zhuānzhèng	人民民主专政	people's democratic dictatorship	8
Rénmín Yīngxióng Jìniànbēi	人民英雄纪念碑	the Monument to the People's Heroes	7
Sānguó	三国	the Three Kingdoms	5
《Sānguóyǎnyì》	《三国演义》	*The Romance of the Three Kingdoms*	6

Sānmín Zhǔyì	三民主义	the Three People's Principles	7
Sānxiá	三峡	the Three Gorges of the Yangtze River	3
sān zuò dà shān	三座大山	the three great mountains which weighed on the backs of the Chinese people — imperialism, feudalism, and bureaucrat-capitalism	8
Shā'É	沙俄	Tsarist Russia	6
Shāndōng	山东	Shandong Province	1
Shāng Cháo	商朝	the Shang Dynasty	4
《Shǐjì》	《史记》	*Records of the Historian*	5
《Shuǐhǔzhuàn》	《水浒传》	*The Outlaws of the Marsh*	6
Shùn	舜	Shun	4
Sìchuān	四川	Sichuan Province	1
Sīmǎ Qiān	司马迁	Sima Qian	5
"Sìrénbāng"	"四人帮"	the Gang of Four	10
Sòng	宋	the Song Dynasty	6
Sòng Dài	宋代	the Song Dynasty	3
Sòng Qìnglíng	宋庆龄	Song Qingling	8
Sū(zhōu) Háng(zhōu)	苏(州) 杭(州)	Suzhou, Hangzhou	1
Suí Cháo	隋朝	the Sui Dynasty	5
Sūn Zhōngshān	孙中山	Sun Zhongshan (Sun Yat-sen)	7
Tàipíngtiānguó	太平天国	the Taiping Heavenly Kingdom	7
Táiwān	台湾	Taiwan	2

Táng Cháo 唐朝	the Tang Dynasty	3
Táng Tàizōng 唐太宗	Emperor Taizong of the Tang Dynasty	5
Táng Xuánzōng 唐玄宗	Emperor Xuanzong of the Tang Dynasty	5
Tiān'ānmén Guǎngchǎng 天安门广场	Tian'anmen Square	3
Tiānjīn 天津	Tianjin	2
Wáng Zhāojūn 王昭君	Wang Zhaojun	5
Wéiwú'ěrzú 维吾尔族	the Uygur nationality	9
wénhuà dàgémìng "文化大革命"	the "cultural revolution"	10
Wǔchāng 武昌	Wuchang	7
Wǔhàn 武汉	Wuhan	3
Wǔ-Sì Yùndòng 五四运动	the May Forth Movement	7
Xià Cháo 夏朝	the Xia Dynasty	4
Xī'ān 西安	Xi'an	3
Xīhú/Xīzǐhú 西湖/西子湖	the West Lake	3
Xīnjiāng 新疆	Xinjiang	2
Xīnjiāng Wéiwú'ěr Zìzhìqū 新疆维吾尔自治区	Xinjiang Uygur Autonomous Region	9
Xīn Wénhuà Yùndòng 新文化运动	the New Culture Movement	7
Xīnxiāng Xiàn 新乡县	Xinxiang County	9
Xiōngnú 匈奴	Huns	5

Xīshī 西施	Xishi, name of a patriotic beauty of the Spring and Autumn Period	3
《Xīyóujì》《西游记》	Journey to the West	6
Xīyù 西域	the Western Regions	5
Xuánzàng 玄奘	Xuanzang	5
Yándì 炎帝	Emperor Yan	4
Yáng Guìfēi 杨贵妃	Lady Yang	5
Yáng Guózhōng 杨国忠	Yang Guozhong	5
Yáo 尧	Yao	4
Yà/Yà Zhōu 亚/亚洲	Asia	1
Yìndùyáng 印度洋	the Indian Ocean	6
Yǔ 禹	Yu	4
Yuán Cháo 元朝	the Yuan Dynasty	3
Yuè Fēi 岳飞	Yue Fei	6
Zhànguó 战国	the Warring States Period	4
Zhèng Hé 郑和	Zheng He	6
《Zhōngguó Gàikuàng》《中国概况》	A Survey of China	8
Zhōngguó Gòngchǎndǎng 中国共产党	the Chinese Communist Party	7
Zhōngguó Gōng-Nóng Hóngjūn 中国工农红军	the Chinese Workers' and Peasants' Red Army	7
Zhōnghuá Mínguó 中华民国	the Republic of China	7
Zhōnghuá Mínzú		

中华民族	the Chinese nation	4
Zhōnghuá Rénmin Gònghéguó 中华人民共和国	the People's Republic of China	7
Zhōng Yà 中亚	Central Asia	5
Zhōngyāng Mínzú Xuéyuàn 中央民族学院	the Central Academy for the Nationalities	9
Zhōu Ēnlái 周恩来	Zhou Enlai	9
Zhōu Cháo 周朝	the Zhou Dynasty	4
Dōng Zhōu 东周	the Eastern Zhou Dynasty	4
Xī Zhōu 西周	the Wetern Zhou Dynasty	4
Zhōu Yōuwáng 周幽王	King You of the Zhou Dynasty	4
Zhū Dé 朱德	Zhu De	7
Zhūjiāng 珠江	the Pearl River	1
Zhūmùlǎngmǎ Fēng 珠穆朗玛峰	Mount Qomolangma (Mount Everest)	2
Zhū Yuánzhāng 朱元璋	Zhu Yuanzhang	6

句型练习索引

Sentence Patterns

ànzhào 按照	according to	3
bǎ...bǐzuò... 把…比作…	to liken to	3
(bǎ)...jiàozuò... （把）…叫作…	to call … as	5

485

bāokuò...zàinèi 包括…在内		to include	9
bèi 被		indicator of the passive voice	4
běn+N	A. 本+N	(the thing or person) in question/this	8
	B. 本+M+N		
	C. 本+TW		
biétíle 别提了		do not mention it	10
bìngméi(yǒu) 并没（有）		not at all	7
bù FV/SV jiùbù FV/SV 不 FV/SV 就不 FV/SV		if not…, that is all right	8
bùdàn....érqiě... 不但…而且…		not only... but also...	3
bùdào 不到		less than; not yet	6
bùguò 不过		however; only; merely	5
bùshì...jiùshì... 不是…就是…		either...or...	2
bùzài 不再		no longer	5
bùzhǐ...érqiě... 不只…而且…		not only... but also...	1
cái 才		only then; not until	5
céngjīng 曾经		once; before	6
(V)+chéng （动）+成		to turn into; succeed in doing (sth.)	7
chúle...yǐwài 除了…以外		except for; besides	1
cóng...(jiǎng) qǐ 从…（讲）起		to begin FV+ing from	1

duì...biǎoshì 对…表示	to express	3
duì...qǐzuòyòng 对…起作用	to have effect on	1
duōshǎo 多少	more or less	10
gè 各	each; every	3
gòu 够	enough	8
guānyú 关于	concerning; about	4
guǒrán 果然	as expected	4
(hǎo)duōle （好）多了 A+(比 B)+SV+多+了	much (better) than A is much (better)(than B)	10
hǎoxiàng 好象	seem; to be like	3
hé...xiāngbǐ 和…相比	to compare...with	1
huòzhě 或者	or	9
jiéguǒ 结果	as a result	4
jiēzhe 接着	to follow; to carry on; to continue	6
jìnlái, jìn TW lái 近来，近（几年）来	for (time duration)	8
jìnxíng 进行	to go on; carry on; in progress	6
..., jiùshì …,就是	except; only	10
jiù shì zhème láide 就是这么来的	This is how it happened.	1
jì...yòu... 既…又…	both...and...	5
kào...shēnghuó 靠…生活	to live on	2
kě(jiǎng)de 可(讲)的	worth FV+ing	1
kěxī 可惜	It is a pity; it is too bad that...	10
lián 连	even	10

lín 临	just before (sth. happens)	7
ma 嘛	used with a tone of assurance	2
méiyǒu A, jiù méiyǒu B 没有A, 就没有B	without A there will not be B	8
ná...láishuō 拿…来说	to take (sth.) as an example	9
nándào...(ma)? 难道…（吗）？	Is it possible that...?	1
qián+NU+M(+N) 前+数+量（+名）	first+NU+M(+N)	4
qíshí 其实	actually	10
qǐzuòyòng 起作用	to serve a purpose of; to function	2
rènshidao 认识到	to come to realize	5
shéi...shéi... 谁…谁…	whoever	2
shènzhì 甚至	even	10
shǐ 使	to cause; to enable	6
shìshi (kàn) 试试（看）	to try	2
suíbiàn+V+hǎole 随便+V+好了	to do whatever (you) want to do	8
suīrán...dànshi/què... 虽然…但是/却…	although; yet	2
tì 替	for	10
wèile 为了	for the sake of; in order to	4
wǒshuō jiù wǒshuō 我说就我说 PN+V+就+PN+V	it's all right...	9
xiàng 象	such as	2

xiàng (gēn, hé)...yīyàng (nàyàng, zhèyàng) 象（跟、和）…一样（那样、这样）	to be like	1
xiānhòu 先后	early or late; priority; in succession	6
xiān...yòu... 先…又…	first...then...	6
yào...bìxū... 要…必须…	in order to...must	5
yǐ(běi) 以（北）	to the (north) of; the boundary of (direction, time or quantity)	7
yīgègè(de) 一个个（地、的）	one by one	4
yī...jiù... 一…就…	as soon as	10
yīlián 一连	continuously; in a row; in succession	6
yī + PN(N) + kàn(shuō) 依 + PN(N) + 看（说）	according to; it seems to	8
yītiān bǐ yītiān 一天比一天	day by day	4
yīzhí 一直	straight; always	6
yóu...lái... 由…来…	(sth.) to be done by	9
yóu...wàng... 由…往…	from...to	1
(A) yǒu (A) de..., (B) yǒu (B) de... (A)有(A)的…，(B)有(B)的	A has A's (N, PN, SV), B has B's (N, PN, SV)	8
yóuyú 由于	owing to; as a result of	2

yóu...zǔchéng	由…组成	to be formed by	9
yǔqí...bùrú...	与其…不如…	better...than	4
yúshì	于是	therefore	4
zài...shàng	在…上	on; in	3
zài...xià	在…下	under; with	7
zài...(zhī)zhōng	在…(之)中	among; of all; in the midst of; within	6
zài...zhōng	在…中	in; during	7
zhèbù	这不	You see!	10
(zhè)háibù...(ma)?	(这)还不…(吗)?	how could this (be)...	8
zhěng+M (N)	整+量(名)	whole+M (N)	5
zhèyǒu shénme...de?	这有什么…的?	what's so...about that?	9
zhī	之	of	3
zhǐhǎo	只好	to have to; to be forced to	4
zhǐyǒu...cái...	只有…才…	only if...	1
zì(cóng)...yǐlái	自(从)…以来	since	2

话 说 中 国

上 册

*

ⓒ华语教学出版社
华语教学出版社出版
(中国北京百万庄路24号)
邮政编码100037
北京外文印刷厂印刷
中国国际图书贸易总公司发行
(中国北京车公庄西路35号)
北京邮政信箱第399号 邮政编码100044
1989年（大32开）第一版
1995年第三次印刷
（汉英）
ISBN 7-80052-098-6/H·86
03000
9-CE-1701PA